JESSICA MÜLLER
Eisenhut und Apfelstrudel

Über die Autorin:

Jessica Müller, geboren 1976 in München, verbrachte ihre Kindheit im Dachauer Land, wo auch der fiktive Ort Krindelsdorf liegt. Nach einem abgeschlossenen Übersetzerstudium folgten Auslandsaufenthalte in England und Irland. Derzeit lebt sie in Bonn und studiert Geschichte an der Rheinischen Friedrich-Wilhelms-Universität.

JESSICA MÜLLER

Eisenhut und Apfelstrudel

EIN BAYERN-KRIMI

Lübbe

NACHHALTIG PRODUZIERT

Die Bastei Lübbe AG verfolgt eine nachhaltige Buchproduktion. Wir verwenden Papiere aus nachhaltiger Forstwirtschaft und verzichten darauf, Bücher einzeln in Folie zu verpacken. Wir stellen unsere Bücher in Deutschland und Europa (EU) her und arbeiten mit den Druckereien kontinuierlich an einer positiven Ökobilanz.

FSC
www.fsc.org
MIX
Papier | Fördert gute Waldnutzung
FSC® C014496

Bei Fragen zur Produktsicherheit wenden Sie sich bitte an:
produktsicherheit@bastei-luebbe.de

Lektorat: Lukas Weidenbach
Umschlaggestaltung: U1berlin / Patrizia Di Stefano
Unter Verwendung von Motiven von © shutterstock: Aleksandrs Samuilovs | YK | LEONINE80 | 5 second Studio und ©123rf: Prapan Ngawkeaw | jakobradlgruber
Apfel-Vignette: © shutterstock / Sloth Astronaut
Satz: 3w+p GmbH, Rimpar (www.3wplusp.de)
Druck und Verarbeitung: GGP Media GmbH, Pößneck

Printed in Germany
ISBN 978-3-404-17905-3

9 8 7

Sie finden uns im Internet unter luebbe.de
Bitte beachten Sie auch: lesejury.de

Für meine Eltern

Prolog

Bis auf das Hämmern eines Spechts drang kein Laut an Helga Seitlbachs Ohr. Die Frau des Krindelsdorfer Bürgermeisters wischte sich mit einem Taschentuch die Schweißperlen von der Stirn. Auch die Haut an ihren Waden fühlte sich feucht an unter den weißen Leggings und den pinken Beinwärmern, die sie zum Schutz vor beißwütigen Zecken trug.

Abgesehen von den gefährlichen Blutsaugern aber gab es an ihrem Heimatort wenig auszusetzen. Die kleine Gemeinde war umgeben von dichten Waldstücken, Feldern und Wiesen – ein ruhiges Idyll. Immer wieder zog es erholungsbedürftige Münchner an ihren freien Tagen hierher, um zu wandern oder Pilze zu sammeln.

Für Helga Seitlbach war Krindelsdorf der Nabel der Welt. Sie genoss den politischen Höhenflug ihres Ehemanns, der bereits mit dem Amt des Landrats liebäugelte, und behandelte die Einwohner, wie ihr der Sinn danach stand.

Sie erschrak und schrie auf, als zwei Hasen aus dem Unterholz hervorschossen und beinahe über ihre Füße hoppelten. Als die beiden in Sekundenschnelle wieder im Gebüsch verschwanden, schüttelte sie den Kopf über ihre eigene Schreckhaftigkeit. Fast zeitgleich stimmte ganz in ihrer Nähe ein Vogel sein Morgengezwitscher an, und Helga zückte ihre Digitalkamera.

Helga Seitlbach hielt sich selbst nicht etwa für eine Ornithologin. Die Namen der gefiederten Kerlchen, die sie auf ihren Streifzügen durch Wald und Wiese ablichtete, kannte sie nicht. Sah sie ein Motiv, das ihr gefiel, knipste sie drauflos und blendete alles andere um sich herum aus. So richtete sie ihre Augen auch jetzt nur auf den Singvogel, dessen Gezwitscher sie in seinen Bann zog.

Irgendwo im dichten Gebüsch entlang des Waldwegs knackte ein Zweig. Der Vogel verstummte jäh und hob sich mit hastigem Flügelschlag in die Luft. Die Digitalkamera in ihrer Hand war mit einem Mal vergessen, und Helga Seitlbach horchte nun doch auf. Sie kniff die Augen zusammen. War dort etwa ein Schatten hinter dem Baum, auf dem kurz zuvor noch der Vogel gesungen hatte? Ihr Herzschlag beschleunigte sich, und sie fühlte, wie eine Woge der Angst sie überkam.

»Ist da jemand?« Sie ärgerte sich über das ängstliche Beben in ihrer Stimme. Auf ihren morgendlichen Ausflügen in den Wald traf sie oft auf den einen oder anderen Krindelsdorfer, der sich wegen eines Anliegens bei ihr einschmeicheln wollte. Als Frau des Bürgermeisters war sie sich ihrer nicht zu verachtenden Machtposition durchaus bewusst. Gehör bei Herrn Seitlbach verschaffte sich so mancher Einwohner des Ortes, indem er zunächst dessen Ehefrau hofierte. Die hämischen Worte der Krindelsdorfer, die sie manches Mal unfreiwillig aufschnappte, prallten am Fundament des Podests, auf dem sie thronte, ab. Warum sollte es sie als Frau des Bürgermeisters auch kümmern, was andere von ihr hielten, dachte sie stets bei sich. In diesem Augenblick jedoch beschlich sie die irrationale Gewissheit, dass in der Dichte des Waldes etwas oder jemand anderes auf sie lauerte als nur ein lästiger Bittsteller.

Angespannt lauschte sie nun in die Stille, die nur noch der hämmernde Schnabel des Spechts durchbrach. Sie fühlte, wie ihre linke Hand sich zu einer Faust verkrampfte, während die Finger der rechten sich um die Kamera krallten. Sie hielt den Atem an, als lähmende Furcht ihr die Kehle zuschnürte.

Im nächsten Augenblick aber löste ein Rascheln im Dickicht sie aus ihrer Erstarrung. Adrenalin schoss wie ein heißer Blitz durch ihren Körper, und wieder warf sie hektische Blicke um sich. Noch immer konnte Helga niemanden erspähen, aber die Atmosphäre hatte mit einem Mal etwas Gespenstisches. Sie fühlte, wie eine Gänsehaut sich auf ihren Armen ausbreitete und gleichzeitig Schweißperlen über ihr Gesicht liefen. Mit einem mulmigen Gefühl blickte sie zum Himmel. Der Wald verdüsterte sich, als eine Wolke an der aufsteigenden Morgensonne vorbeizog.

Da wandte Helga Seitlbach sich um und machte sich mit überstürzten Schritten auf den Heimweg.

1.

Hauptkommissar Alexander Hirschberg schloss die Akte mit den Tatortfotos auf seinem Schreibtisch und erhob sich schwerfällig. Seine bleiernen Glieder drohten der Schwerkraft sogleich wieder nachzugeben, und in seinen Ohren rauschte es. Schlafmangel konnte sich auf den menschlichen Körper wie übermäßiger Alkoholgenuss auswirken, erinnerte er sich an die mahnenden Worte von Dr. Meißner, nachdem der Rechtsmediziner das Opfer eines Verkehrsunfalls obduziert hatte. Auf die strapazierenden Nachtschichten hätte Hirschberg gut und gerne verzichten können, doch dummerweise waren sie nun einmal Teil seines Jobs. Er wusste, worauf er sich einließ, als er sich nach dem Jurastudium für eine Karriere beim LKA entschieden hatte.

Er kniff die Augen zusammen und gähnte. Erst spät am vergangenen Abend war er mit einem flüchtigen Tatverdächtigen aus Spanien zurück nach München gekommen, und nun lagen lange und arbeitsreiche Stunden hinter ihm.

Vor zwei Wochen war eine Mitarbeiterin des bayerischen Innenministeriums in ihrer Wohnung ermordet worden. Mit der Bitte um äußerste Diskretion in dieser delikaten Angelegenheit hatte sich ihr Vorgesetzter umgehend an das LKA gewandt.

Zur Erleichterung eben jenes Vorgesetzten war Gabriele Steins Ex-Freund, Hannes Gerber, der Bluttat schnell überführt. Ihr Mörder war der letzte einer langen Reihe amouröser Fehlgriffe gewesen. Nach der Tat hatte er sich Anfang der Woche in das Hotel eines alten Schulfreunds auf Teneriffa geflüchtet. Bei der Durchsuchung seiner Wohnung stießen die Beamten glücklicherweise nicht nur auf die Adresse des Hotels, sondern konnten auch das Messer, mit dem er seine Ex-Freundin getötet hatte, sicherstellen.

Nach erfolgreicher Erwirkung des Rechtshilfeersuchens zeigten sich die spanischen Kollegen sehr kooperativ, und bereits nach wenigen Stunden Fahndung gelang es ihnen, den Flüchtigen auf Teneriffa aufzufinden. Mit dem Einverständnis seines Vorgesetzten und der spanischen Behörden war Hirschberg daraufhin auf die spanische Insel gereist, um Gerber in Gewahrsam zu nehmen und zurück nach Deutschland zu bringen. Vor einer guten Stunde hatte dieser nun ein umfangreiches Geständnis abgelegt.

Hirschberg warf einen prüfenden Blick auf die Uhr. Er stellte fest, dass er seit über vierundzwanzig Stunden auf den Beinen war. Das Spiegelbild im ungeputzten Fenster seines Büros sprach Bände. Sein Anblick schien ihm alles andere als salonfähig. Sein schwarzes Haar war zerzaust, und seine Augen brannten verräterisch. Er fuhr sich mit der Hand über das Gesicht, das nach einer Rasierklinge verlangte, und griff nach der halbvollen Tasse Kaffee auf seinem Schreibtisch. Er kippte den lauwarmen Rest in einem entschlossenen Zug hinunter und schüttelte sich angewidert. Irgendwann, so vermutete er missmutig, holte er sich noch ein Magengeschwür von dem bitteren schwarzen Gebräu im Büro, für das die Bezeichnung Kaffee viel zu hochtrabend war.

Gähnend wandte er sich zur Tür. Die Ärmel seines dunkelblauen Hemds waren nach oben gekrempelt, und doch hatte sich ein feuchter Film auf seinen Unterarmen gebildet. München verwandelte sich im August meist in eine stickige Sauna, und Hirschberg hegte keinen Zweifel, dass sich die Hitze in den Straßen bereits staute. Er streckte sich und bewegte seinen Kopf hin und her, um die Verspannung in seinem Nacken zu lockern. Er war froh, den Fall abgeschlossen zu haben und freute sich nun auf das Frühstück mit seiner Verlobten und anständigem Kaffee.

»Gute Arbeit, Herr Hirschberg!« LKA-Präsident Krämer kam mit raschen Schritten lächelnd auf ihn zu, als Hirschberg aus der Tür seines Büros trat. Der Hauptkommissar blickte mit Unbehagen an sich herab, denn im Gegensatz zu ihm war Krämer wie aus dem Ei gepellt. Der sanft herbe Duft eines Aftershaves umgab ihn, er war glattrasiert, und sein graumeliertes Haar war sorgfältig nach hinten gekämmt. Die Hitze schien Krämer wie immer nichts anhaben zu können. Während andere in der Sonne zerflossen und die Gemüter sich erhitzten, bewahrte der LKA-Präsident stets einen kühlen Kopf.

Hirschbergs Blick fiel auf Krämers Begleiterin. Die junge Frau mit dem olivfarbenen Teint, dem dichten schwarzen Haar und den dunklen Augen wirkte wie einem italienischen Modemagazin entstiegen, auch wenn ihr für eine Modelkarriere die richtigen Maße fehlten: Trotz hoher Absätze reichte sie ihm kaum bis zur Schulter. In ihrem körperbetonten Jeanskleid machte sie aber dennoch eine ausgesprochen gute Figur. Ihr Haar war mit einer Klammer fest nach oben gesteckt, und ein sanftes Lächeln umspielte ihren Mund.

»Ich kann mir gut vorstellen, dass Sie endlich nach Hause zu Ihrer Verlobten möchten, Herr Hirschberg, aber da Sie noch hier sind, wollte ich die Gelegenheit beim Schopf packen und Ihnen Ihre neue Kollegin Kommissarin Louisa Hansen vorstellen.« Krämer deutete auf die südländisch wirkende Frau. »Frisch aus Düsseldorf abgeordnet«, fügte er hinzu.

»Herzlich willkommen in München, Frau Kollegin.« Hirschberg zwang sich zu einem Lächeln und widerstand dem Drang, erneut zu gähnen. Er hasste es, in derart rudimentärem Zustand auf Menschen zu treffen oder gar neue Bekanntschaften zu schließen. »Aber für eine Frau Hansen hätte ich Sie nicht unbedingt gehalten«, ergänzte er. »Ich hätte vielmehr einen klangvollen südländischen Namen erwartet.«

»Hansen ist der Name meines Mannes, aber mit der Vermutung sind Sie nicht der Einzige«, erwiderte sie lächelnd. »Meine Großmutter ist Italienerin. Ich bin zwar leider nicht mehr zweisprachig aufgewachsen wie meine Mutter, aber das Aussehen hat sich durchgeschlagen. Es freut mich sehr, Sie kennenzulernen.«

»Ganz meinerseits.« Hirschberg schüttelte ihre Hand. »Sie müssen meinen Aufzug entschuldigen, aber ich bin gestern Abend vom Flughafen direkt hierhergekommen und war bis jetzt hier. Sind Sie gut in München angekommen?«

»Das wird sich zeigen«, grinste Hansen und drückte seine Hand mit erstaunlich festem Druck. Wie seine Verlobte Susan war auch Hansen recht zierlich, ein Blick in ihr Gesicht ließ ihn jedoch nicht an ihrer Durchsetzungsfähigkeit zweifeln. »Mein Mann und ich sind gestern Abend erst recht spät hier angekommen, und bisher haben wir nur Umzugskartons und mehr oder weniger leere Räume gesehen. Hätten wir nicht mehrere Stunden im Stau verbracht, wäre ich gestern Abend noch vorbeigekommen. Herr Krämer hat dann vorgeschlagen, doch einfach jetzt einen Abstecher ins LKA zu machen, damit ich Sie eben kennenlerne. Und wenn ich wieder nach Hause komme, steht hoffentlich unser Wohnzimmerschrank.« Schelmische Funken sprühten in ihren dunklen Augen. »Die Montageanleitung ist ein wenig irreführend«, fügte sie trocken hinzu.

»Sie sind also desertiert und haben Ihren Mann mit den Umzugskartons und den aufzubauenden Möbeln sitzen lassen.« Hirschberg musste trotz seiner Erschöpfung lachen.

»Wenn Sie es so formulieren möchten«, grinste sie. »Ich habe die halbe Nacht Umzugskartons ausgepackt, und wenn ich jetzt unsere neue Wohnung nicht wenigstens für ein oder zwei Stunden hätte verlassen können, wäre ich Amok gelaufen. Und das wäre weder für Bernd noch für mich gut ausgegangen.«

»Das kann ich sehr gut verstehen.« Hirschberg nickte verständnisvoll. »Dann hoffe ich, dass sich das Chaos bald lichtet, und Sie einen guten Start in München haben. Was zieht Sie eigentlich nach Bayern?«

»Mein Mann hat ein ausgesprochen lukratives Jobangebot hier in München bekommen, und das konnte er einfach nicht ablehnen«, erklärte sie ihm. »Deshalb sind wir jetzt hier.«

»Ihrem Vorgesetzten in Düsseldorf fiel es sehr schwer, die Kollegin gehen zu lassen«, warf Krämer lächelnd ein und wandte sich dann an Hansen. »Wir freuen uns sehr, Sie bei uns zu haben. Ich bin mir sicher, Sie beide werden gut miteinander auskommen.«

»In aller Regel erscheine ich auch gewaschen und in frischer Kleidung zum Dienst«, versicherte ihr Hirschberg. »Ich hoffe, Sie nehmen es mir nicht übel, Frau Hansen, wenn ich mich langsam auf den Heimweg mache. Es war eine echt lange Nacht.« Sein Hemd klebte an seinem Oberkörper, und ein verstörender Ekel vor sich selbst machte sich in ihm breit.

»Das kann ich sehr gut nachvollziehen«, nickte Louisa. »Ich kenne solche Nachtschichten schließlich auch. Und außerdem habe ich ebenfalls einen Höllentrip hinter mir.« Sie seufzte. »Die Schlüsselübergabe war gestern

Abend um halb elf, und unser Vermieter war wenig erfreut, dass wir erst so spät angekommen sind. Er hat irgendetwas auf Bayerisch vor sich hin gebrabbelt, was wir nicht verstanden haben, aber seinem Gesichtsausdruck nach zu urteilen, war es nicht besonders freundlich. Seither weiß ich auch, was die Leute mit bajuwarischem Charme meinen.« Sie verzog ihren Mund zu einer vielsagenden Grimasse. »Und die Wohnung war dermaßen aufgeheizt und ungelüftet, dass wir fast erstickt wären.«

»Ja, es kann hier sehr heiß werden im August. Daran werden Sie sich gewöhnen müssen«, entgegnete Hirschberg.

»Wann ist der Termin mit dem Haftrichter?«, wollte Krämer wissen.

»Um vierzehn Uhr«, antwortete der Hauptkommissar. »Deswegen begebe ich mich jetzt nach Hause und ruhe noch ein wenig aus.« Krämer nickte verständnisvoll.

»Einen guten Start in München, Frau Hansen«, verabschiedete sich Hirschberg lächelnd. »Wir sehen uns dann am Montag.«

2.

Hirschberg beobachtete durch die geöffnete Küchentür, wie seine Verlobte Susan Waters das schnurlose Telefon zurück auf die Basisstation setzte. Ein feuchter Film glänzte auf ihrer gerunzelten Stirn. Seit Tagen brannte die Sommersonne auf den Balkon seiner Wohnung am Kaiserplatz in Münchens In-Viertel Schwabing erbarmungslos herab. Doch es schien weniger die Hitze als vielmehr das Telefonat zu sein, das ihr in diesem Moment zusetzte, vermutete er, als ein unterdrücktes Seufzen über ihre Lippen kam. Barfuß und mit zaghaften Schritten kam seine zukünftige Ehefrau zurück in die Küche und warf ihm einen zerknirschten Blick zu. Noch im Sitzen überragte er sie fast. Deshalb trug sie meist Highheels, um an seiner Seite nicht wie eine Zwergin zu wirken, wie sie es ausdrückte.

Hirschberg erwiderte den Blick seiner Verlobten, und er musterte sie wachsam, als sie ihm gegenüber auf den Stuhl glitt. Ein verhängnisvoller Schatten verdunkelte ihre blauen Augen, um deren Pupillen sich die Umrisse ihrer Kontaktlinsen kaum sichtbar abzeichneten. Ihre langen blonden Locken, die sie normalerweise mit einem Glätteisen bändigte, waren ein wenig nachlässig nach oben gesteckt und glänzten verführerisch im Licht der einfallenden Sonne. Einige aufmüpfige Kringel hatten sich in der Hitze des Telefonats aus ihren Klammern gelöst und fielen ihr nun ins Gesicht.

»Was ist los, Susan?« Hirschberg versuchte, seine Stimme gelassen klingen zu lassen. Er scheiterte kläglich. Die sonnendurchflutete Küche schien sich mit einem Mal zu verdunkeln. Mit einer gequälten Handbewegung fuhr er sich durch sein dichtes schwarzes Haar.

»Versprich mir bitte, dass du jetzt nicht gleich hochgehst, Alex«, begann sie und nahm einen Schluck Kaffee. Diese Worte waren der todsichere Garant dafür, ihn die nächste Palme erklimmen zu lassen. Ihm stockte der Atem. Wie immer, wenn sie nervös war, schlich sich auch diesmal dieser verräterische englische Akzent in ihre Stimme. Den beiden schien kein katastrophenfreier Samstag vergönnt.

»Spuck's aus«, hörte er sich sagen. Er warf einen raschen Blick auf die Uhr an der gegenüberliegenden Wand, die leise vor sich hin tickte. In zwei Stunden wurde Gerber dem Haftrichter vorgeführt. Der Staatsanwalt war sich sicher, dass er aufgrund Hirschbergs Aussage und der erdrückenden Beweislast bis zur Verhandlung in Untersuchungshaft verblieb und einer langen Haftstrafe entgegenblickte. Der Termin würde sicherlich nicht lange dauern, schätzte der Hauptkommissar, und den Rest des Wochenendes wollte er dann mit seiner Verlobten entspannen. Falls hinter Susans zerknirschtem Gesichtsausdruck nicht etwas steckte, das diesen Plan gefährdete. Er griff mit spürbarer Resignation nach seiner Tasse.

»Das eben war Tante Isobel«, meinte Susan vorsichtig.

»Das männermordende Raubtier?«, fiel er ihr unwirsch ins Wort. »Die Frau, die sich meinem Onkel wie eine liebestolle Nymphomanin an den Hals geworfen hat, als er mich damals mit meinen Eltern im Internat in London besucht hat?«

Hirschbergs Kindheit und Jugend hatte einem gehobenen und angenehmen Nomadendasein geglichen. Als

Sohn eines Diplomaten war er mit seinen Eltern immer wieder umgezogen. Als Teenager fand er schließlich ein vorübergehendes stetes Zuhause in einem englischen Internat. Hier begegnete er auch seiner Verlobten zum ersten Mal. Versteckt hinter ihren dicken Brillengläsern und den Resten ihres Babyspecks nahm er sie damals allerdings kaum wahr. Als er der jungen Lehrerin, wie es das Schicksal wohl so gewollt hatte, vor knapp zwei Jahren in München wieder über den Weg lief, traute er seinen Augen kam. Aus dem unscheinbaren Mauerblümchen war eine perfekte englische Rose geworden, wenn auch keine langstielige. Sie war seit ihrer gemeinsamen Schulzeit keinen mickrigen Zentimeter mehr in die Höhe geschossen. Doch dafür verfügte sie über andere Qualitäten.

»Genau die«, nickte sie und unterdrückte ein Grinsen. Er konnte sehen, dass sie ihm seinen Ausfall in keiner Weise übelnahm. Ihr Vater betitelte die Cousine ihrer Mutter schließlich noch mit viel derberen Ausdrücken. Die wiederum wurden von Isobel Burton, geschiedene Honeycutt, Lydford und Cunningham, allenfalls milde belächelt. Susans Tante gab nur allzu gerne vor der ganzen Welt zu, ein mannstolles Flittchen zu sein. Allerdings stets mit dem ausdrücklichen Zusatz, ein gebildetes und intelligentes Exemplar dieser Spezies zu sein.

»Weißt du, Alex …« Susans Stimme klang zaghaft, denn sie war im Begriff, sich auf sehr dünnes Eis zu begeben. »Ich habe Tante Isobel seit einer Ewigkeit nicht gesehen. Es müssen mittlerweile mindestens zwei Jahre sein.«

Ihm entging natürlich nicht, dass sie um den heißen Brei herumredete, um ein wenig Zeit zu schinden. »Und ich meine, sie ist immerhin meine Patentante«, fügte sie mit hochgezogenen Augenbrauen hinzu, woraufhin Hirschberg sich beinahe an seinem Kaffee verschluckte.

»Was?«, rief er. »Ich dachte immer, dein Onkel Seamus wäre dein Taufpate!« Nicht der Whiskyhersteller, der selbst sein bester Kunde war, sondern dieses nymphomanische Frauenzimmer hatte das unschuldige Baby über das Taufbecken gehalten. Er erschauderte bei der Vorstellung.

»Ja, er und Tante Isobel.« Sie lächelte schief. »Damals wollten meine Eltern die beiden noch miteinander verkuppeln. Mum hatte die Hoffnung, Onkel Seamus könne Isobel erden. Und sie hätten auch ganz bestimmt kein schlechtes Paar abgegeben. Habe ich das nie erwähnt, Darling?«

»Susan, komm auf den Punkt.«

»Tante Isobel würde mich gerne wieder einmal sehen, und sie hat ihren Besuch angekündigt.« Sie seufzte, während Hirschberg erstarrte.

Susan griff mit verdächtig ruhiger Hand nach einer noch warmen Semmel. Hirschberg starrte sie wie vom Donner gerührt an. Der bevorstehende Besuch ihrer Patentante erwies sich für ihn als diättauglicher Appetitzügler.

»Wann?« Ihm war auf einmal sehr mulmig zumute. Seine Haut prickelte unangenehm, und er fühlte, wie Schweiß in seinem Nacken ausbrach. Diese plötzliche Hitzewallung war keineswegs wetterbedingt.

»Morgen, am späten Nachmittag.« Susan senkte ihren Kopf und butterte mit übertriebener Sorgfalt den weichen Teig. »Ich weiß, es ist ein wenig plötzlich, aber du kennst sie ja.« Sie zuckte entschuldigend mit den Schultern.

Isobel Burtons Spontaneität genoss fast sprichwörtlichen Charakter im Kreise ihrer Familie, wusste Hirschberg. Diese hatte sich längst mit ihrer Unberechenbarkeit abgefunden. An Susans erstem Ferientag aber kam Isobels Vorhaben, ihnen beiden einen Besuch abzustatten, in Hirschbergs Augen einem Überfall gleich.

Susans Patentante konnte ihm nichts vormachen. In erster Linie wollte sich die scheidungserfahrene Isobel vergewissern, dass Susan sich auch den Richtigen am Hochzeitsbuffet herausgepickt hatte. Dass sie selbst in dieser Hinsicht nicht unbedingt die Geschickteste war, spielte keine Rolle. Susans Patentante sah die Unzulänglichkeiten ihres Paarungsverhaltens sportlich. Von einer Frau wie ihr könne man schließlich nicht erwarten, sich ein Leben lang auf nur eine Option festzulegen, ließ sie bei jeder Gelegenheit verlauten. Sie suche nun einmal die wunderbare Vielfalt in sämtlichen Lebensbereichen.

Hirschberg zweifelte auch nicht eine Sekunde daran, dass sie ein kleines Vermögen in der bayerischen Landeshauptstadt verprassen würde, bevor sie wieder in den Flieger nach London stieg. Womöglich noch mit einem neuen Ehemann im Gepäck.

»Das ist nicht dein Ernst«, sagte er ungläubig. Ihnen stand eine kurzfristig anberaumte Heimsuchung ohne die Chance auf eine angemessene Phase der seelischen Vorbereitung ins Haus. Am Ende nistete sich seine zukünftige Schwiegertante noch auf unbestimmte Zeit in seiner Wohnung ein!

»Soll ich meiner Tante etwa sagen, dass sie nicht erwünscht ist?«, maulte Susan.

»Nein, natürlich nicht!« Er warf seine Hände verzweifelt in die Luft. »Es ist nur -«, er zuckte hilflos mit den Schultern, »Isobel ist so egozentrisch und kann so exaltiert sein. Wie lange bleibt sie denn?«

»Zwei Wochen.« Susan schien selbst nicht begeistert. Sie runzelte die Stirn und drehte an einer aufmüpfigen Locke. »Wenigstens fliegt sie pünktlich zu deinem Urlaubsbeginn wieder zurück nach London.«

Und diesen Urlaub werden wir beide dann auch dringend nötig haben, schoss es Hirschberg missmutig durch den Kopf.

»Ich dachte ja eigentlich, sie wohnt jetzt in Dallas auf der Southfork Ranch«, entgegnete er ironisch. Seine Gedanken wanderten zu J.R, Miss Ellie & Co. »Ist sie nicht mit diesem Ölmulti verheiratet?«

»War«, korrigierte ihn seine Freundin geduldig und mit vielsagendem Blick. »Der ist bereits wieder Schnee von gestern. Sie hat sich vor zwei Monaten gewinnbringend scheiden lassen, weil Pete sich mit einem Playmate vergnügt hat und dumm genug war, sich von ihr erwischen zu lassen. Sie lebt jetzt also wieder in London. Offenbar fällt ihr aber in ihrer Stadtvilla in Chelsea die Decke auf den Kopf, und sie lechzt nach Ablenkung. Und außerdem möchte sie ihr Deutsch nicht ganz verlernen.«

Aus Susans Erzählungen wusste Hirschberg, dass Isobel Burton während ihrer Zeit in Oxford unter anderem eine kleine, wenn auch reichlich stürmische Affäre mit einem deutschen Bankierssohn genossen hatte. Er hatte nicht nur ihren Sinn fürs Finanzielle geschärft, sondern ihr auch die deutsche Sprache nähergebracht. Als gebildete und ehrgeizige Männerfresserin wusste sie sich eben schon in jungen Jahren standesgemäß zu paaren, hatte Susan mit einem breiten Grinsen hinzugefügt.

»Und jetzt kommt sie nach München, um ein neues Männchen zu erlegen und in ihre Höhle zu zerren«, schlussfolgerte er. »Vielleicht sollten wir ihr vorsorglich untersagen, spätabends fremde Männer mit zu uns nach Hause zu bringen. Ich möchte nicht jeden Morgen einen anderen fidelen Sechzigjährigen bewirten müssen.«

»Oh, das ist die gute Nachricht«, grinste Susan, und die Erleichterung stand ihr ins Gesicht geschrieben. »Tante Isobel hat nicht vor, sich bei uns einzuquartieren.

Sie hat gesagt, sie möchte uns nicht zur Last fallen. Ich glaube aber, sie zieht einfach den Komfort des *Vier Jahreszeiten* unserer bescheidenen Behausung vor.«

»Gott sei Dank!« Hirschberg konnte fühlen, wie ein Teil der Anspannung von ihm abfiel. Mit wiederkehrendem Appetit griff er nach einer Mohnsemmel. »Dann kriegen wir die zwei Wochen schon irgendwie über die Bühne.«

»Alex, sie ist immerhin meine Tante!«

»Es tut mir leid, Susan, aber ich scheue nun einmal derlei anstrengende weibliche Wesen.« Er grinste. »Es reicht schon, dass ich mit einem besonders schwierigen Exemplar zusammenlebe.«

»Wenn du so weitermachst, lasse ich mich scheiden, noch bevor wir überhaupt verheiratet sind. Tante Isobel berät mich da sicher gern«, drohte seine Zukünftige mit kokettem Augenaufschlag.

»Ja, ja«, brummte Hirschberg, konnte sich ein Lächeln aber nicht verkneifen. Dann griff er zu der ungeöffneten Post, die auf dem Küchentisch lag.

»Ach, Mist!«, entfuhr es ihm, als er auf das Schreiben von Wolfgang Fischer, dem Rechtsanwalt seines Großonkels Xaver, stieß.

»What is it?« Es war Susans Angewohnheit, ab und an in ihre Muttersprache zu verfallen.

»Wir haben doch morgen den Termin mit Onkel Xavers Rechtsanwalt«, erwiderte Hirschberg. Er warf ihr einen bedeutsamen und zugleich gequälten Blick zu. »Das hatte ich ganz vergessen. Ich habe dir doch erzählt, dass Onkel Xaver vor zwei Jahren seinen Stiefsohn enterbt hat. Und mich dann zu seinem Haupterben gemacht hat«, seufzte er und dachte an den undankbaren Stiefcousin seines Vaters, der sich auf Xavers Kosten ein angenehmes Leben machen wollte. »Ich war wegen des Falls doch die ganze Woche so schwer zu erreichen, dass ich mit Fischer kurz vor meinem Abflug gerade einmal ein paar Worte wechseln konnte.« Er fuhr sich mit der Hand übers Gesicht. Der Bruder seines Großvaters war vor vier Tagen plötzlich und unerwartet verstorben. Als sein Haupterbe sah Hirschberg es nun als seine Pflicht an, sich um die Beerdigung zu kümmern. Zumal sich seine Eltern wieder einmal für längere Zeit im Ausland befanden.

Zu Hirschbergs Erleichterung hatte ihm der Anwalt am Telefon versichert, alles Nötige in die Wege zu leiten. Er solle sich keine Sorgen machen und könne in Ruhe seinen Fall zu Ende bringen. Fischer werde das Nachlassgericht kontaktieren und vorab mit dem Pfarrer wegen der Beisetzung sprechen. Die genauen Details der Beerdigung könne Hirschberg dann nach seiner Rückkehr selbst mit Herrn Schmalzengruber bereden. Auch der Pfarrer habe sicherlich Verständnis für Hirschbergs berufliche Situation. Der merkwürdige Unterton in Fischers Stimme, als die Sprache auf den Pfarrer kam, hatte Hirschberg aufhorchen lassen. Aufgrund des brisanten Falls und seiner hastigen Abreise nach Spanien entschied er aber, Fischers resigniertem Tonfall vorerst nicht auf den Grund zu gehen. »Er möchte mir seinen Ersatzschlüssel für das Haus aushändigen. Xaver und er waren befreundet, deswegen hat er auch seit Jahren immer einen Schlüssel für das Haus«, erinnerte sich Hirschberg an das Telefonat mit dem bestürzten Anwalt. »Das Testament hat er wohl auch bereits beim Nachlassgericht eingereicht. Er meinte, es würde nicht lange dauern, bis ich Post vom Gericht bekomme.«

»Dann kann ich nur hoffen, dass es keine Erbschaftsklausel gibt, die besagt, dass wir unseren Erstgeborenen nach ihm nennen müssen. Wenn das der Fall ist, schlägst du die Erbschaft aus«, erwiderte Susan trocken.

»Ich glaube nicht, dass es eine derartige Klausel gibt«, entgegnete Hirschberg mit einem amüsierten Lächeln und blickte auf das Schreiben in seiner Hand. »Er hat mir sein und somit auch Großvaters Elternhaus hinterlassen. Nur merkwürdig, dass er so aus heiterem Himmel den Löffel abgegeben hat. Vor ihrer Abreise nach Kanada haben meine Eltern noch mit ihm gesprochen. Onkel Xaver klang so fit wie eh und je. Paps hat mal zu mir gesagt, dass Xaver immer schon robuster war als mein Großvater. Er hat damit gerechnet, dass der mindestens hundert wird.«

»Und wo ist das Haus?«, wollte seine Verlobte wissen.

»Nördlich von München auf dem tiefsten bayerischen Land«, sagte Hirschberg. »Das Nest heißt Krindelsdorf. Ich sollte den Pfarrer dort sofort anrufen und für morgen einen Termin mit ihm vereinbaren. Vielleicht erklärt sich der Herr Pfarrer ja bereit, sich mit mir an einem Sonntag zu treffen. Der Tag des Herrn müsste sowieso sein wichtigster Arbeitstag sein«, spottete er. Katholisch war Alexander Hirschberg nur auf dem Papier. »Außerdem möchte ich sehen, in welchem Zustand das Haus ist. Ich war zu meiner Schande schon seit einer ganzen Weile nicht mehr dort. Wie wär's also, wenn wir morgen einen Ausflug aufs Land machen?«, schlug er mit einem enthusiastischen Grinsen vor. »Wenn das Treffen mit dem Anwalt und dem Pfarrer nicht zu lange dauert, könnten wir uns auch die Gegend ein wenig ansehen. Die beiden Kirchen in Krindelsdorf sind recht sehenswert. Es gibt viele Rad- und Wanderwege, und ein wenig außerhalb haben sie wohl auch ein sehr schönes Naturfreibad«, überlegte er und massierte gedankenverloren sein Kinn. »Du beschwerst dich doch auch immer, dass es dir am Eisbach zu voll ist. Und in diesem ländlichen Idyll geht es bestimmt nicht so trubelig zu wie im Englischen Garten. Es ist auch gar nicht so weit. Ich schätze, wir wären in einer guten Dreiviertelstunde dort.« Frische Landluft würde ihnen beiden nicht schaden, fand er. So konnten sie der drückenden Hitze entkommen, die sich seit Tagen in den Münchner Straßen staute und ihnen schier den Atem raubte. Wenn sie also früh genug losfuhren, konnten sie sich vielleicht schon mittags im Naturfreibad räkeln.

»Von mir aus gern«, lächelte Susan. »Ich hätte bei der Hitze auch nichts gegen einen Abstecher ins Freibad. Aber am späten Nachmittag müssen wir Tante Isobel vom Flughafen abholen. Ich habe ihr versprochen, dass wir pünktlich sind und uns freuen.«

»So ganz versprechen kann ich das nicht«, seufzte Hirschberg und duckte sich, als seine Verlobte ihre Papierserviette nach ihm warf.

3.

Am nächsten Morgen warf Susan einen vorsichtigen Blick durch den Spion an ihrer Wohnungstür und erstarrte. Ihr dumpfes Gefühl der Vorahnung bestätigte sich. Es hatte sie in der vergangenen Nacht nicht zur Ruhe kommen lassen und stand nun in fleischgewordener Form auf ihrer Schwelle.

Das stete Surren des Rasierapparats drang aus dem Badezimmer an ihr Ohr. Ihr zukünftiger Ehemann war noch lange nicht salonfähig. Verärgert und verzweifelt zugleich blickte sie auf die Uhr an ihrem Handgelenk. Isobel Burton war immer für eine Überraschung gut. Aber knapp acht Stunden vor der verabredeten Zeit vor ihrer Tür aufzukreuzen und unüberhörbar Einlass zu begehren, das ging nun auch Susan ganz gewaltig gegen den Strich.

»Susan, Darling, mach endlich die Tür auf«, flötete Isobel Burton mit gut hörbarem texanischem Akzent. Ihr letztes Eheprojekt hatte anscheinend Spuren hinterlassen. Isobels Nichte ließ resigniert die Schultern hängen. »Ich weiß ganz genau, dass du hinter der Tür stehst und dich fragst, warum deine verrückte Tante jetzt schon vor eurer Tür steht!« Susan konnte das reuelose Lächeln auf den Lippen ihrer Tante erahnen. »Ich habe gestern Abend nach unserem Telefonat umdisponiert und nun doch schon die Maschine um sechs Uhr fünfzehn genommen. Ich wollte nämlich eigentlich noch etwas von dem Tag haben. Leider ist mir wieder einmal entfallen, was für ein kommerzielles Niemandsland Deutschland doch ist. Man kann hier ja sonntags gar nicht einkaufen gehen! Und gerade habe ich mir auch noch einen frisch manikürten Fingernagel abgebrochen. Susan, ich benötige jetzt sofort eine Nagelfeile! Also, sei ein Schatz und mach bitte endlich die Tür auf!«

Susan unterdrückte ein Stöhnen und drehte den Schlüssel im Schloss, um ihre quengelnde Tante einzulassen. Sie zwang sich, ein, so hoffte sie, strahlendes Lächeln aufzusetzen. »Tante Isobel!« Susan hoffte außerdem, ihre Stimme ertöne laut genug, um ihren Verlobten vorzuwarnen. Doch dieses Glück war ihr nicht beschieden.

»Susan, bilde ich es mir nur ein, oder hat es gerade an der Wohnungstür geklingelt?« Hauptkommissar Alexander Hirschberg erschien, nur mit einem um die Hüften geschlungenen Handtuch bekleidet, im Flur seiner Wohnung. Sogleich riss er seine Augen voller Entsetzen weit auf.

»Isobel! Was machst du denn schon hier?!«, rief er und trat schnurstracks den Rückzug an. Susan blickte ihm zerknirscht hinterher. Sie vermutete stark, dass ihr Verlobter allenfalls mit einem lästigen Besuch der Zeugen Jehovas gerechnet hatte. Und vermutlich hätte er ihnen nur allzu gern sein nasses Handtuch um die Ohren geklatscht, um zu demonstrieren, was für ein unbekehrbarer Heide er war. Sie war erleichtert, dass er sich gegenüber ihrer exzentrischen Patentante dahingehend beherrschte.

»Alex, ich kann dir versichern, dass du mir nichts zu bieten hast, was ich nicht schon längst kenne und bereits millionenfach in meinem Leben gesehen habe«, lachte Isobel gutgelaunt und keineswegs peinlich berührt. »Allerdings kann ich jetzt sehr gut verstehen, warum das Rugbyteam eurer Schule dich damals unbedingt in der

Mannschaft haben wollte.« Sie schenkte ihrer Nichte ein anzügliches Grinsen. Susan senkte betreten den Kopf. Diesen Vorfall würde Alex ihr noch an ihrer goldenen Hochzeit vorhalten, sobald das Knallen der Champagnerkorken erst einmal verhallt war. Selbst wenn Isobel dann wohl längst nicht mehr lebte.

»Warum bist du nur so verklemmt, Alex?«, rief Isobel ihm kopfschüttelnd hinterher, als die Badezimmertür vorwurfsvoll ins Schloss fiel. Offenbar ohne jegliche Reue über ihre verfrühte Ankunft folgte sie Susan ins Wohnzimmer. »Wenn er dieses krankhafte Schamgefühl nicht ablegt, wird er es auf Dauer sehr schwer haben«, zischte sie ihrer Nichte zu. »Hast du ihm denn nicht gesagt, dass ich komme?«

»Doch, Tante Isobel, das habe ich«, gab Susan gereizt von sich. »Allerdings haben wir erst heute Nachmittag mit dir gerechnet. Und außerdem müssen wir gleich aufs Land fahren.«

»Aufs Land? Um Gottes Willen, warum denn das?« Kam es Susan nur so vor oder erbleichte ihre sonst nicht besonders leicht zu erschütternde Patentante tatsächlich unter ihrem sorgfältig aufgetragenen Make-up?

Isobel Burton war ein Geschöpf der Großstadt. Susan wusste, dass sich ihrer Patentante jegliches Verständnis für das beschauliche Leben auf dem Land entzog. Isobel Burtons Spielwiesen waren die niemals schlafenden Metropolen der Welt, zu denen München in den Augen ihrer Tante übrigens nicht gehörte. Dass ausgerechnet ihr Patenkind die europäische Provinz, wie Isobel München insgeheim nannte, ihrer Heimat London vorzog, war ein schmerzender Stachel in ihrem luxusverwöhnten Fleisch. Ein Blick in Isobels entsetztes Gesicht erinnerte Susan nur zu deutlich daran.

»Ihr habt doch nicht etwa vor, Stadtflucht zu begehen? So zu tun, als gehörtet ihr zu diesen armseligen Trotteln, die sich Individualisten nennen und in ach so beschaulichen Gefilden ihr jämmerliches Dasein fristen?« Ihre Stimme klang mit einem Mal sehr schrill, und Susans Magen verkrampfte sich schmerzhaft. »Denk doch mal an deinen Onkel Seamus! Glaubst du etwa allen Ernstes, ich hätte es auch nur eine Woche lang mit Seamus und seinem degenerierten Butler in den schottischen Highlands ausgehalten, ohne dabei komplett den Verstand zu verlieren? Sein Butler – dieser debile Crétin! – hat darauf bestanden, dass es auf diesem alten, modrigen Herrensitz spukt! Weißt du, was er steif und fest behauptet hat? Der erste Besitzer würde ihn jede Nacht aufsuchen, um sich nach seinem Befinden zu erkundigen!« Sie schnaubte verächtlich. »Als ob ihm das Wohlergehen eines Dienstboten am Herzen läge! Der Glaube an Gespenster ist in meinen Augen nichts anderes als das mentale Resultat jahrhundertelanger inzestuöser Verhältnisse! Die alteingesessene Sippschaft von Seamus' Butler – Gott, wie hieß er doch gleich?« Sie schnippte mit den Fingern und warf ihrer Nichte einen ungeduldigen Blick zu, sie doch endlich zu erleuchten.

»Christopher«, gab Susan seufzend von sich.

»Genau! Siehst du, Christophers Sippschaft bildet da keine Ausnahme«, fügte sie weise nickend hinzu. Ohne Susans etwaigen Widerspruch abzuwarten, fuhr sie fort: »Ich meine, ganz egal, was für ein fantastischer und – wie könnte ich das vergessen! – einfallsreicher Liebhaber dein Onkel auch ist, keine noch so unvergessliche Nacht der Welt ist es wert, zu einem depressiven Schatten von einer Lady in den Highlands zu werden! Designerläden nur noch in Gedanken zu betreten, kommt überhaupt nicht in Frage! Und stell dir nur die langen Winterabende vor! Wie hätten Seamus und ich uns da die Zeit vertrieben? Wir können uns ja schließlich nicht immer nur im Schlafzimmer aufhalten! Hätten wir vielleicht fröhliches Kiltmusterraten am prasselnden Kaminfeuer spielen sollen? Komm um Gottes Willen zur Vernunft, Susan! Es scheint mir fast so, als wäre ich gerade noch rechtzeitig gekommen! Ich werde auf keinen Fall zulassen, dass ihr so eine Riesendummheit begeht!«

Onkel Seamus? Ein fantastischer Liebhaber? Susan sah die beginnende Stirnglatze, den gewölbten Bauch und die vom Whisky rotgeäderte Nase ihres Onkels vor sich. Es schüttelte sie. Dass ihre Patentante eine unersättliche Nymphomanin war, war ihr bewusst, aber von einer Sehschwäche war ihr bisher nichts bekannt gewesen. Sie schob die sich ihr aufdrängenden Bilder mit aller Macht beiseite. Susan musste Isobels Atempause nutzen, um deren Sendungsbewusstsein Einhalt zu gebieten.

»Alex' Großonkel ist vor ein paar Tagen gestorben, und er ist der Haupterbe, Tante Isobel. Alex hat sein Haus auf dem Land geerbt, das wir uns heute ansehen wollen. Außerdem muss er sich um die Beerdigung kümmern. Du wirst dich also eine Weile allein amüsieren müssen, Tante Isobel.«

»Aber Susan, Darling, das kommt überhaupt nicht in Frage«, bestimmte ihre Patentante. Sie schüttelte ihren elegant frisierten Kopf. Ihr Teint normalisierte sich wieder. »Ich werde euch selbstverständlich in die Einöde begleiten und die Immobilie in Augenschein nehmen. Sechs Augen sehen mehr als vier. Es bleibt mir ja auch nichts anderes übrig. Heute ist Sonntag, und wie bereits erwähnt«, sie verdrehte die Augen, »bleiben am Tag des Herrn die Geschäfte in diesen kommerziell unterentwickelten Breitengraden ja leider geschlossen. Wie hältst du das nur aus, Susan? Ich kann ja verstehen, dass du Auslandserfahrung sammeln möchtest, aber habt ihr denn noch nie darüber nachgedacht, nach London zu ziehen? Wenn du möchtest, kann ich mich bei Scotland Yard für Alex stark machen. Du weißt ja, ich wackele einmal mit meinem frisch gestrafften Po, und die hohen Herren fressen mir nur so aus der Hand.« Sie beugte sich verschwörerisch nach vorne. »Bevor ich Dallas den Rücken gekehrt habe, war ich nochmal beim Schönheitschirurgen. Als deine Patentante kann ich dir nur dringend raten, früh genug mit einigen Korrekturen anzufangen. Frauen unseres Kalibers müssen den körperlichen Verfall nicht einfach so hinnehmen. Auch wenn du jetzt in München lebst und deine aristokratische Herkunft am liebsten verleugnen würdest, wird doch der Tag kommen, an dem die eine oder andere repräsentative Aufgabe auf dich wartet. Und da willst du doch nicht etwa aussehen wie ein ungebügelter Faltenrock«, raunte sie und zwinkerte Susan zu.

»Danke, Isobel.« Hirschberg war nun vollständig angezogen und mit guter Miene zum bösen Spiel im Wohnzimmer erschienen. »Aber ich möchte gerne beim LKA in München bleiben. Und ich kann auch gut damit leben, dass die Geschäfte hier zum Wohl der Arbeitnehmer sonntags geschlossen sind.«

»Möchtest du etwas trinken, Tante Isobel?«, wechselte Susan rasch das Thema. Stadtflucht und Schönheitschirurgie waren keine geeigneten Themen für den weiteren und vor allem friedvollen Verlauf des Vormittags, fürchtete sie. »Tee, Kaffee?«

»Gin Tonic.« Isobel schlug ihre noch immer beneidenswert schlanken Beine übereinander und lehnte sich auf der Couch zurück. Susan fiel auf, dass nicht einmal das kleinste Fältchen oder Krähenfüßchen Isobels Züge verunstaltete. Der plastische Chirurg hatte gute Arbeit geleistet. Doch auch ohne Schönheitsskalpell bot ihre

Tante noch immer einen jugendlichen Anblick. Ihr sorgfältig geglättetes, dichtes dunkles Haar saß perfekt und schmeichelte ihrem Teint. Ihre tiefblauen Augen, die bereits so vielen Männern den Verstand geraubt hatten, blitzten übermütig. Während sich andere Frauen ihres Alters nach Enkelkindern sehnten, suchte Isobel Burton das Abenteuer und die Aufregung. Bei dem Gedanken wurde ihr ein wenig mulmig, denn ihre Tante nahm sich auch stets, wonach sie verlangte.

»Es ist zehn Uhr morgens!«, rief Hirschberg und schüttelte angesichts der Trinkgewohnheiten ihres Überraschungsgastes unwirsch den Kopf. Isobels Lebensstil entsprach so ganz und gar nicht dem ihres Verlobten, dachte Susan gequält.

»Alex, nur weil wir gemeinsam aufs Land fahren, um deine Erbschaft zu begutachten, heißt das noch lange nicht, dass du auch gleich so provinziell denken musst«, erklärte sie ihm in sachlichem Tonfall. Susan warf ihm einen entschuldigenden Blick zu. Sein mürrischer Gesichtsausdruck sprach Bände. Hirschbergs Enthusiasmus, mit ihrer Tante einen Ausflug nach Krindelsdorf zu unternehmen, hielt sich in eng bemessenen Grenzen. »Ich bin ein großes Mädchen, Alex. Also bitte sei so gut und hol mir einen Gin Tonic«, forderte Isobel ihn auf, seinen Gastgeberpflichten nachzukommen. »Ihr habt doch hoffentlich Gin im Haus? Ihr seid doch nicht etwa zu Antialkoholikern mutiert, die nur noch Gesundfutter zu sich nehmen?«, fragte sie alarmiert, als Hirschberg sich nur zögerlich daran machte, ihren Befehl auszuführen.

»Wo ist eigentlich dein Gepäck?«, erkundigte sich Susan und ließ sich neben Isobel auf die Couch fallen.

»Schon im Hotel«, antwortete sie knapp. »Alex, vergiss bitte das Eis nicht. Ich hasse lauwarmen Gin Tonic!

Erst recht bei dieser Hitze! Die Temperaturen hier sind wirklich vulgär. Wie schaffst du es nur, dass dein Make-up nicht verläuft, Susan?«, erkundigte sie sich und zauberte einen Fächer aus ihrer Handtasche hervor. Er sah aus, als hätte sie ihn Karl Lagerfeld auf einer seiner Modenschauen entwendet.

»Bitte sehr.« Hirschberg gab sich betont gelassen, als er kurz darauf mit Isobels Drink wieder im Wohnzimmer erschien. Er warf der Patentante seiner Freundin einen aufmerksamen Blick zu. »Wie geht es Pete?« Susan versuchte, ihn mit ihren Augen zu erdolchen. Doch der auf Isobel gerichtete verbale Giftpfeil verfehlte sein Ziel gänzlich.

»Wie soll es ihm schon gehen?« Sie zuckte siegreich mit den Schultern. »Schlecht natürlich, da ich ihn um einen beträchtlichen Teil seines Vermögens erleichtert habe! Und wenn wir schon von Vermögen sprechen, Alex, wie schätzt du denn den Wert dieser vermutlich baufälligen Ruine aus deiner segensreichen Erbschaft ein?«

»Wir wissen doch noch gar nicht, ob das Haus baufällig ist, Tante Isobel«, erinnerte Susan sie und verdrehte die Augen.

»Darling, wie alt war Alex' Großonkel denn?«

»Sechsundachtzig«, entgegnete Hirschberg achselzuckend.

»Da habt ihr's!«, rief sie triumphierend. »Glaubt mir, in diesem Alter beherrschen den halb umnachteten Geist andere Sorgen als Gebäudesanierung. Einen Mann in diesem Alter interessiert das Leck in seiner Dachrinne nicht, wenn er an Blasenschwäche leidet und noch dazu wegen fortschreitender Arthrose nicht mehr im Stehen pinkeln kann. Ich möchte wetten, dass das Haus in einem grauenvollen Zustand ist!«

»Das werden wir ja sehen«, erwiderte Hirschberg eisig, während Susan die verstörende Befürchtung hegte, dass Isobel Burton am Ende Recht behielt.

»Da können wir nur hoffen, dass sich diese Bruchbude nicht als Geldgrab erweist«, sie nahm einen Schluck von ihrem Drink.

»Ich habe genug Geld, Isobel«, entgegnete Hirschberg zähneknirschend.

»Alex, Geld kann man nie genug haben«, widersprach sie ihm lächelnd. Ihr Tonfall wirkte, als würde sie sich mit einem zurückgebliebenen Kleinkind unterhalten. »Ich werde es ganz sicher nicht tolerieren, dass mein Patenkind in ärmlichen Verhältnissen leben muss.«

»Ärmliche Verhältnisse?!«, explodierte Hirschberg. »Kannst du dir eigentlich vorstellen, wie viel ich allein für diese Wohnung in Toplage mitten in Schwabing hingelegt habe?«

»Ich weiß überhaupt nicht, warum du dich so echauffierst«, erwiderte Isobel gelassen. »Wenn du dich finanziell übernommen und Geldsorgen hast, ist das doch keine Schande. Ich kann dir jederzeit aushelfen«, bot sie dem schäumenden Hirschberg an.

»Ich habe keine Geldprobleme!«, rief er.

»Wir sollten langsam losfahren«, schritt Susan ein und drückte ihm entschlossen die Autoschlüssel in die Hand.

4.

Hirschberg warf einen Blick aus dem Seitenfenster, als er seinen Wagen gemächlich durch den kleinen Ort in Richtung des Krindelsdorfer Marktplatzes steuerte. Zwar war es eine Ewigkeit her, seit er das letzte Mal einen Abstecher nach Krindelsdorf gemacht hatte, doch an die St.-Vinzenz-Apotheke zu seiner Linken konnte er sich noch gut erinnern. Er sah, wie eine junge Frau mit langem rotblondem Haar, gefolgt von einem dunkelhaarigen großen Mann, das Ladenlokal durch den Lieferanteneingang verließ. Die Apotheke, die bis vor ein paar Jahren ein alter Schulfreund seines Großvaters geführt hatte, war mittlerweile verkauft, und bei dem Paar musste es sich wohl um die jetzigen Eigentümer handeln, schlussfolgerte er, als er den Wagen auf den Parkplatz vor dem Rathaus lenkte.

Die strahlende Sonne tauchte die Walmdachfassade von Großonkel Xavers altem Haus am Marktplatz von Krindelsdorf in ein ausgesprochen vorteilhaftes Licht. Zumindest das Äußere des alten Gemäuers besaß einen wirklich zauberhaften Charme. Sogar Isobel ließ sich zu ein paar netten Worten hinreißen.

»Herr Hirschberg!« Ein hochgewachsener Mann in legerer blauer Jeans und weißem Polohemd kam auf ihn zu und streckte ihm seine Hand entgegen. »Ich bin Wolfgang Fischer, der Anwalt Ihres Großonkels.« Fischer entblößte eine Reihe perfekt gepflegter Zähne. Seine grünen Augen bildeten einen attraktiven Kontrast zu seinem gebräunten Teint. Offensichtlich verbrachte der Anwalt seine Zeit nicht nur eingesperrt in seinem Büro, sondern hielt sich in seiner Freizeit vorzugsweise im Freien auf. Sein dunkelblondes Haar fiel ihm locker in die Augen, und Isobel Burton schien vom ersten Augenblick an hingerissen von Fischers maskuliner Erscheinung. Zu Hirschbergs Missfallen kam leise eine bewundernde, wenn auch reichlich anzügliche Bemerkung bezüglich seiner muskulösen Oberarme und was er damit alles anstellen könne über ihre dunkelrot geschminkten Lippen.

»Vielen Dank, Herr Fischer, dass Sie so spontan Zeit hatten, sich mit mir am Sonntag zu treffen«, versuchte er dies zu überspielen. »Darf ich Ihnen meine Verlobte Susan Waters vorstellen? Und das hier ist ihre Tante Isobel Burton.« Er warf ihr einen strengen Blick zu, der an der englischen Lady abzuprallen und vor ihren Füßen zu Staub zu zerfallen schien. Hirschberg hoffte inständig, dass dem Anwalt ihre Bemerkung entgangen war.

»Es freut mich sehr.« Er schüttelte den beiden die Hand, bevor er den Hausschlüssel aus seiner Hosentasche fischte. »Sie müssen wissen, Herr Hirschberg, dass Ihr Großonkel nicht mehr besonders viel an seinem Elternhaus hat reparieren lassen – eigentlich kaum noch das Nötigste.« Er warf ihm über seine Schulter hinweg einen bedauernden Blick zu. »Er hat vor einigen Jahren nur einige kleine, oberflächliche Reparaturen vornehmen lassen. Das Haus ist alles in allem leider nicht mehr allzu gut in Schuss. Seine Prioritäten lagen in anderen Bereichen.« Ein Hüsteln kam über Fischers Lippen.

Hirschberg beobachtete aus den Augenwinkeln heraus, wie Isobel ihre Nichte in die Seite boxte und Susan ein siegessicheres Lächeln schenkte. Das Haus müsse eine schlimmere Ruine als Camelot sein, hörte er sie flüstern.

»Wenn Sie meine Meinung hören wollen«, der Anwalt blickte Hirschberg ein wenig zerknirscht an und fuhr sich nervös mit der Zunge über seine Lippen, was Isobel zu einem lasziven Augenaufschlag veranlasste, »wäre es vermutlich das Beste, den alten Kasten abreißen zu lassen und das Grundstück zu verkaufen. Im Wohnzimmer ist es so feucht und schimmlig, dass sich die Tapete bereits von den Wänden schält. Und auch die anderen Räume sind in ähnlich erbärmlichem Zustand. Es ist nicht daran zu denken, das Haus in nächster Zeit gewinnbringend zu verkaufen oder auch nur zu vermieten.«

»Hat ihn das denn nie gestört?«, erkundigte sich Susan, als sie hinter ihrem Verlobten das Haus betrat.

Das Innenleben alter Häuser war oftmals um Längen weniger betörend als die Fassade, und dieses alte Gebäude schien zudem seit einer Ewigkeit nicht gelüftet worden zu sein. Hirschberg rümpfte die Nase. Das Geburtshaus seines Großvaters und Großonkels hatte seinen ländlichen Prunk von anno dazumal gänzlich eingebüßt. Was einst eine der besten Adressen des Ortes gewesen war, schien nur noch als Futter für die Abrissbirne zu taugen. Hirschberg wurde schlagartig bewusst, dass sein letzter Besuch mindestens zehn Jahre zurückliegen musste, denn zu Treffen mit Onkel Xaver war es stets entweder bei seinen Eltern oder auf Familienfeiern außerhalb von Krindelsdorf gekommen. Wehmut überkam ihn, als er sich umblickte.

»Gestört? Nun ja, Xaver hatte eben andere Interessen«, gab Fischer ausweichend von sich. Er errötete leicht. »Solange die Einrichtung halbwegs stilvoll war, kümmerte ihn der Rest des Hauses herzlich wenig. Außerdem war er doch schon deutlich vorgerückten Alters. Er hat mir gegenüber immer wieder betont, dass sich eines Tages sein Erbe – also Sie – um die Sanierung kümmern könne, wenn er wolle. Ich glaube, er scheute auch ein wenig die Arbeiten. In seinem Alter wollte er verständlicherweise nicht mehr wochenlang auf einer Baustelle leben.«

»Ist das da sein Schlafzimmer?« Hirschberg betrat einen mit dunklen Möbeln ausgestatteten Raum und ließ seine Augen umherschweifen. An den Wänden hatten sich ebenfalls bereits verräterische dunkle Stellen gebildet. Das Haus glich einem gemauerten Sumpfgebiet.

Hirschberg stöhnte auf. Erschreckende Visionen langwieriger Renovierungsarbeiten drängten sich ihm auf. Die Abrissbirne erschien ihm immer attraktiver.

»Ja«, nickte Fischer. »Ihr Großonkel wollte sein Schlafzimmer nach unten verlegen, weil er nicht wusste, wie lange er noch so gut zu Fuß sein würde. Er wurde ja schließlich auch nicht jünger. Sein Tod war dann aber doch sehr plötzlich.« Er räusperte sich verlegen. Hirschberg konnte sich noch immer nicht erklären, warum der Anwalt so herumdruckste. Er öffnete einem spontanen Impuls folgend die Nachttischschublade und warf einen Blick hinein. Er griff nach einer Pillendose.

»Sind das die Medikamente, die mein Großonkel regelmäßig einnehmen musste?« Hirschberg öffnete das Arzneimittelbehältnis, während Fischer nervös auf seinen Füßen vorwärts und rückwärts wippte. Er vermied es strikt, den Hauptkommissar anzusehen. Hirschberg konnte seine innere Anspannung nahezu körperlich spüren.

»Was für ein attraktiver Anblick«, zischte Isobel ihrer Nichte ein weiteres Mal bewundernd zu, und Hirschberg warf ihr einen strafenden Blick zu. Der Anwalt schien jedoch glücklicherweise weder diese noch Isobels vorherige Bemerkung gehört zu haben. Stattdessen wippte er unbeirrt weiter vor und zurück und starrte konzentriert Löcher in den Boden. Hirschbergs Blick wanderte wieder zu dem Behälter in seiner Hand.

»O mein Gott«, entfuhr es ihm. »Sagen Sie mir jetzt bitte nicht, dass das hier die Pillen sind, für die ich sie halte.« Er starrte ungläubig auf die blauen, rautenförmigen Tabletten und wusste nicht, ob er lachen oder sich posthum für seinen Großonkel schämen sollte.

»Zeig mal her, Alex!« Noch bevor Hirschberg etwas hätte erwidern können, riss Isobel Burton ihm die Tabletten aus der Hand. Sie brach sogleich in schallendes Gelächter aus. »Das sind also die Prioritäten, die sich dein Großonkel gesetzt hat! Ein Sechsundachtzigjähriger, der Viagra in seinem Nachttisch bunkert! Das macht mir Hoffnung! Die Dinger sind wirklich ein wahrer Segen für die Männerwelt! Und ich muss es schließlich wissen! Susan, ich hoffe für dich, dass Alex ganz nach seinem Großonkel kommt, denn dann wird er dich bestimmt nie enttäuschen.« Sie wandte sich mit einem lasziven Lächeln an den Anwalt. »Kann es sein, dass Herr Hirschberg an einer Überdosis Viagra gestorben ist?«

Fischers Wangen glühten verräterisch unter der gepflegten Bräune. Hirschberg konnte sehen, dass ihm die reichlich schlüpfrige Thematik in Gegenwart von zwei ihm fremden Damen – sei die eine davon auch noch so schamlos – überaus unangenehm war.

»Nicht direkt«, murmelte der Anwalt und musterte intensiv seine Fußspitzen. Er schien sich von Sekunde zu Sekunde unwohler zu fühlen. »Es ist vielleicht besser, ich kläre Sie über die näheren Todesumstände Ihres Großonkels auf. Bevor Sie es von jemand anderem erfahren«, sagte er mit betretener Miene. Die Aufklärungsarbeit schien für ihn so beschwerlich wie der Gang nach Canossa. Angesichts Fischers Gesichtsausdruck rüstete sich Hirschberg innerlich für Isobels Häme. »Kurz vor seinem Tod hat Ihr Großonkel einer befreundeten Dame fünfzigtausend Euro geschenkt. Und es hatte auch alles seine Richtigkeit«, beeilte er sich dem Hauptkommissar zu versichern. »Xaver wusste genau, was er tat. Die Dame war dann auch bei ihm, als er starb.« Er ließ die Worte bedeutungsvoll in der Luft hängen. Isobel Burtons Lachen wurde immer lauter. Tränen rannen ihr ungebremst über die erhitzten Wangen. Susan warf Hirschberg und dem Anwalt einen entschuldigenden Blick zu. Hirschberg versuchte, Isobels Gelächter zu ignorieren. Das modrige Heim seines Großonkels mochte ja eine Bruchbude sein, aber zu dessen Lebzeiten war es ganz offensichtlich auch das reinste Freudenhaus gewesen!

»Dann war es wenigstens ein glückseliger Tod«, prustete Isobel. Sie tätschelte Hirschbergs Arm, dessen Mundwinkel zu seinem eigenen Entsetzen nun auch leicht zuckten. »Das muss dir doch ein Trost sein, Alex, oder?«

»Haben Sie sich mittlerweile schon über die Beerdigung Ihres Großonkels Gedanken gemacht?« Fischer war ganz offenbar daran gelegen, das Gespräch aus diesem stürmischen Fahrwasser zu manövrieren. Isobel schnäuzte sich geräuschvoll. Ihre Schultern bebten und zuckten.

»Ja, ich treffe mich gleich mit dem Pfarrer und bespreche die Modalitäten.«

»Sind Sie sicher, dass Sie Ihren Großonkel hier beerdigen lassen wollen und nicht in München?« Wieder erschien dieser gequälte Ausdruck auf Fischers Gesicht. *Was denn noch,* stöhnte Hirschberg innerlich. Er hatte sich seinen Ausflug aufs Land ein wenig unproblematischer vorgestellt.

»Er hat doch sein ganzes Leben hier am Ort verbracht. Und als sein Anwalt wissen Sie genauso gut wie ich, dass es sein letzter Wunsch war, hier in Krindelsdorf in unserem Familiengrab beerdigt zu werden. Warum sollte ich ihn dann in München beisetzen lassen?«, fragte er den Anwalt verwundert.

»Dann sollte ich Sie besser vorwarnen, Herr Hirschberg.« Fischer räusperte sich. »Pfarrer Schmalzengruber ist ein wenig schwierig und auch sehr konservativ. Er vertritt eine, nun ja, konsequente Rückbesinnung auf traditionelle katholische Werte.« Der Anwalt schien nach den passenden Worten zu suchen. »Er und Ihr Großonkel hatten kein besonders gutes Verhältnis, und als die besagte Dame des Öfteren hier gesehen wurde, da …«

Isobel brach erneut in ohrenbetäubendes Gelächter aus. Der Anwalt verzog sein Gesicht zu einer schmerzverzerrten Grimasse.

»Entschuldigt bitte«, japste sie. »Ich glaube, mein Besuch bei euch wird doch amüsanter, als ich erwartet habe!«

»Ich verstehe schon, worauf Sie hinauswollen, Herr Fischer«, versicherte ihm Hirschberg, ohne auf Isobel einzugehen. »Der Lebenswandel meines Großonkels war dem Pfarrer ein Dorn im Auge«, fügte er verständnisvoll hinzu und war dennoch wild entschlossen, seinen Großonkel hier an dessen Heimatort zu Grabe tragen zu lassen. Und wenn er das Loch selbst ausheben musste! Bei allem Respekt vor dem örtlichen Geistlichen, der seine Schafherde reinhalten und seine Gemeinde nicht zu einem Sündenpfuhl à la Sodom und Gomorrha verkommen sehen wollte, so gebot es ihm doch gewiss die christliche Nächstenliebe, auch ein verirrtes Schäfchen – wenn man denn so wollte – angemessen zu bestatten. Vor allem würde er als guter Christ den letzten Wunsch eines Verstorbenen sicher achten.

»Ich weiß nicht, ob Sie ermessen können …« Ein harsches Klopfen an der Haustür ließ den Anwalt verstummen.

»Das wird dann wohl der Pfarrer sein«, vermutete Hirschberg und ging mit raschen Schritten zur Tür. Er war zuversichtlich. Eine kleine Charmeoffensive seinerseits, und der Kirchenmann würde zu formbarem Wachs in seinen Händen!

»Ah, Pfarrer Schmalzengruber!« Hirschberg öffnete die Tür, und ein verkniffen aussehender, älterer Mann im Priestergewand trat ein. Fischer ging mit der ausgestreckten Hand auf den Priester zu, die der Angesprochene kurz und, wie Hirschberg fand, mit mangelhafter Herzlichkeit drückte. »Sie beide wollen sich hier besprechen und nicht im Pfarrhaus?«, erkundigte sich der Anwalt unnötigerweise.

»Schon unser Herr Jesus Christus hat sich nicht davor gescheut, das Haus eines Sünders zu betreten«, entgegnete der Pfarrer mit stahlhartem katholischem Rückgrat. »Wie könnte ich da den armen Hinterbliebenen die kalte Schulter zeigen?«

Isobel Burton krümmte ihren Oberkörper und wandte sich mit erneut bebenden Schultern ab.

»Warum läuten denn die Glocken?«, entfuhr es Fischer. Es war ihm anzusehen, dass er die Frage noch im selben Moment bereute.

»Das sind die Totenglocken«, entgegnete Pfarrer Schmalzengruber mit düsterem Gesichtsausdruck.

»Lassen Sie sie etwa für meinen Großonkel läuten, Herr Pfarrer?«, erkundigte sich Hirschberg mit fast so etwas wie Rührung.

»Nein, Herr Hirschberg.« Schmalzengruber schüttelte mit finsterer Miene den Kopf. »In der letzten Woche sind zwölf verlorene Seelen meiner Gemeinde aus der katholischen Kirche ausgetreten. Aus diesem Anlass lasse ich nun die Totenglocken läuten. Diese Menschen sind für mich gestorben und für Gott verloren. Ich kann nur hoffen, dass sie eines Tages den rechten Pfad wiederfinden, ihre Fehler einsehen und sie aufrichtig bereuen.«

»Langsam kann ich verstehen, warum unser Henry Tudor aus eurem Verein ausgetreten ist«, murmelte Isobel Burton vor sich hin, und Hirschberg verspürte den Drang, sie zu erwürgen. Der Pfarrer warf ihr einen vernichtenden Blick zu, enthielt sich jedoch eines Kommentars. Seinem Gesichtsausdruck war zu entnehmen, dass er sich durchaus der Anwesenheit einer armen Sünderin bewusst war.

»Vielleicht sollten wir jetzt die Beerdigungsmodalitäten besprechen«, schlug Hirschberg vor. Seine Erbschaft entpuppte sich vor seinen Augen als wahrer Alptraum.

»Gibt es hier am Ort vielleicht ein halbwegs passables Etablissement, das die hiesigen Hygienebestimmungen einhält? Das heißt, in dem wir eine Kleinigkeit essen und trinken können?«, erkundigte sich Isobel. »Ich könnte durchaus ein Glas eisgekühlten Weißweins vertragen! Sie erwecken übrigens den Eindruck, als würde Ihnen ein Drink auch ganz guttun, Herr Pfarrer«, erklärte sie dem indigniert dreinblickenden Geistlichen. »Wenn wir noch länger hierbleiben, vermodern wir am Ende genauso wie dieses Gemäuer. Außerdem würde ich Pfarrer Schmalzengruber nur allzu gern von meiner stürmischen Affäre mit einem jungen Priesteranwärter in Rom erzählen. Ich wollte meinen achtzehnten Geburtstag damals unbedingt in der ewigen Stadt feiern. Schon, weil italienische Männer so hervorragende Liebhaber sind! Ach, die Siebziger waren ein herrliches Jahrzehnt!«, schwärmte sie.

Schmalzengruber starrte Isobel mit weit aufgerissenen Augen an, und hektische, tiefrote Flecken bildeten sich auf seinen Wangen. Hirschberg beschlich ein mulmiges Gefühl.

Schmalzengrubers offenkundige Verstimmung ignorierte Isobel gekonnt. »Wissen Sie, Herr Pfarrer, es ist ja gut und schön, wenn ein reizloser Mann sich für diese Laufbahn entscheidet. Aber wenn sich ein solcher Liebesgott dem Zölibat verschreiben möchte, dann ist das eine Katastrophe für die Damenwelt! Und es ist die Pflicht einer jeden halbwegs attraktiven und intelligenten Frau, alles in ihrer Macht Stehende – und glauben Sie mir, da gibt es so einiges! – zu unternehmen, um ihn zur Vernunft zu bringen! Man muss ihn zur Umkehr bewegen und davon überzeugen, dass eine Laufbahn hinter den dicken Mauern eines Pfarrhauses oder eines Klosters die reinste Verschwendung seines wertvollen Erbguts wäre. Sie verstehen sicher, worauf ich hinauswill, Herr Pfarrer.« Isobel musterte ihn kritisch von oben bis unten. »Auch, wenn das Zölibat in Ihrem speziellen Fall nicht weiter dramatisch ist«, stellte sie dann in sachlichem Tonfall fest, und Hirschberg wollte im Boden versinken. Die Gedanken des Pfarrers waren unschwer zu erraten. »Sie glauben ja gar nicht, wie froh und stolz ich heute noch bin, diesen Liebeskünstler vor dem größten Fehler seines Lebens bewahrt zu haben. Ihn aus den Fängen der katholischen Kirche zu befreien, hat mich einige lange Nächte gekostet. Und ich habe ein Vermögen in italienischen Dessousläden ausgegeben!« Sie lächelte verträumt.

Der Pfarrer atmete nun sichtlich angestrengt, und Hirschberg sah mit einem mulmigen Gefühl, wie er sich an seine linke Brust fasste, als fürchte er, jeden Moment einen Herzinfarkt zu erleiden. Fischers Schultern bebten verräterisch.

»Ich glaube, es ist das Beste, wenn Isobel und ich irgendwo einen Kaffee trinken«, mischte sich Susan ein. »Und du, Alex, kannst dann in aller Ruhe mit dem Pfarrer Xavers Beerdigung hier besprechen.« Mit diesen Worten zog sie ihre Tante am Arm mit sich und überließ es ihrem Verlobten, die Splitter von Großonkel Xavers explodiertem Sarg wieder zusammenzusetzen.

5.

Das Innere des Cafés *Romeo* am Marktplatz von Krindelsdorf war nahezu ausgestorben, als Hirschberg nach seiner Besprechung mit Schmalzengruber durch die geöffnete Tür kam. Er erspähte seine Verlobte zusammen mit ihrer weinseligen Patentante an einem der Tische nahe der Bar. Alle anderen Gäste tummelten sich auf den weißgestrichenen Holzbänken vor dem Café, um die warmen Strahlen der Sommersonne einzufangen. Der Großteil der Sonnenanbeter aber befand sich an den Tischen der kleinen italienischen Eisdiele auf der gegenüberliegenden Straßenseite.

Susan nippte mit missmutigem Gesichtsausdruck an ihrem Eiskaffee. Das Vanilleeis war bereits geschmolzen und färbte den Kaffee milchig. Isobel Burton hingegen schien bester Laune zu sein, während sie nach ihrem Glas eisgekühlten Weißwein griff. Bei ihrem Anblick machte sich eisige Wut in Hirschberg breit. Er ertappte sich bei dem Wunsch, Isobel an den Schultern zu packen und kräftig zu schütteln. Wie hatte sie den Pfarrer nur so verprellen können! Die frisch geschiedene Nymphomanin hatte ihn mit ihren freizügigen und durch und durch antikatholischen Äußerungen in Teufels Küche katapultiert!

Das Gespräch mit dem Pfarrer war desaströs verlaufen. Hatte Schmalzengruber noch kurz zuvor Isobels anzügliche Äußerungen wie ein Schwamm aufgesaugt, so prallten Hirschbergs diplomatische Worte an seiner harten katholischen Fassade ab wie Gummipfeile von einer

Mauer aus Granit und Beton. Der katholische Geistliche war zutiefst empört. Hirschberg hatte die größte Mühe, die Wogen zu glätten. Mit einem unguten Gefühl in der Magengegend dachte er dabei an die blauen Pillen im Nachttisch seines fidelen Großonkels. Er hoffte inständig, der Pfarrer möge nichts von den pikanten Arzneimitteln wissen.

Eigentlich verdiene sein Großonkel aufgrund seines unmoralischen Lebenswandels gar kein christliches Begräbnis, erklärte ihm Schmalzengruber mit unüberhörbarer Selbstgerechtigkeit gleich zu Beginn der Beisetzungsverhandlungen. Einem Mann seines zweifelhaften Formats blieben die Himmelspforten sowieso verschlossen. Und auch was die englische Dame anging, hege er doch starke Zweifel, dass ihr jemals Gottes unendliche Gnade zuteilwerden würde. Abtrünnige schwarze Schäfchen hätten schließlich Schwierigkeiten, von der Herde wieder aufgenommen zu werden! Aber Schmalzengruber versicherte ihm gleichfalls, dass sein religiöser Auftrag ihn verpflichte, sich auch und gerade um die verlorenen Seelen seiner Herde zu kümmern. Deshalb würde er seinen Großonkel auch in Krindelsdorf zu Grabe tragen. Aus Pflichterfüllung und nicht etwa, weil der verblichene Sünder es sich so gewünscht hatte. Darüber hinaus finde an diesem Nachmittag ein Fest der Pfarrgemeinde im hiesigen Klostergarten statt. Da seine Zeit knapp bemessen sei, und er noch einiges Organisatorisches mit seiner rechten Hand Schwester Anastasia besprechen müsse, schlug er vor, mit Hirschberg auf dem Pfarrfest die weiteren Beerdigungsmodalitäten zu besprechen. Er gehe davon aus, dass Hirschberg und seine Verlobte die Zeit erübrigen würden. Auch Isobel Burton täte ein Plausch mit ehrbaren und aufrechten Christen gut, fügte er mürrisch hinzu, als Hirschberg ihm zu verstehen gab, dass es ihn und seine Verlobte unglücklicherweise nur im Dreierpack gab.

Der Hauptkommissar kämpfte seinen Widerwillen notgedrungen nieder und nahm die Einladung mit einem erzwungenen Lächeln an. Schlüge er die Einladung aus, so fürchtete er, könne es sich Schmalzengruber noch einmal anders überlegen und die Bestattung verweigern. Der Geistliche saß am längeren Hebel. Hirschberg graute vor dem vor ihm liegenden Nachmittag in sengender Hitze hinter den dicken Mauern des Klostergartens. Isobel würde kein Fettnäpfchen auslassen und die Bewohner des Ortes mühelos gegen sie alle drei aufbringen, fürchtete er.

»Wie war's?«, erkundigte sich Susan. Nach einem Blick in sein Gesicht verdüsterten sich ihre Züge.

»Einen doppelten Cognac, bitte«, kam es knapp über seine Lippen, als der Kellner an ihren Tisch kam. Susan warf ihm einen alarmierten Blick zu. Normalerweise trank er nie zu einer so frühen Uhrzeit. Allerdings musste er sich irgendwie für die vor ihm liegenden Wonnen rüsten, sagte er sich.

»Kommst du also doch noch zur Vernunft, Alex!«, strahlte Isobel. »Schließlich heiratest du eine Engländerin, und es wäre doch sehr mühsam, wenn sie dir das Trinken erst beibringen müsste!«

»Du musst doch noch fahren«, erinnerte ihn Susan und ignorierte die Bemerkung ihrer Patentante. Hirschberg war klar, dass seine Verlobte als Ortsfremde keineswegs die Absicht hatte, seinen Wagen über Stock und Stein des bayerischen Landes Richtung München zu lenken.

»Keine Sorge, mein Schatz«, erwiderte er mit unüberhörbarer Ironie. »Wir fahren noch lange nicht nach Hause. Dank den überaus sensiblen Worten deiner Patentante musste ich dem Pfarrer nämlich regelrecht in seinen Allerwertesten kriechen, weil er sonst Onkel Xaver niemals unter die Erde bringen würde. Und aus diesem Grund musste ich auch seine Vorladung zum diesjährigen Pfarrfest im Klostergarten annehmen, das in ungefähr einer Stunde beginnt«, erklärte er mit einem abschätzenden Blick auf die Uhr.

»Das kann doch nicht dein Ernst sein, Alex!«, rief Isobel aufgebracht. »Du willst deine zukünftige Frau und mich doch nicht allen Ernstes auf so ein provinzielles Event schleppen, das von Spießern für Spießer ausgerichtet wird! Wenn ich auch nur im Mindesten für so etwas zu begeistern wäre, hätte ich mir längst ein englisches Landschlösschen zugelegt, würde im hintersten Winkel von Somerset Gemeindefeste auf meinem Grund und Boden ausrichten und Modenschauen der ortsansässigen und gänzlich talentfreien Hobbydesigner organisieren! Susan, sag doch auch was!«

»Hättest du dich vorhin etwas zurückgehalten, dann könnten wir uns das jetzt sparen«, zischte die ihre Patentante erbost an. »Aber da du deinen Mund ja mal wieder nicht halten konntest, müssen wir uns eben jetzt vor dem Pfarrer beweisen!«

»Wenn du aber darauf bestehst, Isobel, kann ich dich gern am Bahnhof absetzen«, säuselte Hirschberg. Er hörte, wie eine wohltuende Boshaftigkeit sich seiner Stimme bemächtigte. »Der Zug fährt stündlich, allerdings musst du ein bis zwei Mal umsteigen, wenn du heute Abend im *Vier Jahreszeiten* standesgemäß dinieren willst.«

»Mach dich nicht lächerlich, Alex«, entgegnete Isobel ungerührt. Zu Hirschbergs Enttäuschung zeigte sie sich immun gegen Spitzen dieser Art. »Ich habe mich nicht heute Morgen in Chanel geworfen, um mich ohne ausreichenden Sonnenschutz auf einem Bahnhof mitten in der bayerischen Pampa herumzutreiben, mit der Absicht, eine vorsintflutliche Bummelbahn zu besteigen, die am Ende noch mit Holzkohle betrieben wird!« Sie seufzte und fächelte sich mit der Speisekarte theatralisch Luft zu. »Ich bin eine englische Lady mit beeindruckendem Stammbaum, wie du dich sicher erinnerst, Alex. Und somit bin ich stolzes und aufrechtes Mitglied der Anglikanischen Kirche – wie du übrigens auch, Susan! Henry Tudor hat seinerzeit England aus der Knechtschaft Roms geführt! Und der Mann hat es noch dazu verstanden, zu leben! Bei ihm ist kein Becher Wein schlecht geworden!« Sie leerte ihr Glas, wie um es Heinrich VIII. gleichzutun. »Und ich kann auch nur allzu gut verstehen, dass er seine erste Frau, diese frigide spanische Betschwester, irgendwann nicht mehr in seinem Bett haben wollte und zum Zwecke der Scheidung seine eigene Kirche gegründet hat! Vermutlich schon aus dem Grund, um die Bibel nicht mehr allabendlich auf dem Nachttisch liegen sehen zu müssen. Es gibt wahrlich stimulierendere Lektüren! Und nach all dem, was dieser bemerkenswerte Monarch für England erreicht hat, müssen wir uns nun unters katholische Volk begeben, unsere britisch-aristokratische Herkunft verleugnen und uns in einer Reihe mit den römisch-katholischen Bibeljüngern aufstellen?«

»Du wirst dich benehmen, Isobel!« Hirschberg hatte während ihres feurigen Monologs den Cognacschwenker in nur einem Zug geleert. »Sag am besten überhaupt nichts mehr, bis wir uns mit allen angefreundet haben und wieder gehen können! Sonst – und das schwöre ich! – drücke ich dir Schaufel und Spaten in die Hand und sehe dabei zu, wie du für Onkel Xaver ein passables Grab aushebst und eine *stimulierende* Grabrede hältst! Und von mir aus ruinierst du dir dabei mehr als nur dein Chanel-Kostüm!«

»Aber Alex, mach dir keine Sorgen!« Sie tätschelte

seine Hand mit einem nachsichtigen Lächeln, was ihn nur noch mehr erzürnte. »Ich werde die Zierde dieser Provinzveranstaltung sein. Vielleicht tut es den Leuten hier ja mal ganz gut, Pariser Chic aus nächster Nähe zu sehen.«

6.

Hirschberg fühlte, wie seine Mundwinkel mechanisch nach oben wanderten, als er sich in sein Schicksal fügend den Klostergarten betrat. Das Pfarrfest war allerdings nicht allzu gut besucht.

»Sieh an! Drei neue Gesichter.« Hirschberg blickte auf, und sein Blick fiel auf das Paar, das er bereits bei ihrer Ankunft aus der St.-Vinzenz-Apotheke hatte kommen sehen. Die beiden kamen lächelnd auf sie zu. Die schlanke junge Frau trug ein weißes knielanges Sommerkleid, und ihr rotblondes Haar war zu einem langen Pferdeschwanz gebunden. An ihren Ohrläppchen glitzerten ein Paar Brillantohrringe verführerisch vor sich hin. In ihren haselnussbraunen Augen lag ein amüsiertes Funkeln. »Ich bin Tamara Winkler«, stellte sie sich vor und zog die Träger ihrer Handtasche auf der Schulter zurecht. »Das ist mein Mann Stefan.«

»Sie müssen Herr Hirschberg sein, nicht wahr?« Winkler reichte ihm die Hand und richtete stahlblaue Augen auf ihn. Auf seinem Kopf saß eine schwarze Baseball-Cap als Schutz vor der stechenden Sonne. In seinem weißen Polohemd, den Bluejeans und mit Flipflops an den Füßen erweckte er einen legeren, fast jungenhaften Eindruck. »Wir haben Sie vorhin mit Wolfgang gesehen, also Herrn Fischer«, fügte er erklärend hinzu. »Er war gestern bei uns in der Apotheke und hat nebenbei erwähnt, dass Sie sich heute treffen.«

»Ja, Sie vermuten ganz richtig«, lächelte Hirschberg und schüttelte seine Hand. »Das hier sind übrigens meine Verlobte Susan Waters und ihre Tante Isobel Burton. Der Pfarrer war so freundlich, uns zum Pfarrfest einzuladen«, erklärte er in betont neutralem Tonfall.

»Womit erpresst er Sie?« Tamara Winkler schenkte den dreien ein verschwörerisches Lächeln. »Sie müssen ihn milde stimmen wegen Ihres Großonkels, nicht wahr?«

»Ist das so offensichtlich?«, lachte Hirschberg, und Stefan Winkler warf einen raschen Blick über seine Schulter hinweg in Richtung des Pfarrers, bevor er seinen Zeigefinger mit einem ironischen Grinsen zum Mund führte. Schmalzengruber stand glücklicherweise mit dem Rücken zu ihnen und schien keinerlei Notiz von ihrer Unterhaltung zu nehmen.

»Der Pfarrer ist ausgesprochen unbeliebt, gerade bei den jüngeren und bei denjenigen, die über den Rand des katholischen Messbechers hinausdenken können.« Ein Grinsen umspielte Tamaras Mund, doch sie hatte die Stimme gesenkt. »Mit seiner Engstirnigkeit hat er die Kirchenbänke leergefegt. Allerdings ist das hier das bayerische Land, und die katholische Tradition wird noch immer großgeschrieben. Das Wort des Pfarrers hat Gewicht«, erklärte sie ihnen mit vielsagend nach oben gezogenen Augenbrauen.

»Schon aus diesem Grund sollte man solche Landstriche meiden«, gab Isobel sachlich von sich und warf den Winklers einen prüfenden Blick zu. »Sie beide machen mir im Übrigen einen ganz vernünftigen und passablen Eindruck. Weshalb also in Gottes Namen tun Sie sich diese Provinzveranstaltung an?«

»Tante Isobel!«, zischte Susan.

»Ist schon gut, Miss Waters«, grinste Herr Winkler. »Die Frage ist durchaus berechtigt«, sagte er an Isobel gewandt. »Sehen Sie, wir kommen von außerhalb und haben erst vor ein paar Jahren die Apotheke hier am Ort gekauft. Wir gelten bei vielen daher noch immer als ›Zuagroasde‹, und deshalb mischen wir uns manchmal unters Volk, sozusagen.« Er zuckte mit den Schultern. »Die Apotheke läuft zwar sehr gut, aber Pflichtveranstaltungen wie diese gehören nun einmal dazu.«

»Wir sollten dann mal den Bürgermeister begrüßen, Stefan«, schlug Tamara ihrem Mann vor. »Und wer weiß, vielleicht gibt es ja auch etwas Schönes am Buffet. Lassen Sie sich von unserem Herrn Pfarrer die Laune nicht verderben«, riet sie den drei Ortsfremden augenzwinkernd, bevor sie sich abwandte, um einige freundliche Worte mit der älteren Klosterschwester an der Seite des Pfarrers zu wechseln.

»Zumindest diesen beiden scheint das Klima hier nicht komplett zu Kopf gestiegen zu sein«, meinte Isobel mit einem Blick auf Susan. »Darling, ich weiß überhaupt nicht, wie du das aushältst.« Sie hakte sich bei Susan unter. Hirschbergs empfindliche Ohren vibrierten unangenehm beim Klang ihrer Stimme. »Du bist Engländerin. Diese ordinär hohen mitteleuropäischen Temperaturen schaden auf Dauer deinem Teint. Um deine vornehme Blässe habe ich dich übrigens immer beneidet, Kleines. Und dein Organismus leidet außerdem. Vier Wochen karibische Sonne im Jahr sind vollkommen in Ordnung«, erklärte sie ihrer Nichte, »aber monatelang diesem drückenden Ozon ausgesetzt zu sein, ist höchst gesundheitsgefährdend. Stell dir nur vor, was die Verwandtschaft denken wird, wenn du an eurer Hochzeit wie ein gegrilltes Huhn vor den Reverend trittst! Ihr werdet doch in England anglikanisch heiraten, oder? Alles andere wäre völlig inakzeptabel!«

Der bissige Kommentar, dass ihre Hochzeit sie nicht das geringste anging, brannte Hirschberg wie glühende

Holzkohle auf der Zunge, doch er hielt sich zurück. Stattdessen konzentrierte er sich auf die lichte Gästeschar im Klostergarten. Offensichtlich fand sich nur der harte Kern der Pfarrgemeinde dort pflichtschuldig ein. Das Kloster und das katholische Leben der Gemeinde hatten zweifellos bessere Tage gesehen. Hirschberg wusste, dass das Kloster in Krindelsdorf eine nicht zu verachtende historische Bedeutung besaß. Im Lauf der bewegten Geschichte Bayerns hatte sich so manch bajuwarischer Monarch hinter die schützenden Mauern zurückgezogen, um zu meditieren und sich von den zweifelsfrei stressbehafteten Regierungsgeschäften zu erholen. Ein enthusiastisch arbeitender Heimatverein hatte sich der Pflege des historischen Lokalkolorits verschrieben. Der Verein war sehr stolz auf die bewegte Vergangenheit der Gemeinde, in der vor ein paar Jahrhunderten angeblich sogar ein König auf unerklärliche Weise seinen Tod fand. Dessen ungeachtet wünschte er sich in diesem Moment mit einem mürrischen Blick auf das maßgeschneiderte Chanel-Kostüm neben ihm an einen anderen Ort.

Pfarrer Schmalzengruber hatte die drei Ortsfremden entdeckt, steuerte sogleich auf sie zu und schüttelte Hirschbergs Hand.

»Es freut mich, dass Sie die Zeit gefunden haben, Herr Hirschberg.« Er schenkte Isobel Burton einen vernichtenden und gleichzeitig mitfühlenden Blick, den sie mit einem provokanten Lächeln erwiderte. Zweifellos konnte der Pfarrer Susans Patentante zusammen mit dem sündhaften Priesteranwärter, dessen Fleisch im Angesicht der verführerischen Schlange so schwach gewesen war, bereits in der Hölle schwitzen sehen, schoss es Hirschberg durch den Kopf.

»Darf ich Ihnen Bürgermeister Günther Seitlbach und

seine Frau Helga vorstellen?« Er wies auf das ungleiche Paar neben ihm und stellte Hirschberg und die beiden Damen vor.

»Burton! Wie Richard Burton!«, rief Frau Seitlbach verzückt. Sie packte Isobels ausgestreckte und im Gegensatz zu der ihren perfekt manikürte Hand. Hirschberg gelang es spielend, Isobels Gedanken zu erraten. Er hoffte inständig, sie möge sie nicht laut äußern und ihre – so vermutete er – operativ aufgepolsterten Lippen ausnahmsweise fest aufeinanderpressen. Isobel starrte das Bürgermeisterehepaar unverhohlen an, und auch er konnte nicht umhin, die beiden verstohlen zu mustern. Frau Seitlbach mochte ja die Frau des Bürgermeisters und somit die First Lady des Ortes sein, aber ihr gesellschaftlicher Rang spiegelte sich in keiner Weise in der Wahl ihres Outfits wider. Im Gegensatz zu Isobel Burton war Helga Seitlbach keine Repräsentantin der noblen Haute Couture. Sie trug einen giftgrünen, überdimensionierten Blazer, den sie in einem Anflug höchster Geschmacklosigkeit mit einem eng anliegenden pinken Oberteil kombinierte. Das prall gefüllte Shirt brachte ihre ausladenden Rettungsringe ganz besonders unvorteilhaft zur Geltung. Es steckte zudem im elastischen Bund einer zu knappen dunkelblauen Hose. An ihren Füßen prangten farblich auf den Blazer abgestimmte, flache Sandaletten und weiße Söckchen. Schweißperlen glänzten auf ihrer Stirn, und ihre karottenroten Haare klebten feucht in ihrem Nacken. Trotz der hochsommerlichen Temperaturen war Frau Seitlbach angezogen wie für eine Expedition zum Nordpol. Um ihren Hals baumelte eine teuer aussehende Digitalkamera, was die Bürgermeistergattin wie eine trampelige Pauschaltouristin auf Fotosafari wirken ließ.

Der Bürgermeister bildete in seinem maßgeschneiderten dunkelblauen Anzug einen scharfen Kontrast zu seiner zumindest optisch schlechteren Hälfte. Der zweifellos edle Anzug schmeichelte der durchtrainierten Figur des Bürgermeisters. Er entblößte eine Reihe strahlend weißer Zähne, als er Hirschbergs Hand schüttelte. Seitlbach schien der Werbung einer teuren Herrenduftmarke entstiegen, während seine Frau allenfalls als korpulente Hausfrau in einer Weight-Watchers-Reklame hätte posieren können – als Model für das Foto *vor* dem Gewichtsverlust.

Hirschberg und Susan wechselten einen verstohlenen Blick. Ihnen war kaum einmal ein so ungleiches Paar untergekommen. Das Gefährlichste an der Sache aber war, dass es der scharfzüngigen Isobel ebenso erging! Hirschberg konnte nahezu körperlich fühlen, wie sehr Isobel mit sich haderte und an sich halten musste, um nicht Worte fatalster Natur über ihre Lippen kommen zu lassen. Außerdem war es offensichtlich, wie attraktiv sie den Bürgermeister, den zweifelsfrei ambitionierten Kommunalpolitiker, fand.

»Come on, Mrs. Burton«, rief Frau Seitlbach in bayerisch durchtränktem Englisch und von Isobels Widerwillen allem Anschein nach gänzlich unbeeindruckt. Sie drückte Seitlbach ihre Digitalkamera mit der Bitte, sie ins Auto zu legen, in die Hand, bevor sie sich bei der geschockt dreinblickenden englischen Lady unterhakte, um sie mit sich zum Buffet zu ziehen.

7.

»Ich gehe besser mit und passe auf Isobel auf«, zischte Susan ihrem Verlobten zu. Mit hektischen Schritten folgte sie Frau Seitlbach und ihrer Patentante, die vergeblich versuchte, sich aus der Umklammerung der modischen Sünderin zu befreien. Susan hörte den leisen Aufschrei ihrer Tante, als einer ihrer hohen Pfennigabsätze in der weichen Erde stecken blieb und dabei vermutlich einen unschuldig schlummernden Regenwurm pfählte.

»Wasser, Kaffee oder doch besser Tee?« Frau Seitlbach zwinkerte Isobel zu und schickte sich an, die englische Lady zu bewirten. Sie gehörte offenbar zu den Leuten, die davon ausgingen, Engländer tränken zu jeder Zeit und in jeder Situation mehrere Liter Tee.

»Gin Tonic«, hauchte Isobel mit einem Blick auf ihre sündhaft teuren und nun verdreckten Pumps. »Das sind Manolos«, flüsterte sie ihrer Nichte gequält zu.

»Damit kann ich leider nicht dienen …« Die Frau des Bürgermeisters schüttelte erst ein wenig verdutzt, dann bedauernd den Kopf. »Aber ich kann Ihnen selbst gemachten Eierlikör anbieten.«

»Dann geben Sie mir in Gottes Namen davon ein Glas«, seufzte Isobel.

»Sie müssen unbedingt den Apfelstrudel von unserer ehemaligen Mesnerin probieren«, schwärmte Frau Seitlbach. Sie füllte ein kleines Glas mit der zähen, gelben Flüssigkeit und reichte es der sichtlich angewiderten Isobel. Wie um ihren Worten Nachdruck zu verleihen, griff Helga Seitlbach nun gierig nach einem der Pappteller mit den Strudelstücken. Mit einer unwirschen Armbewegung verjagte sie einige umherschwirrende Wespen, die sich ebenfalls über den Apfelstrudel hermachen wollten. »Hoffentlich ist das Stück nicht schon für jemanden reserviert«, lachte sie, denn der Pappteller stand ein wenig abseits von den anderen, so als hätte ihn bereits jemand ins Auge gefasst. Susan entging auch nicht, dass es bei weitem das größte Stück von allen war. »Aber es sind ja noch genügend da«, gab Frau Seitlbach schulterzuckend von sich und griff nach einer Kuchengabel.

»Frau Seitlbach.« Isobel räusperte sich, und Susans Blut gefror in ihren Adern. Sie kannte diesen Tonfall ihrer Tante. Isobel Burton konnte nicht länger an sich halten. Der verbale Vulkan war dabei, auszubrechen und jeden Gehörgang in seiner direkten Umgebung mit heißer Lava zu fluten. »Wissen Sie eigentlich, wie viele Kohlenhydrate in diesem Apfelstrudel enthalten sind? Ich meine, Kohlenhydrate sind mit die schlimmsten Verursacher von Fettleibigkeit!« Frau Seitlbach blickte sie verständnislos an. Mit ungebrochenem Appetit und in Windeseile fuhr sie dann fort, das stattliche Strudelstück zu verputzen. »Übergewicht kann gravierende gesundheitliche Beschwerden hervorrufen! Denken Sie nur an Ihre Leber. Auch Herz-Kreislauf-Beschwerden sind sehr häufig. Vielleicht sollten Sie den Apfelstrudel doch besser nicht …«

»Tante Isobel«, unterbrach Susan den Wortschwall und griff in ihrer Verzweiflung eigenmächtig nach der Flasche Eierlikör. Sie widerstand der Versuchung, Isobel auf die schädliche Wirkung von Alkohol hinzuweisen, denn nur mit diesem Mittel würde sich ihre Tante jetzt ablenken lassen. Wenn überhaupt. »Du möchtest doch sicher noch einen Schluck von dem hervorragenden Eierlikör. Lass Frau Seitlbach in Ruhe«, zischte Susan, während die Frau des Bürgermeisters bereits ein weiteres Stück Kuchen ins Auge fasste.

»Ich meine es doch nur gut!«, erklärte Isobel ihrer Patentochter und schickte sich an, Susan die verheerenden Folgen der Fettleibigkeit in epischer Breite zu schildern. »Kannst du dich noch an meine alte Klassenkameradin Bernadette Whitcombe erinnern? Sie ist nach ihrer Scheidung so sehr auseinandergegangen, dass sie am Ende nicht einmal mehr Treppen steigen konnte! Ihr Herz hat das nämlich nicht mehr mitgemacht. Erst nach einer wochenlangen strikten Diät konnte sie sich ein Magenband einsetzen lassen! Ihr Blutzuckerspiegel hätte den einer gesamten Armee in den Schatten gestellt!«

»Frau Seitlbach!« Der besorgte Ausruf der Klosterschwester, die sich gerade eben am Buffet eingefunden hatte, unterbrach Isobels Wortschwall. »Sie sehen ja gar nicht gut aus! Möchten Sie sich vielleicht lieber setzen?« Susan beobachtete, wie die Schwester mit fürsorglichem Gesichtsausdruck versuchte, die Frau des Bürgermeisters zu einer der Bierbänke zu führen.

»Meine Zunge fühlt sich so taub an, und an mir kribbelt alles«, murmelte Frau Seitlbach matt, »und mir ist auf einmal so kalt.« Ihr Atem kam in unregelmäßigen kleinen Stößen. »Ich bekomme kaum noch Luft«, japste sie noch, dann sackte sie am Arm der Schwester in sich zusammen. Dieser entfuhr ein Aufschrei, als Helga Seitlbach sie mit sich zu Boden riss.

»Alex!«, rief Susan alarmiert, bevor sie, gefolgt von ihrer Patentante, auf die leblos am Boden liegende Gestalt zulief. Voller Bestürzung beugte sie sich über die Frau des Bürgermeisters.

»Was ist passiert?« Hirschberg und der Bürgermeister erschienen hinter der fassungslos dreinblickenden Schwester. Herr Seitlbach starrte den reglosen Körper seiner Frau mit ungläubig geöffnetem Mund an.

»Susan, lass mich mal sehen«, sagte Hirschberg und kniete sich auf den Boden. Die Miene des Hauptkommissars versteinerte sich, als er vergeblich versuchte, Frau Seitlbachs Puls zu ertasten. »Sie ist tot«, erklärte er dem Bürgermeister mit einem bedauernden Blick.

8.

»Ich möchte ausdrücklich betonen, Herr Dr. Meißner, dass ich Frau Seitlbach dringend geraten habe, den Apfelstrudel nicht zu essen. Susan kann das bezeugen.« Isobel nickte über ihre Schulter hinweg in Richtung ihrer Patentochter.

Hirschberg beobachtete, wie Susan genervt die Augen verdrehte und sich mit einem Pappteller Luft zufächelte. Ein schlechtes Gewissen machte sich beim Anblick ihrer erhitzten Wangen in ihm breit. Die Erschöpfung war ihr anzusehen.

Eigentlich war er für die Ermittlungen in diesem plötzlichen Todesfall gar nicht zuständig. Das LKA übernahm nicht automatisch jeden Wald-und-Wiesen-Todesfall. Aber da er nun schon einmal vor Ort war, und der fassungslose Witwer und aufstrebende Kommunalpolitiker auf seinen Einsatz bestand, war das Wochenende allem Anschein nach für ihn beendet. Erst recht, wenn Helga Seitlbach keines natürlichen Todes gestorben war. Hirschberg war klar, dass Bürgermeister Seitlbach notfalls alle ihm zur Verfügung stehenden Strippen ziehen würde, um die Ermittlungen in seinen fähigen Händen zu wissen. Schließlich war er nicht irgendein Dorfpolizist.

Isobel deutete auf die am Boden liegende Gestalt. »In ihrem Zustand war das doch glatter Selbstmord! Sie ist doch an einem Herzanfall gestorben, nicht wahr? Ich meine, ihre Körpermasse und die Temperaturen müssen einfach zu viel für ihr Herz gewesen sein!«

Hauptkommissar Hirschberg vergrub sein erhitztes Gesicht in den Händen und wünschte sich einen Knebel. Wie sollte er das die nächsten Tage nur aushalten? Isobel trieb ihn schon jetzt zielsicher in den Wahnsinn!

»Mrs. Burton«, entgegnete Dr. Meißner, dem die Hitze weniger anzuhaben schien als dem Rest der Anwesenden, und schenkte ihr ein gewinnendes Lächeln. Hirschberg wusste, dass nichts und niemand den Rechtsmediziner aus der Ruhe bringen konnte. »Ich finde es großartig, wie Sie sich für die Volksgesundheit engagieren, aber nein«, er schüttelte den Kopf, »ich fürchte, es war kein Herzanfall.«

»Aber, wenn es kein Herzanfall war, was war es denn …«

»Isobel«, krächzte Hirschberg, räusperte sich und versuchte, seine Stimme so normal wie unter den Umständen möglich klingen zu lassen. »Wie wär's, wenn du nach Susan siehst?« Er warf seiner Freundin einen besorgten Blick zu. Sie sah gar nicht gut aus. »Ihr macht die Hitze ganz offensichtlich sehr zu schaffen, und sie könnte dringend ein Glas Wasser brauchen.« Noch bevor Isobel etwas Widerwilliges erwidern konnte, bugsierte er sie am Arm aus Meißners Radius und kam anschließend mit raschen Schritten wieder auf den Rechtsmediziner zu.

»Herr Hauptkommissar, Sie sollten wissen, man heiratet nicht nur ein elfengleiches, entzückendes Wesen, sondern auch die zuweilen anstrengende und exzentrische Verwandtschaft mit dazu.« Meißner grinste den mürrisch dreinblickenden Hirschberg an.

Statt einer Antwort warf der Hauptkommissar einen raschen Blick auf die Uhr und fragte sich, wo seine neue Kollegin Hansen blieb, die ihren Dienst nun einen Tag früher als geplant antreten musste. Er schmunzelte beim

Gedanken an ihr Telefonat vor gut zwei Stunden. Die Neu-Münchnerin hatte fast erleichtert gewirkt, als sie seinen Anruf entgegennahm. Im Hintergrund hatte er Bernd Hansen fluchen hören, als etwas offenbar äußerst Zerbrechliches auf dem Boden aufschlug. So ein Umzug ging selbst den gelassensten Menschen an die Nieren, dachte Hirschberg schmunzelnd bei sich. In seiner Kindheit und Jugend war er mit seinen Eltern so oft umgezogen, dass er sich geschworen hatte, nun endlich sesshaft zu bleiben.

»Das ist eine schmerzhafte Erkenntnis, Dr. Meißner«, entgegnete er schließlich und zwang sich zu einem Lächeln. »Können Sie mir schon etwas Genaueres sagen?«

»Ich würde Ihnen dringend empfehlen, die Kuchenstücke einzupacken und ins Labor zu bringen. Frau Seitlbachs letzte Worte, von denen Ihre Frau mir berichtet hat, deuten auf eine Vergiftung hin, aber mehr kann ich Ihnen erst nach einer Obduktion sagen.« Er winkte den Sanitätern. »Ich lasse sie jetzt in die Gerichtsmedizin bringen, und morgen haben Sie dann meinen Bericht. Ich denke, Ihr Wochenende ist hiermit beendet, oder?«

»Das ist schon seit heute Morgen vorbei«, erwiderte Hirschberg und nickte in Richtung Isobel, die sich mittlerweile trostspendend dem trauernden Witwer zugewandt hatte. Der Bürgermeister schien keineswegs abgeneigt, sich an Isobels Schulter auszuweinen, stellte Hirschberg mit wachsamem Interesse fest.

»Nein!« Eine junge Frau huschte urplötzlich mit einem entschuldigenden Gesichtsausdruck an ihm vorbei, und er sprang rasch zur Seite. Sie rannte hinter einem kleinen Jungen her, der im Begriff war, sich auf wackeligen Beinchen und euphorisch plappernd hinter die Polizeiabsperrung am Buffet zu begeben. Freudig quietschend und die Warnungen seiner Mutter in den Wind schlagend lief er auf das Gebüsch hinter dem Buffet zu. Es dauerte eine Weile, bis seine Mutter ihn mit schuldbewusstem und erhitztem Gesicht aus den dichten Büschen hervorgezogen hatte. In ihren braunen Locken, an denen der Junge zornig zog, da sein Alleingang ein so jähes Ende gefunden hatte, hatten sich einige grüne Blätter verfangen.

»Es tut mir wirklich leid«, beteuerte sie an Hirschberg gewandt, während ihr Sohn auf dem Arm wütendes Protestgeschrei anstimmte. »Ich habe mich nur eine Sekunde weggedreht, weil mein Hausschlüssel auf den Boden gefallen ist. Seit er laufen kann, nutzt er jede Gelegenheit zur Flucht.«

»Das ist schon gut«, beruhigte Hirschberg sie mit einem breiten Grinsen. »Er ist ja nicht ans Buffet gegangen. Wie alt ist er denn?«, erkundigte er sich mit einem, wie er hoffte, freundlichen Lächeln, um den kleinen Ausreißer milder zu stimmen.

»Zweieinhalb«, antwortete seine Mutter. »Ein schönes Alter, aber leider muss man fast ständig den Wachhund spielen. Ich fahre jetzt wohl besser nach Hause und werfe meinen Sohn in die Badewanne«, sagte sie mit einem Blick auf ihren noch immer strampelnden Sohn. Er würde sicherlich viel lieber im Gebüsch weiter nach Insekten jagen, als von einem Duschkopf bespritzt zu werden, schätzte Hirschberg.

»Tut mir leid, Chef, es ging nicht eher.« Kommissarin Louisa Hansen kam mit raschen Schritten auf ihn zu. Ein zerknirschter Ausdruck erschien in ihren fast schwarzen Augen. »Ich bin den halben Weg hierher hinter einem landwirtschaftlichen Nutzfahrzeug im Schritttempo gezuckelt. Überholen ging natürlich nicht, auf der schmalen Straße.«

Hirschberg warf ihr einen verständnisvollen Blick zu. Hansens Gedanken waren unschwer zu erraten. Wie er und seine Gefolgschaft war auch die neue Kollegin eine Stadtpflanze, die sich nun in den tiefen Gefilden des bayerischen Landes wiederfand mit allem, was dazugehörte. Trotz ihrer südländischen Gene schien auch sie unter den Temperaturen zu leiden, fiel ihm auf. Ihre Wangen waren erhitzt, und ihre Stirn glänzte feucht.

»Das sind die Freuden des Landlebens, Frau Kollegin«, grinste er, und die junge Kommissarin nickte seufzend. »Aber Hauptsache Sie sind gut angekommen. Wie läuft der Umzug?«

»Fragen Sie besser nicht«, stöhnte Louisa, während sie eine vorwitzige Haarsträhne, die sich aus der Klammer gelöst hatte, wieder nach oben steckte. »Bernds bester Freund ist zwar seit gestern Abend hier, um uns zu helfen, aber trotzdem geht nicht viel vorwärts. Man sollte ja meinen, dass zwei Ingenieure Möbel schneller aufbauen können als Normalsterbliche, aber in unserem Fall …« Ihre Stimme verebbte bedeutungsvoll, und Hirschberg grinste. Bevor er noch etwas erwidern konnte, fuhr er beim Klang von Schmalzengrubers erhobener Stimme herum.

»Was wollen Sie denn hier?« Der aufgeregte Pfarrer brachte das emsige Treiben der Spurensicherung zum Stocken, als ein hochgewachsener Herr mit graumeliertem Haar den Klostergarten betrat und sich neugierig – oder vielmehr suchend – umblickte. Ein bewunderndes Pfeifen kam über Isobel Burtons Lippen. Hirschberg sah mit Unbehagen, wie der Jagdinstinkt der frisch Geschiedenen umschwenkte und sich auf den gutaussehenden Unbekannten richtete. Der trauernde Witwer schien vergessen. Hirschberg warf dem Neuankömmling einen prüfenden Blick zu. Er war nicht nur in »die besten Jahre« gekommen, ohne dabei etwas von seiner Attraktivität einzubüßen, sondern bot auch noch einen äußerst stilvollen Anblick. Die breiten Schultern des attraktiven Unbekannten waren in einen sündhaft teuer aussehenden dunkelgrauen Designeranzug gehüllt, und die ihn umgebende Wolke aus Edelparfum war dichter als der Feinstaub unter der Münchner Dunstglocke.

Der Mann verstand es ganz offenbar, sich in Szene zu setzen. Hirschberg fragte sich, warum er trotz der edlen Montur, die jede Pore seines Körpers bedeckte, nicht schwitzte – im Gegensatz zu Isobel Burton, die bei seinem Anblick aus der Transpiration gar nicht mehr herauszukommen schien. Vermutlich plante sie bereits einen weiteren Gang vor den Traualtar, vermutete der Hauptkommissar.

Der Designeranzug verzog seinen Mund zu einem provokanten Lächeln, als er Pfarrer Schmalzengrubers wenig entgegenkommende Begrüßung vernahm.

»Keine Sorge, Herr Pfarrer, ich habe nicht die Absicht, Sie zu belästigen. Ich möchte etwas Geschäftliches mit Herrn Hirschberg besprechen. Herr Hirschberg?«, rief er fragend und blickte sich erneut nach allen Seiten um.

»Hier!«, rief Isobel mit unüberhörbarer Euphorie und deutete wild gestikulierend auf den Verlobten ihrer Nichte. »Er ist der ermittelnde Kommissar, aber er wird sich gern ein paar Minuten Zeit für Sie nehmen!«, bestimmte sie. Hirschberg wollte ihr nicht zum ersten Mal an diesem Tag den Hals umdrehen. Was mochte der alternde Playboy mit den frisch gebleichten Zähnen nur Geschäftliches mit ihm zu besprechen haben?

»Herr Hirschberg, es freut mich sehr, Sie endlich kennenzulernen!« Mit festem Händedruck schüttelte er Hirschbergs der Höflichkeit halber wie automatisch ausgestreckte Hand. »Ihr Großonkel hat mir schon so viel von Ihnen erzählt. Er war ja so stolz auf Sie! Mein tief empfundenes Beileid übrigens.« Wie auf Knopfdruck verschwand das Lächeln aus seinen Zügen. »Xavers Tod ist ein großer Verlust für uns alle.«

»Vielen Dank, Herr …«

»Dornberg, Vincent Dornberg.« Er fischte eine Visitenkarte aus seiner Sakkotasche hervor, die er Hirschberg in die Hand drückte.

»Ihr Großonkel und ich waren befreundet, müssen Sie wissen. Wir haben uns vor ungefähr dreißig Jahren in Amsterdam kennengelernt. Ich habe dort seinerzeit meinen ersten Amüsierbetrieb für den anspruchsvollen Herrn eröffnet. Ihr Großonkel hat sich damals spontan entschlossen, mir beim Aufbau meines jetzigen Imperiums, wie ich es gerne scherzhaft nenne, zu helfen. Deshalb war er auch bis zu seinem Tod am Gewinn meines Erstlings beteiligt.«

Amüsierbetrieb für den anspruchsvollen Herrn? Erst Viagra – und jetzt das? Hirschberg traute seinen Ohren kaum! Er hatte plötzlich das Gefühl, innerlich wie äußerlich zu verglühen.

»Was kann ich für Sie tun, Herr Dornberg?« Seine Stimme klang selbst in seinen eigenen Ohren fast ein wenig zu eisig, doch Dornbergs wiederauferstandenes Lächeln war durch nichts aus seinen Zügen zu vertreiben. Isobel konnte ihren schmachtenden Blick nicht von ihm abwenden.

»Mein Imperium«, sein Lächeln wurde breiter, »expandiert und wächst ständig. Deshalb bin ich momentan auf der Suche nach einer geeigneten Location, wie man neudeutsch so schön sagt, für meine anstehenden Filmprojekte. Und sehen Sie, das Haus Ihres verstorbenen Großonkels wäre geradezu prädestiniert als Drehort«, schwärmte er. »Sie müssen wissen, schon bei meinem ersten Besuch hier am Ort habe ich diese unterschwellige amouröse Vibration gespürt!«

»Nein, Sie auch?« Isobel Burton blickte ihn begeistert an. Hirschberg stöhnte. Er verspürte den Drang, sich an Ort und Stelle zu übergeben.

»Aber selbstverständlich, meine Gnädigste.« Dornberg schenkte ihr ein wohlwollendes Lächeln, bevor er fortfuhr. »Natürlich müssten umfangreiche Sanierungs- und Isolierungsarbeiten vorgenommen werden. Ich will schließlich nicht, dass meine Darstellerinnen und Darsteller sich im Winter in den ›Xaver Hirschberg Memorial Studios‹ verkühlen, so ganz ohne angemessene Kleidung!« Er klopfte Hirschberg zu dessen Missfallen mit jovialem Gelächter auf die Schulter.

»Ohne angemessene Kleidung?« Susan erschien neben ihrem Verlobten, und die beiden wechselten einen raschen Blick.

Hirschberg sah sich unbehaglich um. Sämtliche Augenpaare der – wenn auch wenigen – Anwesenden waren missbilligend auf sie gerichtet.

»In der Hitze des Gefechts müssen sich die Pärchen, also meine überaus professionellen und begabten Schauspielerinnen und Schauspieler, natürlich entkleiden. Das bringt die Profession nun einmal so mit sich.« Dornberg lachte schallend.

»Sie sprechen also von Erwachsenenfilmen?«, vergewisserte sich Hirschberg und blickte ihn fassungslos an. Dieser Dornberg sprach von pornographischen Filmproduktionen wie von der Eröffnung eines Kindergartens.

»Auf höchstem Niveau!«, rief er mit nach oben gezogenen Augenbrauen wie ein Drei-Sterne-Koch, der seine neueste, frisch zusammengerührte Nachspeisenkreation in die Kamera hielt. »Filme dieser Art sind ein Dauerbrenner! Ihr Großonkel – übrigens ein sehr weiser und geschäftstüchtiger Mann – pflegte stets zu sagen: ›Gevögelt wird immer!‹ Er selbst hat dieses Prinzip ja bis zu seinem letzten Atemzug gelebt. Möge er in Frieden ruhen«, fügte Dornberg theatralisch hinzu.

»Das ist ja wohl –« Hirschberg zuckte zusammen, als ein sichtlich indignierter Pfarrer Schmalzengruber lautstark anhob, Dornberg auf dessen Worte hin des Klostergartens zu verweisen, doch Isobel Burton unterbrach ihn unwirsch.

»Wirtschaftlich gesehen ist die Haltung deines Großonkels sehr vernünftig«, sagte sie an Hirschberg gewandt. »Ihre Geschäftsidee klingt wirklich sehr aufregend, Herr Dornberg«, flötete sie den Pornofilmer an, was Hirschbergs Missfallen noch verstärkte. Die Patentante seiner Frau schien dem Erotikimperator schon jetzt regelrecht verfallen.

»Sie haben wohl Ihre jüngere Schwester mitgebracht«, sagte Dornberg an Susan gewandt und ergriff Isobels Hand, während diese fast schulmädchenhaft errötete. »Enchanté, Madame. Ich muss gestehen, ich habe eine Schwäche für Frauen mit Sinn fürs Geschäft. Für mich ist das ein wahres Aphrodisiakum, meine Gnädigste.« Isobel seufzte verzückt, als er ihre Hand an seine Lippen führte.

»Erwachsenenfilme?«, wiederholte Hirschberg, der aus den Augenwinkeln heraus die Schultern seiner jungen Kollegin Hansen verräterisch beben sah. Das hier war sicherlich bei weitem amüsanter als das Leeren unzähliger Umzugskartons.

»Ganz recht, ganz recht. Sehen Sie, mein niederländischer Partner und ich betreiben seit einiger Zeit diverse Websites, die wirklich für jeden Geschmack etwas zu bieten haben – egal wie ausgefallen! Wir geben übrigens auch Amateurdarstellern, die wieder Schwung in ihre eingeschlafene Beziehung bringen wollen, eine Chance«, erklärte er ihm augenzwinkernd. Louisas Kehle entfuhr ein krampfhaftes Husten. Hirschberg war klar, dass sie in diesem Moment an ihren Zwerchfellzuckungen zu ersticken drohte. »Wir haben die Websites übersichtlich nach Themengebieten geordnet. Das etwas, sagen wir, Ausgefallenere ist entsprechend gekennzeichnet. Selbstverständlich ist alles kostenlos und wird durch Werbung finanziert. Für uns waren diese Websites hauptsächlich so etwas wie Marktforschung. Sie können sich ja gar nicht vorstellen, was wir für einen Erfolg damit haben. Wir bedienen wirklich alles – von der romantischen Variante bis hin zu ›Big Sister is Punishing You‹, wenn Sie verstehen, was ich meine. Manche sehen auch gern Senioren dabei zu. Auch ein Altenheim kann sehr fidel sein! Unsere Darsteller sind im Übrigen natürlich alle über achtzehn, auch wenn einige noch sehr jung aussehen. Bei uns bewegt sich alles in ganz legalen Grenzen!«, beeilte er sich, dem Hauptkommissar zu versichern. »Wenn Sie sich selbst einen Überblick über unser vielfältiges Angebot verschaffen möchten, können Sie das natürlich gern tun! Da wäre beispielsweise ›blow-me-away.sex‹ oder auch ›genuss-in-vollen-stoessen.sex‹. Es ist wirklich für jeden Geschmack etwas dabei. Dick, dünn, alt, jung, wirklich alles!«, bekräftigte er mit einem geschäftstüchtigen Lächeln. »Da die Websites so erfolgreich sind, wollen mein Partner und ich das Ganze gern ausweiten und richtige Filme für DVD-Produktionen und Pay-TV drehen.« Er beugte sich mit einem vertraulichen Lächeln nach vorne. »Dafür machen die meisten

Herren nämlich immer noch ein paar Euro oder Dollar locker – auch in Zeiten der wirtschaftlichen Erschlaffung.« Isobel und Dornberg selbst waren die einzigen, die über seine letzte Bemerkung lachten.

»Sie wollen diese Filme in meinem Haus drehen?«

»Unter anderem, Herr Hirschberg.« Dornberg lächelte geschäftsmäßig. »Wir legen selbstverständlich Wert auf einen gewissen Handlungsrahmen, daher müssen unsere Darsteller natürlich auch ab und zu das Haus verlassen. Aber keine Sorge, sie werden dann angezogen sein. Wir haben schließlich nicht vor, uns der Erregung öffentlichen Ärgernisses schuldig zu machen. Aber wir würden das Haus – eben im Gedenken an Ihren Großonkel – gern zu einer wandlungsfähigen Kulisse ausbauen, den ›Xaver Hirschberg Memorial Studios.‹« Er kramte einen Umschlag aus der Innentasche seines Sakkos hervor. »Sie werden unser Angebot mit Sicherheit sehr großzügig finden, bedenkt man den Umstand, dass wir das Haus erst richtig in Schuss bringen müssen.«

»Sie wollen meinem Verlobten das Haus allen Ernstes für Ihre Pornoproduktionen abkaufen?« Susans Aversion war unüberhörbar und für Hirschberg fast körperlich spürbar. Erst ein Mord, dann Schmuddelfilme und mittendrin eine beim Anblick des Designeranzugs hechelnde und sabbernde Isobel!

»Erwachsenenfilme, meine Liebe.« Dornberg schenkte ihr ein nachsichtiges Lächeln. »Es ist völlig normal, dass Menschen zunächst einmal so reagieren wie Sie gerade, aber Sie müssen das Ganze aus wirtschaftlicher und finanzieller Sicht betrachten. Es ist ein wirklich krisenfestes Geschäft. An der schönsten Nebensache der Welt besteht immer Bedarf. Wir vertreiben auch ausgefallenes und hochwertiges erotisches Spielzeug – und das nicht zu Dumpingpreisen!«, betonte er mit erhobenem Zeigefinger.

»Auch Spielzeug für anspruchsvolle Damen?«, erkundigte sich Isobel mit einem interessierten Lächeln.

Pfarrer Schmalzengruber schnappte hörbar nach Luft. Hirschberg konnte seinen katholischen Puls regelrecht rasen hören.

»Selbstverständlich! Ich kann Ihnen gerne eine kleine Auswahl unserer Produktpalette zeigen«, säuselte Dornberg mit charmantem Lächeln, »aber, gnädige Frau, Sie wollen mir doch nicht allen Ernstes erzählen, dass Sie das nötig haben. Die Verehrer müssen Ihnen doch geradezu die Tür einrennen.«

»Sie Charmeur!«, lachte Isobel ekstatisch.

»Jedenfalls ist mein Geschäft mit das sicherste überhaupt«, wandte er sich wieder an Susan. »Und das schon seit Anbeginn der Menschheit. Nicht umsonst spricht man vom ältesten Gewerbe der Welt. Gerade in Zeiten des wirtschaftlichen Niedergangs und der wachsenden Perspektivlosigkeit brauchen Menschen diese ganz besondere Aufheiterung«, sinnierte er mit dem aufrichtigen Gesichtsausdruck eines der Weisen aus dem Morgenland, während Pfarrer Schmalzengrubers Teint sich immer bedenklicher ins Dunkelrote verfärbte.

»In Zeiten der Not sollten die Menschen sich an den Schöpfer wenden!«, entfuhr es dem Pfarrer, und er tupfte sich mit einem weißen Stofftaschentuch die Schweißperlen von der Stirn.

»Alles zu seiner Zeit, Herr Pfarrer, alles zu seiner Zeit«, erwiderte Dornberg ruhig. »Ich schicke meine Darsteller nach einem schweißtreibenden Drehtag einfach zu Ihnen in den Beichtstuhl.« Er lächelte provokant, und der aufrechte katholische Geistliche schnaubte verächtlich. Schmalzengrubers Wangen glühten so sehr, dass Hirschberg fürchtete, sein Kopf könne jeden

Moment explodieren. »Ihnen wird bestimmt eine angemessene Buße einfallen«, hörte er Dornberg nüchtern sagen.

»Herrn Dornbergs Geschäftsidee klingt völlig vernünftig, Susan«, stimmte Isobel ihm zu. Seine Parfumwolke schien ihren Verstand völlig betäubt und vernebelt zu haben, fürchtete Hirschberg. »In der heutigen Zeit muss jeder Unternehmer zusehen, wo er bleibt. Und ich gebe Herrn Dornberg …«

»Oh bitte, nennen Sie mich doch Vincent, gnädige Frau«, unterbrach Dornberg sie und schenkte seiner neu gewonnenen Bündnispartnerin ein strahlendes Lächeln.

»Dann müssen Sie aber Isobel zu mir sagen«, lachte sie mit der ihr eigenen Verzückung beim Anblick eines heiratsfähigen Alphamännchens zurück, bevor sie an Susan gewandt fortfuhr: »Ich gebe Vincent da wirklich in vollstem Umfang Recht, Susan. Hier geht es nicht um nackte Haut – zumindest nicht in erster Linie –, sondern um Existenzsicherung und wirtschaftliches Überleben.«

»Herr Hirschberg, wenn Sie das Angebot dieses sogenannten Geschäftsmanns tatsächlich in Betracht ziehen, können Sie sich einen anderen Pfarrer suchen, der ihren Großonkel bestattet! Ich werde nicht zulassen, dass meine Gemeinde zu einem gottlosen Sündenpfuhl verkommt!«

Einige der noch anwesenden Gäste nickten zustimmend und machten ihrem Ärger über die etwaige geschäftliche Transaktion lautstark Luft.

»Wie gesagt, Herr Hirschberg, lassen Sie sich mein Angebot einfach ein paar Tage durch den Kopf gehen.« Dornberg war durch nichts aus der Ruhe zu bringen und führte seine Argumentation unbeirrt fort. Sein Geschäftssinn schien unerschütterlich. »Ich wohne für die nächsten zwei Wochen im *Vier Jahreszeiten* und stehe Ihnen, wann immer Sie wollen, für Rückfragen und weitere Besprechungen zur Verfügung. Sie können mich dort jederzeit erreichen.«

»Das trifft sich ja ausgezeichnet! Ich wohne auch im *Vier Jahreszeiten!* Ist das nicht ein wundervoller Zufall?«, rief Isobel erfreut. Pfarrer Schmalzengruber hingegen erweckte den Anschein, als wollte er seine Exorzismusutensilien aus der Sakristei holen. Der Gesichtsausdruck des Geistlichen gefiel Hirschberg ganz und gar nicht.

»Dann müssen Sie mir die Freude machen und mit mir heute Abend dinieren, Isobel«, erwiderte Dornberg seinerseits angetan.

»Es wäre mir ein Vergnügen! Sie müssen mir alles über Ihr Imperium erzählen. Ich mag – nein, ich liebe Männer mit Geschäftssinn!«, schwärmte sie. »Nicht nur auf Sie wirkt das Gespür fürs Geschäft wie ein Aphrodisiakum.« Sie zwinkerte ihm aufreizend zu.

»Es wird mir eine Ehre sein«, versicherte er ihr. »Darf ich Sie vielleicht mit nach München nehmen? Meine Limousine und mein Chauffeur – ich bin immer für stilvolles Reisen – warten um die Ecke. Zusammen mit einer Flasche eisgekühlten Champagners. Mit so charmanter Begleitung wird er noch mehr prickeln als sonst.«

»Aber mit dem größten Vergnügen, Vincent! Ich bin nämlich mir nichts, dir nichts hierher aufs Land verschleppt worden!« Ihre Stimme klang anklagend. »Und ich sehne mich nach der Großstadtluft und asphaltierten Straßen, auf denen ich nicht Gefahr laufen muss, in einen Kuhfladen zu treten!« Hirschberg traute seinen Ohren kaum. Er starrte die Patentante seiner Verlobten mit offenem Mund an, als Isobel sich an ihn und Susan wandte. »Ihr beide seid mir doch nicht etwa böse?«

Sie hakte sich bei Dornberg unter und schenkte dem erzürnten Pfarrer Schmalzengruber zum Abschied ein strahlendes Lächeln. Selbst wenn Dornberg sie nicht bereits so sehr in seinen Bann gezogen hätte, die Limousine und der eisgekühlte Champagner hätten ihr Ziel nicht verfehlt.

»Allein dafür, dass er uns von ihr befreit hat, sollte ich mich in irgendeiner Form erkenntlich zeigen«, raunte Hirschberg Susan zu. Gedankenverloren faltete er den Umschlag und ließ ihn in seine Hosentasche wandern.

»Ich bin gespannt, ob du das immer noch sagst, wenn wir zusammen mit dem Pornoking eine Doppelhochzeit feiern!«, prophezeite Susan, als aus der Ferne das mädchenhafte Lachen ihrer Patentante ertönte.

»Chef«, meldete sich Hansen mit betont neutraler Miene. »Die Spurensicherung wäre dann soweit.«

»Können wir also endlich nach Hause?«, erkundigte sich Susan hoffnungsvoll.

»Ja, ich werde die Leute morgen befragen«, nickte Hirschberg, der alles andere als erfreut war, am nächsten Tag wieder aufs Land fahren zu müssen. »Es ist schon fast acht, und ich will, dass dieser Tag endlich ein Ende hat!«

»Herr Hirschberg«, mischte sich Schmalzengruber ein, »bevor sie morgen den armen Bürgermeister – den trauernden Witwer! – mit Ihren zweifellos penetranten Fragen belästigen, möchte ich Sie um eine kleine Unterredung bezüglich Herrn Dornbergs Angebot bitten. Dieser Sittenverfall muss im Keim erstickt werden!«

»Natürlich«, erwiderte Hirschberg mit hängenden Schultern. »Ich bin gegen Mittag hier und werde mir Zeit für Sie nehmen, Herr Pfarrer.«

9.

»Guten Morgen, Herr Hauptkommissar!« Dr. Meißner, der als eingefleischter und passionierter Frühaufsteher bereits seit Stunden auf den Beinen war, war gerade dabei, sich die Hände ausgiebig zu waschen, als der Hauptkommissar nach einer viel zu kurzen Nacht den Obduktionsraum betrat. Hirschberg erwiderte sein Lächeln halbherzig und ließ seine verschlafenen Augen durch den Raum schweifen. Er unterdrückte ein Gähnen. Jede Faser seines Körpers schien ihm vorzuwerfen, dass er sich eigentlich noch im Bett befinden sollte, anstatt auf Leichenschau zu gehen. Die Ereignisse des vergangenen Tages hatten ihn an den Rand eines Burnouts gebracht.

Hirschbergs Nacht war turbulent gewesen. Ausgehobene Gräber, offene Särge mit verwesenden Leichen, ein Pfarrer, der das Ende der Welt prophezeite und Isobel Burton zusammen mit Vincent Dornberg auf den Scheiterhaufen schickte, bevor er Hirschberg selbst ins Fegefeuer abkommandierte, hatten sich durch seine Träume gezogen.

Viel schlimmer jedoch waren das Erwachen und die Gewissheit, dass sein Alptraum in weiten Teilen auf der Realität basierte. Nach dieser viel zu unruhigen Nacht verbrachte er am Morgen eine noch viel unruhigere halbe Stunde im Bad in der Befürchtung, Isobel würde sie an diesem Morgen erneut noch vor seiner ersten Tasse Kaffee heimsuchen. Noch einmal wollte er ihr nicht wie Tarzan nur mit Lendenschurz bekleidet gegenübertreten! Die Erinnerung an ihren Auftritt tags zuvor brachte sein Blut in Wallung. Er wusste bei Gott nicht, wie er die nächsten zwei Wochen in ihrer Gegenwart überstehen sollte, ohne selbst einen Mord zu begehen.

»Schlimme Nacht?«, erkundigte sich Dr. Meißner mit hochgezogenen Augenbrauen, während er sich Arme und Hände abtrocknete.

»Fragen Sie nicht«, beschwor Hirschberg den Gerichtsmediziner. Er massierte seine pochenden Schläfen und vermied tunlichst den direkten Augenkontakt mit dem Neonlicht an der Decke.

»Sie werden sich doch nicht etwa dem stundenlangen Studium gewisser Websites hingegeben haben, Herr Hauptkommissar?« Die Mundwinkel des Gerichtsmediziners zuckten verräterisch.

»Meine neue Kollegin hat also geplaudert«, stöhnte er entnervt und öffnete den obersten Knopf seines Hemds. Selbst in den vergleichsweise kühlen Räumlichkeiten der Gerichtsmedizin war ihm noch zu heiß. Die Erinnerung an Vincent Dornberg und die drohende Wahrscheinlichkeit einer bevorstehenden Doppelhochzeit taten ihr Übriges. Er hegte die verstörende Vermutung, dass Isobel und der Pornoking in dessen Limousine mit dem Champagnerglas in der Hand übereinander hergefallen waren.

»Ich fürchte, ja«, grinste Meißner, »aber seien Sie nicht böse auf sie. So etwas ist einfach zu gut, um es für sich zu behalten. Jedes Büro lebt nun einmal von Klatsch und Tratsch, und glauben Sie mir, die Tante Ihrer zukünftigen Frau ist für jedes Klatschmaul ein gefundenes Fressen. Mit Ihrem Ausflug aufs Land haben Sie allein gestern der Gerüchteküche so viele Zutaten geliefert, dass die Vorratskammer für die nächsten fünf Jahre gefüllt ist. Es wird bestimmt schon eifrig spekuliert, ob Sie jetzt ins Pornogeschäft einsteigen.«

»Glauben Sie mir, Dr. Meißner«, gab Hirschberg trocken zurück, »nichts liegt mir ferner. Und der Pfarrer würde das überdies sicherlich zu verhindern wissen.« Die beängstigende Vision, Pfarrer Schmalzengruber könne ihn mit Weihwasser besprengen, bevor er das Pfarrhaus betreten durfte, durchzuckte seinen Kopf. Das musste ein Relikt aus seinen Träumen der letzten Nacht sein. Er kniff die Augen zusammen. Sollte er Vincent Dornbergs Angebot annehmen, so fürchtete Hirschberg, würde es in Krindelsdorf vermutlich zu Fällen von knallharter, skrupelloser Lynchjustiz kommen.

»Ja, Pfarrer Schmalzengruber scheint mir eine ganz besonders harte Nuss zu sein. Eherner Katholik, Verfechter der traditionellen katholischen Werte. Ich kann mir gut vorstellen, dass er die ganze Nacht auf Knien vor dem Altar verbracht hat, um den Herrn anzuflehen, ihn mit der gebührenden Stärke auszustatten, das drohende Unheil von Krindelsdorf abzuwenden.«

»Ich habe später eine Unterredung mit dem Herrn Pfarrer«, ließ Hirschberg ihn mit einem vielsagenden Seufzer wissen. Er verspürte den plötzlichen Drang, dem Rechtsmediziner sein Herz auszuschütten. »Er hat mir gestern unmissverständlich zu verstehen gegeben, dass ich heute erst bei ihm vorstellig werden muss, bevor ich den trauernden Witwer befragen darf. Haben Sie etwas für mich?«

»Wie ich gestern bereits gesagt habe«, Meißner nickte in Richtung Seziertisch, auf dem Frau Seitlbachs lebloser Körper mit einem Tuch bedeckt lag, »vermute ich stark, dass die Frau des Bürgermeisters vergiftet worden ist. Ich habe bereits eine toxikologische Untersuchung veranlasst.«

»Irgendeine Ahnung, um welches Gift es sich handelt?«

»Auch da habe ich eine starke Vermutung«, antwortete Meißner mit der für ihn typischen Geschäftsmäßigkeit. Er hatte sich längst an all die Verstorbenen gewöhnt, denen er ihre letzten Geheimnisse entlockte. »Bedenkt man Helga Seitlbachs letzte Worte, dann tippe ich auf Aconitin. Das Gift des Blauen Eisenhuts. Ein bis fünf Milligramm reichen aus, um einen Menschen zu töten. Frau Seitlbach muss eine extrem hohe Dosis verabreicht worden sein, was ihr Ableben beschleunigt hat. Deshalb ist sie auch so plötzlich umgekippt. Da wollte wohl jemand ganz auf Nummer sicher gehen«, vermutete er und bewegte seinen Kopf abschätzend hin und her.

»Hat das Labor bereits die Apfelstrudelstücke untersucht?«, erkundigte sich Hirschberg.

»Herr Hirschberg, werfen Sie einen Blick auf die Uhr.« Meißner deutete auf die tickende weiße Scheibe mit den nüchternen schwarzen Zeigern über dem Waschbecken. »Es ist gerade mal halb zehn. Ich wäre schon froh, wenn die Ergebnisse von Frau Seitlbachs Mageninhalt im Lauf des Tages vorliegen. Sie können von Glück sagen, dass mir einer der Mitarbeiter noch einen Gefallen schuldig war und deshalb heute Morgen bereits vor den Hühnern aufgestanden ist, um sich an die Arbeit zu machen.«

»Mein Fehler«, gab Hirschberg zu und unterdrückte ein erneutes Gähnen.

»Die Symptome sind bei der Toten sehr schnell eingetreten, haben Ihre Frau und Schwester Anastasia übereinstimmend berichtet. Kribbeln in Mund, Fingern und Zehen, Absinken der Körpertemperatur, unregelmäßige Atmung, Taubheitsgefühl der Zunge. Das erscheint mir alles ziemlich eindeutig. Wissen Sie, Eisenhut war schon in der Antike ein sehr beliebtes Mittel, ungeliebte Menschen aus dem Weg zu räumen, oder auch für die Vollstreckung von Todesurteilen. In Griechenland zum Beispiel hat man Menschen, die besonders schwere Verbrechen begangen haben, mit eben diesem Aconitin ins Jenseits befördert«, dozierte Meißner. »Plinius der Ältere nannte es das ›pflanzliche Arsen‹, und auch im Mittelalter hat man damit gern gemordet.«

»Heute offenbar auch noch«, erwiderte Hirschberg nüchtern. »Ist es leicht, an Aconitin heranzukommen?«

»Ich denke der Blaue Eisenhut wird in Krindelsdorf in angemessenen Mengen vorkommen und in diversen Gärten und an Wegesrändern zu finden sein. Ihr Mörder ist offenbar bewandert in Pflanzenkunde.« Meißners Gesicht nahm einen ernsten Ausdruck an. »Sehen Sie, viele Menschen sind heutzutage von der Schulmedizin enttäuscht, Herr Hauptkommissar, und ziehen die Einnahme homöopathischer Arzneimittel vor. Der Blaue Eisenhut ist nicht nur für sein Gift berüchtigt, sondern soll angeblich bei Erkältungen, Fieber, Husten, Schmerzen und auch Rheuma eine wahre Wohltat sein. Es ist kein Hexenwerk, die Präparate herzustellen. Die Wurzel wird getrocknet, gegebenenfalls pulverisiert, und mit Hilfe von Alkohol wird dann die Urtinktur extrahiert. Das Problem ist nur, dass der Blaue Eisenhut extrem schwer dosierbar ist, und es aus diesem Grund sehr leicht zu Vergiftungen kommen kann. Ich glaube, dass viele Menschen gar nicht wissen, wie gefährlich die Natur und ihre Substanzen für sie sein können«, schloss er mit gerunzelter Stirn.

»Also suche ich eine mordlüsterne Kräuterhexe, die Pfarrer Schmalzengruber bestimmt nur allzu gern vors Jüngste Gericht bringen würde«, schlussfolgerte Hirschberg. Er sah seinem Gespräch mit dem Geistlichen wie auch mit dem trauernden Witwer ohne jeglichen Enthusiasmus entgegen.

»Oder einen Schwarzmagier«, nickte Meißner mit einem humorlosen Grinsen. »Ich beneide Sie nicht um diese Ermittlung, Herr Hauptkommissar«, fügte er mitfühlend hinzu. »Ich bin mir ziemlich sicher, dass die Leute in Krindelsdorf um den guten Ruf ihrer Gemeinde besorgt sind und Ihnen nicht unbedingt mit bestechender Offenheit begegnen werden.«

»Guten Morgen, Frau Kollegin!« Hirschberg öffnete die Tür zu seinem Büro, das er sich jetzt mit der neuen Kommissarin teilen musste. Was ihm im Grunde nicht unangenehm war, wenn nur diese Hitze nicht wäre. Der Standventilator lief zwar auf Hochtouren, konnte jedoch gegen die einfallenden Strahlen der stechenden Morgensonne kaum etwas ausrichten. Er öffnete nun auch den zweiten Knopf seines dunkelblauen Hemds und ließ sich auf seinen Schreibtischstuhl fallen.

»Morgen, Chef!« Louisa Hansen hob ihren Kopf und lächelte. »Gut geschlafen?« Ihr Lächeln ging zu einem schelmischen Grinsen über.

»Mehr oder weniger«, entgegnete er ein wenig mürrisch. Er war ein Morgenmuffel und passionierter Langschläfer. Schlafmangel und frühes Aufstehen trugen nicht dazu bei, seine Stimmung zu heben. War er in diesem Zustand, duldete er keine fröhlichen Menschen um sich herum. Seine Verlobte, die frühmorgens selbst kaum ansprechbar war und ebenfalls am liebsten in Ruhe gelassen wurde, kümmerte das nicht weiter, aber sie erinnerte ihn stets daran, dass er seine schlechte Laune nicht ins Büro mitnehmen dürfe. Erst recht nicht, wenn er eine neue Kollegin für sich einnehmen musste. »Die Nacht war sehr drückend, und wir sind auch erst recht spät nach Hause gekommen«, fügte er erklärend hinzu und wischte seine schlechte Laune beiseite. »Ich habe übrigens gerade mit Krämer gesprochen. Er hat mit den Kollegen von der Kripo die Zuständigkeiten geregelt. Der Fall gehört jetzt ganz offiziell uns. Bürgermeister Seitlbach hat ohnehin darauf bestanden, dass wir den Fall übernehmen, und einer seiner ältesten Freunde sitzt auf einem komfortablen Sessel im Innenministerium und hat Krämer heute Morgen wissen lassen, dass er es begrüßen würde, wenn wir die Ermittlungen leiteten. Die Nichte der Ermordeten ist wohl überdies eine alte Schulfreundin von Krämers Tochter.« Er zog vielsagend die Augenbrauen nach oben. »Außerdem hält er einen Fall auf dem beschaulichen Land für den perfekten Einstand für Sie, und ich hätte mir auch einmal einen etwas ruhigeren Fall verdient«, grinste er, bevor sich sein Blick auf eine chromblitzende Kaffeemaschine richtete. »Was ist das?«

»Oh, das ist unser alter Kaffeevollautomat«, erklärte Hansen. »Zu unserem Umzug haben Bernd und ich uns einen neuen geschenkt, aber der hier läuft noch wunderbar.« Sie stand auf. »Er macht wesentlich besseren Cappuccino als der Automat vor der Tür«, behauptete sie grinsend und griff nach einer Tasse. »Sie sehen mir offen gestanden so aus, als könnten Sie einen vertragen!« Sie drehte sich um und deutete auf eine Papiertüte auf ihrem Schreibtisch. »Ich habe auf dem Weg hierher ein paar Blaubeermuffins gekauft. Wenigstens ein kleiner Einstand.«

»Vielen Dank, Frau Kollegin! Ich habe nämlich noch nicht gefrühstückt …« Hirschbergs Laune hob sich, als

Louisa die Maschine mit Kaffeebohnen füllte und der Duft nach frischem Cappuccino sich kurz darauf im Büro ausbreitete. Schmunzelnd fragte er sich, wie lange es wohl dauern mochte, bis die Maschine die Kollegen aus den umliegenden Büros anlockte.

»Gerne«, lächelte Louisa. »Wie war's in der Gerichtsmedizin?«, erkundigte sie sich, bevor sie in einen Muffin biss.

»Dr. Meißner vermutet, dass Helga Seitlbach mit Aconitin vergiftet worden ist«, antwortete er und nahm einen Schluck Cappuccino. »Die toxikologische Untersuchung hat er bereits veranlasst. Bis die Ergebnisse vorliegen, sollten wir mit dieser Hypothese arbeiten.«

»Blauer Eisenhut?«

»Sie kennen das Gift?«, hakte er interessiert nach. Seine neue Kollegin schien voller Überraschungen zu stecken.

»Als mein Cousin und seine Frau ihr erstes Kind bekommen haben, haben sie ihren Garten kindersicher gemacht. Sie haben sich ein Buch über Giftpflanzen gekauft, um zu vermeiden, dass irgendetwas in ihrem Garten wuchert, was der Kleinen gefährlich werden könnte. Ich habe damals ein bisschen darin gelesen und bin dabei auch über das Kapitel ›Blauer Eisenhut‹ gestolpert. Er wächst wohl reichlich in den Wäldern der Alpen, aber auch sehr gern in feuchtschattigen Gärten«, erinnerte sie sich an die Lektüre. »Ich bin mir sicher, er blüht auch irgendwo in Krindelsdorf. Das ist wirklich ein sehr fieses Gift. In seiner Wirkung ist Aconitin wohl ähnlich dem Toxin des Kugelfischs. Glauben Sie mir, würde ich dieses Pflänzchen in meinem Garten finden, würde ich es sofort mit der Wurzel ausreißen und am besten verbrennen!«

»Wie ich sehe, sind Sie bestens für den Fall vorbereitet«, lächelte Hirschberg und wurde dann ernst. »Frau Seitlbach muss laut Dr. Meißner wohl eine sehr hohe Dosis zu sich genommen haben, deshalb ging es auch so schnell. Falls es sich um eine gezielte Tat handelt, muss es jemand sehr ernst gemeint haben. Außerdem muss der Täter oder die Täterin sehr abgebrüht sein.« Ein ungutes Gefühl hatte sich in ihm breitgemacht. »Jeder hätte das Stück Apfelstrudel essen können. Und wir müssen noch abwarten, wie es mit den anderen Kuchenstücken aussieht. Wenn aber tatsächlich nur dieses eine Stück vergiftet war, dann müssen wir herausfinden, ob Frau Seitlbach wirklich das Ziel war.«

»So oder so hat der Täter oder die Täterin den Tod Unbeteiligter in Kauf genommen«, nickte Louisa. »Ich habe gestern noch mit dieser Schwester Anastasia gesprochen, der rechten Hand des Pfarrers. Sie hat mir eine Liste mit den Besuchern des Pfarrfests gegeben.« Sie griff nach einem Stück Papier vor ihr auf dem Schreibtisch. »Besonders viele sind es nicht«, sagte sie achselzuckend. »Der Pfarrer, seine Haushälterin – eine gewisse Frau Hackelgruber –, die ehemalige Mesnerin Frau Dachshofer. Sie hat übrigens den Apfelstrudel gebacken.« Louisa blickte Hirschberg mit nach oben gezogenen Augenbrauen an. »Dann die Preisingers – ihnen gehört die Metzgerei am Marktplatz – und das Ehepaar Winkler, die Eigentümer der St.-Vinzenz-Apotheke«, zählte sie weiter auf. »Dann wäre da noch Bettina Bahrens mit ihrem Sohn. Und natürlich Bürgermeister Seitlbach. Drei oder vier Leute wollten später noch auf das Pfarrfest kommen, aber sie durften den Klostergarten wegen des Mordes dann schon nicht mehr betreten«, erklärte sie ihm. »Ich habe mit ihnen gesprochen, als ich ankam, da sie wissen wollten, was los sei. Ich habe natürlich ihre Personalien aufgenommen und werde ihre Angaben noch überprüfen, aber ich denke, wir können sie ausschließen. Sie waren ja alle nicht einmal in der Nähe des Buffets.«

»Ich werde auf jeden Fall mit Frau Dachshofer sprechen und klären, ob irgendjemand schon vor dem Pfarrfest Zugang zu ihrem Apfelstrudel hatte«, meinte Hirschberg. »Dass sie den Apfelstrudel vergiftet hat, kann ich mir nicht so recht vorstellen. Der Verdacht würde ja sofort auf sie fallen. Das wäre ein wenig zu einfach.«

»Dann wäre sie entweder sehr dumm oder eben verdammt clever«, nickte Hansen und verzog ihren Mund zu einer abschätzenden Grimasse.

»Das sehe ich auch so«, stimmte Hirschberg ihr zu. »Jedenfalls bin ich gespannt, was Frau Dachshofer zu sagen hat.« Er leerte seine Tasse und stand auf. »Hansen, graben Sie doch einfach mal alles aus, was Sie über Helga Seitlbach finden können. Ich mache mich jetzt auf den Weg nach Krindelsdorf zu meiner Audienz mit dem Pfarrer und besuche danach den trauernden Witwer.«

»Alles klar, Chef«, nickte sie. »Ich fange dann mal an zu buddeln! Und viel Glück mit Seiner Geistlichkeit«, rief sie ihm lachend hinterher.

10.

»Herr Kommissar.« Die Haushälterin des Pfarrers öffnete die Tür des offenkundig frisch sanierten Pfarrhauses, noch bevor Hirschberg den Klingelknopf an der Eingangstür drücken konnte. *Ihr mürrischer Gesichtsausdruck könnte jedes Glas Milch sofort sauer werden lassen,* dachte Hirschberg unwillkürlich. Dumpf erinnerte er sich an das Gesicht vor ihm. Als seine treue Haushälterin war Frau Hackelgruber dem Pfarrer auf dem Pfarrfest kaum von der Seite gewichen.

Der Empfangsdrachen des Pfarrers blähte seine Nasenflügel, aus denen wie durch ein Wunder keine Funken sprühten. Sie warf ihm einen missbilligenden und argwöhnischen Blick zu. Dornbergs unerwarteter und reichlich penetranter Auftritt auf dem Pfarrfest hatte sein angeschlagenes Image in Krindelsdorf sicherlich nicht verbessert, fürchtete der Hauptkommissar. Er stöhnte innerlich, und er fühlte, wie trotziger Sarkasmus sich seiner bemächtigte.

Das Aussehen der Haushälterin war in Hirschbergs Augen der perfekte Garant für die strikte Einhaltung des Zölibats. Um Therese Hackelgrubers gebärfreudig anmutenden Hüftbereich schmiegte sich eine mit Mehl bestäubte hellblaue Schürze. Ihre ausladende Brustregion, die von einem zu knappen BH aus dem Körbchen heraus in Richtung Doppelkinn gequetscht wurde, hob und senkte sich unter der Anstrengung, ihm die Tür aufhalten zu müssen. Ihr kurzes brünettes Haar war zerzaust und wirkte über ihrer breiten und aufgrund der hohen

Außentemperatur feuchten Stirn wie ein mit mangelhafter Sorgfalt errichteter Scheiterhaufen. Selbst, wenn Pfarrer Schmalzengruber seine fundamentalistische Asexualität nicht so sehr nach außen getragen hätte, so war Hirschberg sich sicher, dass seine Haushälterin allein durch ihre Anwesenheit jegliche amouröse Tendenz mühelos im Keim ersticken konnte.

Ihre stechenden grünen Augen bohrten sich in seine, und Hirschberg nahm sich vor, ein etwaiges von ihr zubereitetes Getränk nicht zu kosten. Falls ihm überhaupt ein derartig basaler Akt der Gastfreundschaft zuteilwerden würde. Trotz des eisigen Gegenwinds jedoch, der ihm von jenseits der Türschwelle entgegenkam, zwang er sich, seine Mundwinkel nach oben zu ziehen.

»Der Herr Pfarrer erwartet Sie fei scho', Herr Hirschberg.« Ihr Tonfall gab ihm unmissverständlich zu verstehen, dass man ihren Dienstherrn, wenn er sich schon die Zeit nahm, nicht auch noch warten ließ.

Hirschberg folgte ihr in gebührendem Abstand in das Arbeitszimmer des Pfarrers. Schmalzengruber saß vor seinem aufgeklappten Laptop und hackte mit aufeinandergepressten Lippen so rabiat auf der Tastatur herum, dass sein Schreibtisch bei jedem Tastenschlag erbebte. Er blickte sichtlich ungehalten auf, als die Haushälterin Hirschberg hereinführte.

»Danke, Frau Hackelgruber.« Ein flüchtiges Lächeln streifte Schmalzengrubers Mund, bevor er Hirschberg verkniffen bat, sich zu setzen. Mit einem schlecht unterdrückten Seufzer ergab sich der Hauptkommissar in sein Schicksal. Solange die sterblichen Überreste seines Großonkels noch nicht unter der Erde waren, wurde sein diplomatisches Geschick auf eine der härtesten Proben gestellt.

»Kommen wir gleich zum Punkt, Herr Hirschberg«,

bestimmte der Pfarrer und klappte seinen Laptop geräuschvoll zu. Kam es ihm nur so vor, oder war der ans Kreuz genagelte Christus an der gegenüberliegenden Wand tatsächlich kurz zusammengezuckt? Hirschberg blinzelte verwirrt. Die Hitze und der Schlafmangel waren dabei, ihm zu Kopf zu steigen.

»Sie können sich sicher gut vorstellen«, begann Schmalzengruber seine Predigt für den Mitarbeiter der weltlichen Strafverfolgungsbehörden, »dass ich in meiner Eigenschaft als pflichtbewusster Seelsorger der Gemeinde das Ansinnen eines Vincent Dornberg nur aufs Schärfste – nein, auf das Allerschärfste! – verurteilen kann und werde! Ich darf nicht zulassen, dass in unseren moralisch einwandfreien Gefilden diese verkommene Industrie Einzug hält!« Schmalzengruber schnappte nach Luft. »Wissen Sie, womit ich mir letzte Nacht mehrere Stunden um die Ohren geschlagen habe?«, herrschte er den ahnungslosen und bereits völlig entnervten Hauptkommissar an. »Ich werde Ihnen sagen, womit!« Der Geistliche spie die Worte regelrecht aus. »Ich habe mir diesen Schund, den Dornberg ohne die geringsten Skrupel im Internet verbreitet, angesehen! Sie vermögen es nicht, sich meine stundenlangen Qualen und die Abscheu, die ich empfunden habe, vorzustellen! Möchten Sie sich vielleicht ein eigenes Bild davon machen, was meiner unbescholtenen Gemeinde blüht, wenn Sie Dornbergs Angebot annehmen? Es ist alles hier auf diesem Rechner!« Er richtete einen anklagenden Finger auf den zusammengeklappten, unschuldig anmutenden Laptop.

Hirschberg fühlte zu seinem Entsetzen, wie eine Mark und Bein erschütternde Woge lauten Gelächters drohte, mit aller Gewalt aus ihm herauszubrechen, als sich ihm allzu lebhafte Bilder des Dorfpfarrers bei seiner nächtlichen Internetrecherche aufdrängten. Er fragte sich mit einem Anflug von heidnischem Sarkasmus, ob »Qualen« und »Abscheu« die passende Beschreibung für die nächtlichen Empfindungen des Pfarrers waren. Hirschberg war sich sicher, dass die leicht bekleideten Damen dieser Websites optisch reizvoller waren als eine Frau Hackelgruber, deren Achselhöhlen vermutlich seit Jahrzehnten keine Damenrasierklinge mehr gesehen, geschweige denn gespürt hatten. Womöglich war sich die Haushälterin ihrer Unzulänglichkeiten schmerzlich bewusst und aus diesem Grund so abweisend und mürrisch, überlegte er.

»Herr Pfarrer«, begann Hirschberg, rief sich innerlich zur Ordnung und räusperte sich, um sein bebendes Zwerchfell unter Kontrolle zu bringen. Ein gequältes, stark gekünsteltes Hüsteln kam über seine Lippen. »Ich versichere Ihnen, dass ich nicht die Absicht habe, Sie und am Ende die gesamte Gemeinde zu brüskieren.« Er wunderte sich, wie ruhig und beschwichtigend seine Stimme auf einmal klang. Es war ihm ein Rätsel, woher er diese Besonnenheit im Angesicht des selbsternannten Exorzisten nahm, der sich die ganze Nacht Schmuddelfilmchen im Internet angesehen hatte.

»Das begrüße ich natürlich sehr«, entgegnete Schmalzengruber. »Zumal Ihnen mit Sicherheit mittlerweile bekannt ist, dass das Haus Ihres Großonkels zu seinen Lebzeiten genügend pornographische Handlungen erleben musste! Wenn Mauern sprechen könnten!« Seine Stimme bebte vor selbstgerechtem Zorn.

»Ich kann Ihnen noch nicht genau sagen, wie ich mit meiner Erbschaft verfahren werde«, fuhr Hirschberg unbeirrt fort. Er ignorierte die letzte Äußerung des Pfarrers. Er war nicht hier, um sich mit dem fidelen Lebenswandel seines Großonkels auseinanderzusetzen. »Aber ich werde nichts tun, was Ihrer Gemeinde schaden oder die

Leute hier vor den Kopf stoßen könnte. Und jetzt muss ich Sie bitten, mich zu entschuldigen.« Hirschberg erhob sich blitzartig, denn er hatte auf einmal das dringende Bedürfnis, der Enge des Pfarrhauses zu entkommen. »Ich habe einen Termin mit dem Bürgermeister.«

»Herr Seitlbach ist ein trauernder Witwer«, ermahnte ihn der Pfarrer. »Ich muss Sie dringend ersuchen, darauf Rücksicht zu nehmen! Ich hoffe doch sehr, dass der taktvolle Umgang mit Hinterbliebenen Teil Ihrer Ausbildung war.« Der Tonfall des Pfarrers und seine gerümpfte Nase brachten unmissverständlich zum Ausdruck, was er von Hirschbergs Metier hielt.

»Ich werde selbstverständlich mit dem nötigen Taktgefühl vorgehen, Herr Pfarrer«, versicherte Hirschberg ihm mit nunmehr mühevoll unterdrücktem Zorn. Für wen hielt ihn dieser aufgeblasene Seelsorger eigentlich? Für Luzifer persönlich? »Aber Sie werden sicherlich verstehen, dass ich meine Arbeit zu tun habe – wie Sie auch die ihre. Und die Befragung der Hinterbliebenen ist in einem solchen Fall dringend erforderlich und nun einmal wesentlicher Bestandteil meines Aufgabenbereichs. Wie Sie versuche auch ich nur, das Übel aus der Welt zu verbannen.« Hirschberg hätte sich am liebsten auf die Zunge gebissen, als er diese salbungsvollen Worte über seine Lippen kommen hörte.

»Das Übel aus der Welt zu verbannen? In einem solch glasklaren Fall?«, rief der Pfarrer verächtlich und sprang nahezu von seinem Schreibtischsessel auf. Schmalzengrubers Gesichtsausdruck brachte zum Ausdruck, dass der Hauptkommissar entweder von Satan persönlich aus den Untiefen der Hölle entsandt worden war, um den guten Ruf der Gemeinde zu beschmutzen, oder dass er ganz einfach seinen Verstand, über den er ohnehin nur in spärlicher Weise verfügte, auf dem Weg hierher verloren haben musste. »Wollen Sie etwa andeuten, dass die bedauernswerte Frau Seitlbach am Ende keines natürlichen Todes gestorben ist, sondern durch die Hand eines verdorbenen Individuums? Es muss doch ein Herzinfarkt gewesen sein! Ich verbürge mich für meine Gemeinde!« Schmalzengruber warf ihm einen aufgebrachten Blick zu, den Hirschberg ungerührt erwiderte.

»Nein, Herr Pfarrer, Frau Seitlbach ist nicht an einem Herzinfarkt gestorben«, widersprach er ihm mit wenig christlicher, dafür aber wohliger Genugtuung. Die überzogene Selbstgerechtigkeit des Pfarrers weckte die niedersten Instinkte in ihm. »Die Gemahlin Ihres Bürgermeisters ist vergiftet worden. Das sagt zumindest der Gerichtsmediziner.«

»Dann irrt sich Ihr Gerichtsmediziner eben!«, rief Schmalzengruber und schüttelte den Kopf. Auf seinen Wangen hatten sich hektische rote Flecken gebildet, und sein Atem kam in ungesunden, gepressten Stößen. »Es ist völlig ausgeschlossen, dass sich ein Mörder unter uns befindet! Wir sind eine anständige Gemeinde!«

»Es tut mir leid, Herr Pfarrer, aber Dr. Meißner hat die Angewohnheit, sich niemals zu irren. Er beherrscht sein Handwerk aus dem Effeff«, gab Hirschberg nüchtern und unnachgiebig zurück. Dieser selbstgerechte Pfaffe würde sich gefälligst aus seinen Ermittlungen heraushalten! »Frau Seitlbach hat allem Anschein nach ein vergiftetes Stück Apfelstrudel gegessen«, ließ er ihn wissen.

»Und womit bitte soll der Apfelstrudel vergiftet gewesen sein, wenn ich fragen darf?«, erkundigte sich der Pfarrer noch immer ungläubig.

»Dr. Meißner vermutet, mit Aconitin. Dem Gift des Blauen Eisenhuts. Eine toxikologische Untersuchung ist bereits in die Wege geleitet worden.«

»Was?« Kam es Hirschberg nur so vor oder flackerte da tatsächlich so etwas wie Angst in den Augen des Pfarrers auf? »Sind Sie sicher?«, hakte Schmalzengruber nach.

»Es besteht so gut wie kein Zweifel. Dr. Meißner ist ein sehr erfahrener Rechtsmediziner. Er weiß, wovon er spricht.« Der Hauptkommissar ließ ihn nicht aus den Augen. Den sonst so unerschütterlichen Geistlichen schien der Giftmord aus dem Konzept zu bringen. »Möchten Sie mir etwas sagen, Herr Pfarrer?«

»Ich wüsste nicht, was.« Schmalzengruber räusperte sich, und die Unsicherheit wich aus seinen Zügen. »Dann kann ich nur hoffen, dass Sie den Mörder bald finden. Ich werde Sie nicht länger aufhalten«, fügte er betont gelassen hinzu.

Der Hauptkommissar konnte sich dennoch des Eindrucks nicht erwehren, dass sich eine unsichtbare Faust in den Magen des Pfarrers gerammt hatte, und er sich nun vor Schmerzen krümmte. Doch bevor sich ihm die Gelegenheit bot, dem Pfarrer eingehend auf den Zahn zu fühlen, fand Schmalzengruber zurück zu seinem unerschütterlichen katholischen Selbst und beendete die Audienz. *Selbst im Vatikan und in der Gegenwart des Papstes hätte es nicht gestrenger zugehen können,* dachte Hirschberg ebenso mürrisch wie fasziniert.

»Auf Wiedersehen, Herr Hauptkommissar.« Der Pfarrer klappte seinen Laptop auf. »Sie haben ganz offensichtlich sehr viel zu tun, und auch ich muss an meiner Predigt weiterschreiben und an der Beerdigungsrede für Ihren Großonkel arbeiten. Ich habe die Bestattung übrigens für übermorgen zehn Uhr angesetzt«, ließ er ihn wissen, ohne ihn dabei anzusehen. »Morgen Abend um achtzehn Uhr findet in der Marktkirche der Rosenkranz statt. Ich darf doch mit Ihrem pünktlichen Erscheinen rechnen?«

»Selbstverständlich.« Hirschberg graute bereits jetzt vor dem morgigen Abend, den er auf Knien betend in der Marktkirche verbringen würde, während Schmalzengruber ihn vermutlich mit Weihwasser besprenkelte. »Ich finde selbst hinaus«, sagte Hirschberg unterkühlt und öffnete die Tür des Arbeitszimmers. Der Flur war stickig und dämpfig – und das abgestandene Parfum der Haushälterin hielt sich hartnäckig vor der Arbeitszimmertür des Pfarrers. Der süße, angenehme Geruch nach Kuchen, der aus der Küche in den Flur drang, konnte den Dunst des Billigwässerchens nicht überdecken. Hirschberg grinste, als plötzlich geschäftige Geräusche aus der Küche an sein Ohr drangen. Er konnte sich sicher sein, dass sich die Kunde vom Krindelsdorfer Giftmischer wie ein Lauffeuer in der Gemeinde verbreiten und für ordentlichen Wirbel sorgen würde.

Er war gerade im Begriff, in seinen Wagen zu steigen, als sein Handy läutete. »Hansen?«

»Ich nehme an, es interessiert Sie, Chef, dass das Labor unermüdlich gearbeitet und zweifelsfrei festgestellt hat, dass Frau Seitlbach Aconitin im Blut hatte.«

»Das habe ich mir schon fast gedacht«, nickte Hirschberg. »Und der restliche Apfelstrudel? War der auch vergiftet?«

»So weit sind die Kollegen noch nicht«, antwortete Hansen. »Aber falls nur das eine Stück vergiftet war, müssen wir davon ausgehen, dass es sich um einen gezielten Angriff auf Frau Seitlbachs Leben handelt.«

»Mhm«, brummte Hirschberg. »Wie dem auch sei – ich werde jetzt zu Herrn Seitlbach fahren und ihn befragen. Ich denke, dass ich zwischen vier und fünf wieder in der Stadt sein werde. Haben Sie sonst noch etwas herausgefunden?«

»Ja, Frau Seitlbach hat vor einigen Jahren eine Lebensversicherung abgeschlossen, deren Auszahlung jetzt natürlich fällig wird. Ein stolzes Sümmchen von einer Viertelmillion und ein paar Zerquetschten.«

»Der Begünstigte ist ihr Ehemann?«

»Nein, ihre Nichte Nicole Reinhardt. Die Freundin von Krämers Tochter. Sie wohnt in Grünwald. Soll ich sie anrufen und dann gleich hinfahren?«

»Machen Sie das. Halten Sie mich auf dem Laufenden.«

11.

Das freistehende Haus der Seitlbachs befand sich am Ortsrand von Krindelsdorf direkt neben einem Maisfeld an einem kleineren, aber dichten Waldstück. Ein Schild mit der Aufschrift »Vorsicht Zecken!« warnte etwaige Spaziergänger vor den beißwütigen Blutsaugern und einer eventuellen Borreliose-Infektion.

Hinter dem blauweiß gestrichenen Haus erstreckte sich ein weitläufiger Garten mit einem in Form einer Acht angelegten Swimmingpool und vier hochgewachsenen Obstbäumen, die an heißen Tagen wie diesem wohltuenden Schatten spendeten.

Trotz des schönen Wetters befand sich Herr Seitlbach nach den gestrigen Geschehnissen verständlicherweise nicht in seinem Garten. Hirschberg vermutete, dass der Witwer sich in seinen vier Wänden verkrochen hatte, um sich den Blicken und den Kondolenzbesuchen neugieriger Nachbarn zu entziehen. Anders als im Pfarrhaus musste er diesmal die Klingel betätigen, bevor sich rasche Schritte der Tür näherten. Den klappernden Absätzen nach zu urteilen, handelte es sich bei dem Empfangskomitee auch jetzt um eine Frau.

»Hauptkommissar Hirschberg?« Eine schwarzhaarige junge Frau mit schulterlangen Locken öffnete ihm in einem knappen, goldschimmernden Bikini die Tür. Ihre grauen Pupillen musterten ihn genauso unterkühlt wie Frau Hackelgrubers grüne Augen, nur war die gut gebräunte Bikiniträgerin um Längen attraktiver. Sie wirkte wie den Seiten einschlägiger Männerhochglanzmagazine entstiegen, besaß allerdings den Charme eines Eiswürfels. Hirschberg fror urplötzlich trotz der hohen Außentemperatur.

»Frau Reinhardt, nehme ich an?«, schlussfolgerte er scharfsinnig und erntete ein geschäftsmäßiges Lächeln, das nicht ihre Augen erreichte. Wie es aussah, würde er zwei Fliegen mit einer Klappe schlagen und seiner neuen Kollegin eine Fahrt nach Grünwald ersparen können.

»Wie ich sehe, haben Sie Ihre Hausaufgaben gemacht, Herr Hirschberg.« Sie trat beiseite, und die Absätze ihrer Highheels klackten auf dem weißgefliesten Boden hinter der Eingangstür. Es war ihm ein Rätsel, wie es Frauen gelang, auf solchen Stelzen auch nur den kleinsten Schritt zu machen. Auch Susan schien es niemals Mühe zu bereiten, wie ein Storch Treppen hinauf- und hinunterzulaufen, ohne sich dabei Knochenbrüche oder andere schlimme Verletzungen zuzuziehen. »Kommen Sie doch herein. Sie möchten mit Sicherheit zu meinem Onkel. Er ist noch oben und arbeitet an einer Presseerklärung, aber er müsste jeden Augenblick herunterkommen.«

»Dann werde ich wohl mit Ihnen anfangen, wenn Sie schon da sind, Frau Reinhardt«, erwiderte Hirschberg und folgte ihr ins Wohnzimmer. Was Pfarrer Schmalzengruber jetzt wohl sagen würde, schoss es Hirschberg durch den Kopf, als er einen Blick auf Nicole Reinhardts dank Stringtanga entblößten und vermutlich dank Solarium gebräunten Po werfen konnte. Sie schien mit ihren Reizen großzügig umzugehen, dachte Hirschberg. Er fragte sich, ob die Nichte der Verstorbenen sich oft hier aufgehalten und den ehelichen Haushalt der Seitlbachs durcheinandergebracht hatte. Nicole Reinhardt wirkte zudem keineswegs wie eine aufrichtig trauernde Nichte.

»Sie denken, ich bin nicht besonders schockiert über

das Ableben meiner Tante, nicht wahr?«, rief sie ihm über die Schulter hinweg zu, als hätte sie Hirschbergs Gedanken erraten. »Um ehrlich zu sein, habe ich mir tatsächlich überlegt, ob ich einen schlichten schwarzen Bikini anziehen soll, aber ich bin nun einmal keine Heuchlerin, Herr Hauptkommissar.«

»Offen gestanden habe ich tatsächlich den Eindruck, dass Ihnen der Tod Ihrer Tante nicht besonders nahegeht«, gab er zu und blickte sich in dem ganz in weiß gehaltenen, sonnendurchfluteten Wohnzimmer um. Ein Blick auf die Designermöbel reichte aus, um festzustellen, dass die Seitlbachs nicht unbedingt am Hungertuch nagten. »Normalerweise reagieren Angehörige geschockter auf den Tod eines geliebten Menschen.«

»Das setzt voraus, dass man den Verstorbenen geliebt hat, wie Sie schon angedeutet haben«, gab die junge Frau ungerührt von sich. Sie bedeutete ihm mit einer huldvollen Handbewegung, sich zu setzen.

»Sie haben also Ihre Tante nicht geliebt, Frau Reinhardt«, stellte Hirschberg klar, und er kam immer mehr ins Frösteln. Dem Eisklotz vor ihm schien die Hitze nicht das Geringste anhaben zu können. Nicht einmal die mickrigste Schweißperle glänzte auf ihrer sorgfältig gepuderten Stirn, die sie nun in Falten legte, als sie ihre Augenbrauen sarkastisch nach oben zog.

»Meine Tante war gelinde gesagt eine Naturkatastrophe«, erwiderte sie schulterzuckend. »Manchmal konnte ich es gar nicht fassen, dass wir beide tatsächlich blutsverwandt sein sollten.« Zur Bekräftigung ihrer harschen Worte schüttelte sie ungläubig den Kopf. »Soweit mir bekannt ist, hatten Sie doch gestern das Vergnügen mit Tante Trampel.« Ein humorloses Grinsen umspielte ihren Mund. »Auf diesem unsäglichen Pfarrfest mit diesem aufgeblähten, bigotten Pfaffen, der seinen Gemeindemitgliedern schon am liebsten den Mund mit Weihwasser ausspülen würde, wenn ihnen das Wort Sex – geschweige denn andere Dinge – nur über die Lippen kommt!« Ein anzügliches Lachen entstieg ihrer Kehle. Sie griff nach einer kristallenen Karaffe und schenkte sich einen großzügigen Schluck Hochprozentiges ein. Ihr Dekolleté trat deutlich zum Vorschein, als sie sich über die Karaffe beugte. Selbst wenn er dahingehend kein Experte war, so war Hirschberg sich sicher, dass ihr stattliches Bikinikörbchen von den geschickten Fingern eines Schönheitspapstes gefüllt worden war. Im Verhältnis zum Rest ihrer schmalen Statur wirkte der Brustbereich übertrieben groß. Hirschberg hatte keine Ahnung, wie es Nicole Reinhardt gelang, nicht vornüberzukippen und sich auf den weißen Fliesen des Wohnzimmers mehrere – zweifellos scharfe – Schneidezähne auszuschlagen. »Darf ich Ihnen auch einen Schluck Whisky anbieten?«

Zumindest in Sachen Gastfreundschaft übertraf der Haushalt des Bürgermeisters den des Pfarrers um Längen. Allerdings war er sich sicher, dass Nicoles Gastfreundschaft lediglich ein provokanter Akt war.

»Nein, danke«, lehnte Hirschberg mit einem gezwungenen Lächeln ab. Er hatte das merkwürdige Gefühl, in einer eigens für die junge Frau geschriebenen Bühnenshow der einzige Zuschauer zu sein.

»Tut mir sehr leid, ich habe nicht bedacht, dass Sie ja im Dienst sind. Grauenvoller Job, wenn man so fremdbestimmt ist und nicht *einmal* spontan sein kann«, bedauerte sie ihn mit einem ironischen Lächeln, das von einem theatralischen Seufzer unterstrichen wurde. Sie stöckelte in Richtung Terrasse und öffnete die Tür, um die warmen Sonnenstrahlen ins Wohnzimmer zu lassen. Offenbar war Nicole Reinhardt fest entschlossen, keine unnötige Trauer walten und das Haus nicht zu einem Mausoleum verkommen zu lassen.

»Also«, begann sie, nachdem sie einen kräftigen Schluck genommen hatte, »bevor Sie es von einer dieser sexuell frustrierten Tratschtanten hier am Ort erfahren – ich weiß sehr gut, dass sich diese Provinzspießer hinter meinem Rücken das Maul über mich zerreißen –, schenke ich Ihnen lieber selbst reinen Wein ein. Ich konnte mit meiner Tante, um es milde auszudrücken, nicht besonders viel anfangen. Sie stammte vom Planet der Affen, oder vielmehr dem Planeten der überfütterten und dauergrasenden Kühe, ich hingegen von der Venus, wie Sie unschwer erkennen können.« Bescheidenheit war eindeutig nicht Nicole Reinhardts Stärke. »Ich habe sie keineswegs gehasst, falls Sie das meinen. Sie war mir mehr oder weniger egal, weshalb mir ihr Tod jetzt auch nicht besonders nahegeht. Manchmal, das muss ich leider zugeben, habe ich sie aber auch als peinlich empfunden.« Ihr Tonfall war jetzt sachlich und geschäftsmäßig. »Mein Onkel hat mir oft sehr leidgetan. Er als Bürgermeister – und jetzt kandidiert er ja auch noch für das Amt des Landrats – ist mit Raupe Nimmersatt verheiratet, die sich an jedem Buffet aufs Schändlichste vergeht und zu keiner Konversation auch nur irgendetwas Geistreiches beisteuern kann. Also, wenn Sie mich fragen, ist mein Onkel jetzt tausendmal besser dran als vorher, da sie seiner Karriere nun nicht mehr hinderlich ist. Das hier ist zwar nicht Berlin, aber die First Lady des Landkreises sollte doch ein wenig mehr Stil und Klasse an den Tag legen können. Schließlich könnte das Amt des Landrats ein Sprungbrett für meinen Onkel sein. Ich meine, wer will denn schon hier versauern, umgeben von spießigen und freudlosen Landeiern? Halten Sie mich für kaltschnäuzig, Herr Hauptkommissar?«, erkundigte sie sich mit einem boshaften Grinsen. Hirschberg hielt es vor allem für sehr gefährlich, diese Frau zur

Feindin zu haben. »Dann tut es mir leid. Aber Onkel Günther kann jetzt endlich aufatmen und offiziellen Empfängen und Veranstaltungen beiwohnen, ohne ständig Angst haben zu müssen, in welches Fettnäpfchen seine schlechtere Hälfte als nächstes treten könnte.«

»Und Sie können gleichermaßen entspannen«, erwiderte Hirschberg, der sein Entsetzen über die Kaltschnäuzigkeit der jungen Frau vehement beiseiteschob, »immerhin erhalten Sie jetzt eine Viertelmillion aus der Lebensversicherung Ihrer Tante.«

»Das sind Peanuts, Herr Hauptkommissar!« Nicole Reinhardt lachte schallend. »Ich mache das Fünffache jährlich mit meiner Dessouskollektion. Glauben Sie mir, wegen mir hätte sie diesen Herzinfarkt nicht haben müssen. Ich bin bestens versorgt! Solange es genügend zahlungskräftige Hollywoodstars gibt, die sich um meine Spitzenhöschen reißen – ich beliefere schließlich die exklusivsten Boutiquen in L.A., New York und London –, brauche ich mir um meine Zukunft keine Sorgen zu machen. Ach, übrigens … Sie heiraten doch bald, nicht wahr? Es spricht sich hier alles sehr schnell herum«, erklärte sie ihm mit einem geschäftsmäßigen Lächeln. »Vielleicht möchte Ihre Zukünftige ja wegen passender Lingerie für die Hochzeitsnacht in meinem Katalog blättern?«

»Ihre Tante ist nicht an einem Herzinfarkt gestorben, Frau Reinhardt«, eröffnete Hirschberg ihr und zog es vor, ihre Selbstbeweihräucherung und ihr Angebot zu ignorieren. »Sie ist vergiftet worden.«

»Was?« Günther Seitlbach erschien in einen dunkelblauen Bademantel gehüllt im Wohnzimmer und blickte Hirschberg ungläubig an. »Meine Frau ist vergiftet worden? Warum denn das, um Gottes Willen?«

»Zu Ihrer ersten Frage: ja«, nickte Hirschberg, »und

was die zweite Frage betrifft, hatte ich gehofft, den Grund für die Ermordung Ihrer Ehefrau von Ihnen zu erfahren. Daher lautet meine Frage, ob Ihre Frau Ihres Wissens nach irgendwelche Feinde hatte.«

»Nein … Ich meine, ich weiß nicht … Ich kann mir nicht vorstellen, dass …«, stammelte Seitlbach und fuhr sich mit der Hand über sein plötzlich kreidebleiches Gesicht. Seine angeheiratete Nichte reichte ihm wortlos ein Kristallglas mit Whisky, nach dem er automatisch griff. Die Sonnenstrahlen brachen sich in dem edlen Trinkgefäß, und seine Finger schillerten in sämtlichen Farben des Regenbogens. Er leerte das Glas in einem Zug. Hirschberg ließ ihn nicht aus den Augen.

»Gott, Herr Hauptkommissar! Wo denken Sie denn hin? Meine Tante war doch viel zu dumm, um Feinde zu haben«, gab Nicole Reinhardt verächtlich von sich, und Hirschberg erschauderte. »Wissen Sie, wenn meine Tante ein gerissenes, gutaussehendes Miststück gewesen wäre, könnte ich es ja verstehen, dass man sie über die Klinge springen lässt. Aber eine Kuh, die jeden Tag auf der Weide grast …« Sie hob verständnislos ihre knöchrigen Schultern, und der Hauptkommissar stellte fest, dass ihre selbstgefällige Show ihm langsam zum Hals heraushing.

»Nicole …« Seitlbachs Stimme nahm einen flehenden Tonfall an.

»Günther, lass das Theater.« Nicole Reinhardt schüttelte ungeduldig den Kopf und griff nach der Schachtel Zigaretten, die auf dem Couchtisch lag. Sie klemmte einen der Glimmstängel zwischen ihre vollen, perfekt geschminkten Lippen und entzündete ein Streichholz. Hirschberg hatte das untrügliche Gefühl, dass auch Nicole Reinhardts anorektisches Frühstück aus Whisky und Zigaretten bestand. Die verstorbene Frau Seitlbach und ihre Nichte hätten unterschiedlicher nicht sein können.

»Du bist doch nur bei ihr geblieben, um den Schein des guten katholischen Politikers zu wahren – was ja in Bayern so überaus wichtig ist.« Nicoles Stimme triefte vor Sarkasmus. »Du weißt noch besser als ich, wie langweilig und geistlos sie war. Die Kindheit und Jugend meines Vaters an der Seite dieses Trampels muss die Hölle für ihn gewesen sein! Schon allein, wie sie ständig durch die Gegend lief und völlig talentbefreit Vögel fotografierte!« Sie verdrehte die Augen. »Sie war deiner Karriere doch immer nur ein Hindernis, Günther. Jede Veranstaltung, zu der sie dich begleitet hat, war ein Spießrutenlauf für dich.«

Der Bürgermeister vergrub gequält das Gesicht in seinen Händen. Er hatte den Worten seiner Nichte allem Anschein nach nichts entgegenzusetzen.

»Ihre Frau hatte also außer Ihnen beiden keine Feinde«, fasste Hirschberg spitz zusammen. Auch er beherrschte Nicole Reinhardts Spielchen. Auf einmal empfand er großes Mitleid mit der Verstorbenen, um die ganz offensichtlich kein Mensch trauerte. Wer solche Angehörige hatte, der brauchte bei Gott nicht auch noch Feinde! »Sie haben demnach auch keine Vorstellung, wer den Apfelstrudel mit Blauem Eisenhut vergiftet haben könnte?«

»Blauer Eisenhut? Wie provinziell! Wenn ich jemanden umbringen wollte, würde ich mir etwas viel Glamouröseres ausdenken!«, rief die Nichte der Verstorbenen, ohne auf Hirschbergs vorangegangene Spitze einzugehen. »Aber nein, ich habe nicht die geringste Ahnung, Herr Hauptkommissar, wer meine Tante auf dem Gewissen haben könnte«, antwortete sie und tätschelte die Schulter ihres noch immer entsetzt dreinblickenden Onkels, über dessen Lippen die Worte »Was für ein Skandal!« kamen. Der Bürgermeister starrte mit hängenden Schultern vor sich hin und schien Hirschberg gar nicht mehr wahrzunehmen.

»Sie werden diese unschöne Sache doch diskret behandeln, Herr Hauptkommissar?«, erkundigte sich Nicole Reinhardt, zum ersten Mal mit so etwas wie Besorgnis. »Denken Sie bitte an die Kandidatur meines Onkels!« Ihre Worte klangen wie ein militärischer Befehl.

12.

»Und du bist dir ganz sicher, dass du dich a net verhört hast, Resi?«, vergewisserte sich Marianne Dachshofer mit hochgezogenen Augenbrauen. »Er hat wirklich vom Blauen Eisenhut gsprochen?« Der Blaue Eisenhut war eine januskköpfige Heilpflanze, wie ihre Mutter immer gern aus ihrem alten Buch über Pflanzenkunde zitiert hatte. Er war heilender Segen für viele Gebrechen und todbringender Fluch zugleich. Und derzeit blühte er vielerorts.

»Ich hab's genau ghört, Marianne«, nickte Therese Hackelgruber mit düsterem Nachdruck, doch Marianne konnte die pure Sensationslust in den Zügen ihrer Freundin sehen. »Das Apfelstrudelstück, das die Seitlbach gessen hat, ist damit vergiftet worden. Ist das net schrecklich?« Das Blitzen in ihren Augen verriet ihrer Freundin jedoch, dass sie die tragischen Todesumstände der Frau des Bürgermeisters als ausgesprochen aufregend empfand. So ein Mord aus nächster Nähe hatte wahrlich einen nicht zu verachtenden Unterhaltungswert. Eine willkommene Abwechslung zum ruhigen, um nicht zu sagen öden, täglichen Einerlei. Und das erst recht für Therese Hackelgruber, die jeden Morgen um halb sieben aufstand, um sich ihrer monotonen Routine hinzugeben. Hatte sie ihren Mann bewirtet und versorgt, setzte sich ihre hauswirtschaftliche Tätigkeit nach demselben Schema im Haus des Pfarrers fort. Es war fast so, als würde sie tagein und tagaus dasselbe Buch lesen, nur um, sobald sie es ausgelesen hatte, wieder die erste Seite aufzuschlagen und von vorne zu beginnen, dachte Marianne.

Ihr Heimatort war zudem in den Augen vieler nichts weiter als ein verschlafenes Nest, wusste sie. Die ältere Generation schätzte die Beschaulichkeit – Hektik herrschte an anderen Orten, aber nicht hier! –, und Familien mit Kindern zogen zu, um ihren Nachwuchs fernab der Probleme und Gefahren der Großstadt aufwachsen zu lassen. An den Schulen hier in der Gegend gab es keinen Alkohol oder gar schlimmere Drogen. Wurde doch einmal ein Schüler mit einer Bierflasche oder einem Joint erwischt, so war es meist der Sprössling von Zugereisten. Der Apfel faulte schließlich niemals von innen her.

Die junge Generation hingegen, die in ihrer Kindheit gern in den ruhigen Gärten der Eltern gespielt hatte, suchte nach Erreichen der Volljährigkeit das Weite. Es zog sie in die Großstädte, wo das Leben fernab gemütlicher Pfarrfeste pulsierte. Sogar Frau Dachshofer, die sich kein anderes Leben als das auf dem bayerischen Land in Krindelsdorf vorstellen konnte, bemerkte die einsetzende Landflucht und die Unruhe unter den jungen Leuten, die dem Leben hier nichts abgewinnen konnten. In manchen stillen Augenblicken gestand selbst sie sich ein, dass ihr das beschauliche Leben hier an diesem Ort, an dem sie geboren und aufgewachsen war, an manchen Tagen eben *viel zu* beschaulich war.

Marianne warf einen weiteren prüfenden Blick in das aufgeregte Gesicht ihrer Freundin. Therese schien hocherfreut, dass das Abenteuer nun von ganz allein nach Krindelsdorf gekommen war, und sie kostete den prickelnden Schauder, den der Mord auf dem Pfarrfest mit sich brachte, in vollsten Zügen aus.

»Und der Kommissar hat gsagt, die Seitlbach is' ganz sicher mit meinem Apfelstrudel und net mit irgendwas anderem vergiftet worden?«, hakte Marianne nach. Sie fragte sich stirnrunzelnd, wie viel ihre alte Freundin tatsächlich vor der verschlossenen Tür von Schmalzengrubers Arbeitszimmer aufgeschnappt hatte. Ein ungutes Gefühl beschlich sie.

»Unfassbar, net wahr?« Frau Hackelgruber beugte sich nach vorne, um nach einer Rohrnudel mit Zimt und Kirschfüllung zu greifen, zog dann aber ihre Hand in letzter Sekunde zurück, als hätte sie einen Stromschlag abbekommen. Mariannes Argusaugen entging dies nicht.

»Was is' los? Du liebst doch meine Rohrnudeln!« Mariannes Stimme klang auf einmal hart und vorwurfsvoll. »Stimmt was net?«

»Ich mach' eine Diät.« Therese blickte mit glühenden Wangen zu Boden. »Ich hab' in letzter Zeit a weng zugelegt. Ich sollt' mich a bissl zurücknehmen.«

»Dann hättst du dir besser a den Krapfen heut früh verkniffen«, fauchte Marianne sie erbost an. Wie konnte diese verfressene, wiederkäuende Kuh, mit der sie seit ihrer Kindheit eng befreundet war, es nur wagen, ihr so schamlos ins Gesicht zu lügen! »Ich hab' doch gsehen, wie du aus der Bäckerei kommen bist und den Krapfen regelrecht verschlungen hast!« Ihr ausgestreckter Zeigefinger deutete anklagend auf Therese, die auf ihrem Sessel in sich zusammensackte. Deren Wangen verfärbten sich hochrot wie bei jedem unsicheren Menschen, der bei einer Lüge ertappt worden war. Diäten kannte Therese Hackelgruber doch nur aus einschlägigen Frauenzeitschriften mit so klangvollen Namen wie »Lola« oder »Sanja«, schoss es Marianne zornig durch den Kopf.

»Kohlenhydrate morgens sind in Ordnung«, konterte die Haushälterin des Pfarrers und gab damit eine von eben diesen Frauenzeitschriften in die Welt gesetzte Weisheit zum Besten. »Aber um die Uhrzeit jetzt soll man sie meiden. Dir würd' das übrigens a net schaden!«, schleuderte sie ihrer Freundin entgegen, und ihr Gesicht färbte sich noch eine Nuance dunkler. Mariannes Blick durchbohrte sie wie ein glühendes Schwert.

»Du hast doch in deinem ganzen Leben no' nie a Diät gmacht, du scheinheiliges Miststück!«, rief Marianne aufgebracht. »Und jeder kann das sehen! Du weißt ja no' net mal, wie man das Wort ›Diät‹ schreibt!«

Therese schnappte nach Luft wie ein an Land gespülter Karpfen, der nicht mehr gegen die Strömung anschwimmen konnte. Ihre hochroten Wangen blähten sich schwerfällig auf, und ihre Augen schienen jeden Moment aus den Höhlen plumpsen zu wollen.

»Marianne!«, kreischte sie empört. Ihre Stimme klang so schrill und hysterisch, dass die Angesprochene einen kurzen Moment lang fürchtete, die Scheiben ihrer Fenster könnten bersten.

»Du glaubst also, ich hätt' Eisenhuttinktur in den Apfelstrudel gmischt«, stellte Marianne mit gefährlich leiser Stimme fest. »Aber trotzdem wolltest du vorhin ein Fläschchen, weil's deinem Josef mal wieder so schlecht geht mit seinem Rheuma!« Ihr Herz begann zu rasen, und sie blickte sich nach ihrer selbst hergestellten Belladonnatinktur um. »Du weißt ganz genau, dass ich sehr verantwortungsvoll mit meinem Wissen umgeh', seit ich damals von meiner Mutter die Watschen kriegt hab'! Nie wieder hab' ich Belladonna zum Spaß gnomma! Und die Mutti hat mich schwören lassen, dass ich nie irgendjemandem schad'!«

»A dann net, wenn du jemanden net ausstehen kannst?«, rief Therese und sprang auf.

»Du gehst jetzt besser!« Eine klirrende Eisschicht hatte sich auf Mariannes Stimmbänder gelegt. »Wenn du mir net vertraust, brauchst dich hier nimmer sehen lassen. Und die Medizin für deinen Josef kannst dir a anderweitig besorgen!«

»Aber Marianne«, begann Therese mit nun zitternder Stimme. Sie blickte ihre alte Freundin mit vor Entsetzen weit aufgerissenen Augen an.

»Du weißt, wo die Tür is'«, blieb Marianne Dachshofer hart und scheuchte ihre alte Freundin zur Haustür.

Hauptkommissar Hirschberg beendete das Telefonat, in dem er Hansen von seinem Erlebnis im Hause Seitlbach berichtet hatte. Er ließ das Smartphone in seiner Jackentasche verschwinden, bevor er aus seinem Wagen stieg und auf das Haus von Marianne Dachshofer zuging. Der Hauptkommissar zuckte zusammen, als die Haustür aufgerissen wurde, nur um kurz darauf geräuschvoll zuzuschlagen. Therese Hackelgruber stolperte mit geschocktem Gesichtsausdruck und hektischen Schritten auf ihn zu und wäre beinahe in ihn hineingelaufen. Hirschberg konnte gerade noch rechtzeitig ausweichen.

»Frau Hackelgruber!«, rief er nach seinem raschen Satz zur Seite. »Stimmt etwas nicht? Ist alles in Ordnung?«

»Nix stimmt!« Ihre Stimme klang nahezu anklagend. »Ich hab' grad meine beste Freundin verloren! Und das nur wegen diesem Seitlbach-Mistviech! Da Deifi hätt' die scho viel früher holen sollen!« Die Haushälterin des Pfarrers spie die Worte regelrecht aus, und Hirschberg wich unauffällig einen Schritt zurück, um dem oralen Sprühnebel auszuweichen.

»Sie mochten Frau Seitlbach demnach nicht besonders?«, erkundigte er sich unnötigerweise.

»Niemand hat die mögen!«, entgegnete sie schrill. »Das arrogante, boshafte Miststück! Guad, dass die endlich weg is'! Koa Wunder, dass der Bürgermeister sie nach Strich und Faden bschissen hat! Sogar mit ihrer Nichte!« Der Zorn ließ sie bayerischer klingen als vorhin, stellte Hirschberg fest.

»Frau Hackelgruber …«, setzte er an. Er hätte sie gern noch weiter befragt, aber die Haushälterin des Pfarrers wandte sich ab und stapfte missmutig davon.

Seitlbach und Nicole? Nun gut, das konnte er später noch genauer herausfinden. Er hielt einen Augenblick inne, bevor er auf Frau Dachshofers Haustür zuging und auf die Klingel drückte.

Die Hausherrin öffnete kurz darauf die Tür und blickte ihn unwillig an. Auch sie wirkte aufgewühlt, und in ihren Augen lag ein wachsamer Ausdruck.

»Kommen Sie herein, Herr Kommissar.« Marianne Dachshofer ergab sich seufzend in ihr Schicksal und führte den Hauptkommissar in ihr Wohnzimmer, wo in Therese Hackelgrubers halb geleerter Tasse der Kaffee langsam erkaltete. Der Duft nach frischen Rohrnudeln mit Zimt und Kirschen erfüllte das ganze Zimmer, und Hirschberg lief gegen seinen Willen das Wasser im Mund zusammen. Ihm wurde schmerzlich bewusst, dass er außer dem Muffin vor seinem Aufbruch nach Krindelsdorf heute noch nichts gegessen hatte.

»Setzen Sie sich doch. Möchten Sie vielleicht eine Rohrnudel?«, fragte Frau Dachshofer. Er zögerte nur einen kurzen Augenblick, dankend anzunehmen. Selbst wenn sie die heimtückische Giftmischerin war und Frau Seitlbach auf dem Gewissen hatte, so sagte ihm sein kriminalistischer Instinkt doch ganz deutlich, dass sie ihrem Alltagsgebäck wohl kaum regelmäßig Gift beimengte.

»Sie kommen bestimmt wegen dem Apfelstrudel, an dem die arme Frau Seitlbach gstorben is'«, sagte sie mit düsterer Miene.

»Genauer gesagt ist Frau Seitlbach nicht an Ihrem Apfelstrudel gestorben, sondern an einem giftigen Zusatz«, brachte Hirschberg zwischen zwei Bissen heraus. »Diese Rohrnudeln sind köstlich, Frau Dachshofer.« Als das nicht die erwünschte Aufhellung von Marianne Dachshofers Stimmung bewirkte, fuhr er fort: »Sie haben von Frau Hackelgruber bestimmt schon erfahren, um welches Gift es sich handelt.«

»Allerdings«, gab sie zu und nickte ernst. »Sowas lässt sich an einem so kleinen Ort net verheimlichen. Haben Sie scho' eine Ahnung, wer Frau Seitlbach aufm Gewissen hat?« So etwas wie Furcht flackerte kurz in ihren Augen auf, bevor es wieder erlosch, als hätte eine unsichtbare Windböe eine Kerze ausgeblasen. Doch Hirschbergs geschultem Ermittlerauge entging nichts.

»Um ehrlich zu sein, hatte ich gehofft, dass vielleicht Sie Licht in dieses Dunkel bringen könnten«, gestand Hirschberg und widerstand dem Drang, nach einer zweiten Rohrnudel zu greifen. Er hatte jetzt quälenden Hunger, und sein Körper verlangte nach diesem mickrigen Appetithäppchen nach viel mehr. Sein Magen stimmte ein forderndes Knurren an. »Hatte Frau Seitlbach Ihres Wissens nach irgendwelche Feinde?«

»Haben wir die net alle, Herr Kommissar?«, erwiderte sie philosophisch und goss sich ein Glas von genau dem Eierlikör ein, zu dem Isobel Burton sich am Vortag genötigt gesehen hatte.

»Frau Dachshofer, ich bin mir ziemlich sicher, dass wir alle Feinde haben«, nickte Hirschberg zustimmend, »oder dass es zumindest Menschen gibt, die uns nicht leiden können. Nur bin ich mir hundertprozentig sicher, dass die wenigsten von denen so weit gehen, uns umzubringen. In Frau Seitlbachs Fall hat aber jemand genau das getan.«

»Ich hab' keine Ahnung, Herr Kommissar«, seufzte Marianne Dachshofer und blickte ihn aufrichtig an – ein wenig zu aufrichtig für Hirschbergs Geschmack. »Wissen's, Frau Seitlbach hat ja eigentlich keinem was getan, ich wüsst' echt niemanden, der was gegen sie ghabt hätt'.« Hirschberg bemerkte, dass sie seinem Blick geflissentlich auswich. Sie musste doch Therese Hackelgrubers lautstarken Ausbruch vor ihrer Haustür gehört haben, schoss es ihm durch den Kopf. Er schenkte durchaus Hackelgrubers Worten Glauben, dass Frau Seitlbach am Ort nicht besonders beliebt gewesen war. Nur warum wollte Frau Dachshofer nun ein so ganz anderes Bild der Ermordeten zeichnen, fragte er sich. Er überlegte rasch und entschied, ihre Worte zunächst auf sich beruhen zu lassen. Hirschberg wollte nicht riskieren, aus Dachshofers Mund nichts mehr zu erfahren.

»Kann es denn Ihrer Meinung nach sein, dass der vergiftete Apfelstrudel für jemand anderen bestimmt war als für Frau Seitlbach?« Falls es nicht einfach ein ungezielter Anschlag war, was Hirschberg nicht hoffte, mussten sie herausfinden, ob es jemand auf Frau Seitlbach abgesehen hatte oder ob am Ende jemand anders das Ziel des Täters war und Frau Seitlbach nur ein Zufallsopfer. In letzterem Fall würde der Täter sicherlich bald wieder zuschlagen, fürchtete er.

»Garantiert net«, entgegnete Dachshofer und schüttelte vehement den Kopf.

»Warum sind Sie sich da so sicher?«, wollte Hirschberg wissen.

»Wissen's, Herr Kommissar, mein Apfelstrudel is' so gut wie perfekt«, erklärte sie ihm selbstbewusst. »Jeder hier reißt sich drum. Aber es is' ja klar, dass beim Schneiden net jedes Stück gleich groß wird. Das kann man net immer so richtig abschätzen«, verteidigte sie sich. Das ästhetische Anrichten ihrer Backwaren schien ihr sehr am Herzen zu liegen, dachte Hirschberg belustigt. »Und man soll zwar net schlecht über Verstorbene sprechen, aber die Frau Seitlbach hat, wenn's ums Essen gegangen ist, allen Anstand über Bord gworfen und sich immer das größte Stück untern Nagel grissen. Deswegen ist der Bürgermeister auch immer so ungern mit ihr auf offizielle Veranstaltungen gegangen.« Sie schüttelte den Kopf. »Das war scho fast sprichwörtlich. Wir haben alle gwusst, dass Frau Seitlbach das größte Stück nehmen würd' – ganz zu schweigen davon, dass sie als erste am Buffet stehen würd'. Wenn nun genau das Stück vergiftet war, is' das a klarer Fall. Oder war etwa der ganze Strudel voll Gift?«

»Dazu kann ich Ihnen keine Auskunft geben«, wich Hirschberg aus. Ihm entging nicht, wie Dachshofer nach Informationen fischte. Oder war das nur eine geschickte Finte? »Gibt es hier am Ort jemanden, der in Pflanzenkunde bewandert ist?«, fuhr Hirschberg mit seiner Befragung fort, ohne weiter auf Frau Seitlbachs Essverhalten einzugehen, das er ja schließlich selbst hatte beobachten können. »Jemanden, der weiß, wie man das Gift aus dem Blauen Eisenhut extrahiert?«

Sie zögerte, und er konnte sehen, dass sie mit den widersprüchlichsten Gefühlen kämpfte. Sie fuhr sich mit der Zunge nervös über die Lippen und wich seinem Blick aus.

»Nein«, antwortete sie schließlich so matt, als wäre sie gerade einen Marathon gelaufen. »Es tut mir leid, aber mir fällt echt kein Mensch ein, der Gift brauen und damit Menschen umbringen würd'.« Ihr Gesicht nahm einen verschlossenen Ausdruck an, und Hirschberg wusste, dass er von ihr nicht mehr erfahren würde. Gleichzeitig war dem Hauptkommissar klar, dass sie etwas vor ihm verbarg.

»Ist Ihnen gestern Nachmittag am Buffet irgendetwas Verdächtiges aufgefallen?«, lenkte er das Gespräch in eine andere Richtung, während sein Blick verstohlen im Zimmer umherschweifte. Er fragte sich, was Frau Dachshofer wohl vor ihm zurückhielt. Seine Augen hefteten sich einen Moment lang auf ein unscheinbares braunes Arzneifläschchen mit einem von Hand beschriebenen Etikett.

»Nein, nix is' mir aufgfallen«, antwortete Frau Dachshofer und schüttelte bekräftigend den Kopf. »Ich hab' allerdings a net drauf geachtet. Ich konnt' ja schließlich net ahnen, dass sich ausgerechnet bei uns ein Mörder herumtreibt.« Sie fröstelte theatralisch.

»Hat Ihnen irgendjemand dabei geholfen, den Apfelstrudel zum Pfarrfest zu bringen und auf den Papptellern anzurichten?«, versuchte Hirschberg es ein weiteres Mal.

»Nein, denn ich richt' mein Gebäck immer gern selber an.« Ihr Gesichtsausdruck besagte, dass sie diese Aufgabe niemandem außer sich selbst wirklich zutraute. »Aber Sie wollen doch net etwa mir unterstellen, dass ich … »

»Ich unterstelle niemandem irgendetwas, Frau Dachshofer.« Hirschberg hob beschwichtigend die Hand, um der aufgescheuchten Marianne Dachshofer Einhalt zu gebieten. »Ich muss diese Fragen nun einmal stellen. Das bringt mein Beruf leider so mit sich.« Er konnte nicht mehr zählen, wie oft er diese um Verständnis heischenden Worte schon ausgesprochen hatte, geschweige denn, wie oft sie scheinbar ungehört verhallt waren.

»Natürlich«, nickte sie mit verkniffenem Gesichtsausdruck. »Aber ich hab' nix verbrochen, und mir fällt auch sonst niemand ein, der Frau Seitlbach vergiften würd'. Wenn Sie keine Fragen mehr haben, Herr Kommissar, dann würd' ich mich jetzt gern a bissl ausruhen. Der Vormittag war sehr anstrengend.«

Hirschberg erkannte, dass das Gespräch beendet war und er ihre Gastfreundschaft lange genug strapaziert hatte. Mit einem letzten sehnsüchtigen Blick auf die Rohrnudeln erhob er sich und begab sich nach draußen in die sengende Sonne.

13.

»Herr Hirschberg!« Ein Mann mittleren Alters machte auf sich aufmerksam, kaum dass Frau Dachshofer die Tür hinter ihm geschlossen hatte. Mit raschen, entschlossenen Schritten kam er auf den Ermittler zu. Es war offensichtlich, dass sein Anliegen – was auch immer es war – keinen Aufschub duldete.

»Ja?« Hirschberg warf dem Mann vor ihm einen fragenden Blick zu. »Sie sind Herr …« Das von der Sonne gebräunte Gesicht seines Gegenübers sagte ihm nicht das Geringste.

»Schreiber. Martin Schreiber.« Er ergriff Hirschbergs ausgestreckte Hand und schien sein Möglichstes zu tun, ihm die Fingerknochen zu brechen. Allein mit seinem Händedruck hätte er locker jedem noch so brutalen Geldeintreiber eines Kredithais den Rang abgelaufen. Der Hauptkommissar unterdrückte ein schmerzbedingtes Fluchen. »Wäre es mir vielleicht möglich, die Baustelle rasch in Augenschein zu nehmen, Herr Hirschberg?« Schreiber warf ihm einen hoffnungsvollen Blick zu. »Ich würde mir gern ein Bild davon machen, wegen des Kostenvoranschlags und des zu erwartenden Arbeits- und Materialaufwands.« Der Mann war hörbar bemüht, Hochdeutsch zu sprechen.

»Die Baustelle?«, hörte Hirschberg sich verwirrt fragen, während er seinen empört pochenden Fingerknochen eine wohltuende Massage angedeihen ließ. »Welche Baustelle?« Der Hauptkommissar hatte nicht die geringste Ahnung, worum es ging, jedoch machte sich ein unheilvolles Gefühl in seiner Magengegend breit. Dass dieser Schreiber ihn behelligte, konnte nichts Gutes bedeuten.

»Sehen Sie, Herr Dornberg hat mich heute Morgen angerufen, um mich mit den nötigen Umbauarbeiten für sein Filmstudio zu beauftragen.« Ein geschäftsmäßiges Lächeln erhellte Schreibers Züge. Ganz offensichtlich witterte er den Auftrag seines Lebens und konnte die Kasse schon klingeln hören. »Er meinte, Sie würden sich heute hier in Krindelsdorf aufhalten, und ich könnte mit Ihnen zusammen die Räumlichkeiten begehen, damit ich ihm einen vorläufigen Kostenvoranschlag machen kann. So eine Unternehmung will schließlich gut geplant sein«, erklärte er mit einem wichtigtuerischen Gesichtsausdruck. »Herr Dornberg sagte, er wolle so schnell wie möglich in Produktion gehen. Zeit ist Geld, meinte er, und das kann ich als Unternehmer natürlich sehr gut nachvollziehen! In diesen Zeiten muss schließlich jeder sehen, wo er bleibt. Sie glauben ja gar nicht, welcher Konkurrenz man als Unternehmer ausgesetzt ist.«

Der Hauptkommissar war erschöpft, hungrig und verschwitzt. Nun wurde er auch noch wütend. Er fühlte sich urplötzlich wie ein wutschnaubender Stier, der nicht umhin konnte, auf ein knallrotes Tuch zuzurasen – oder besser gesagt auf zwei knallrote Tücher, die jeweils mit Dornbergs und Schreibers grinsenden Gesichtern verziert waren.

»Hören Sie, Herr Schreiber«, setzte Hirschberg an. Mit Mühe und Not dämpfte er seine Stimme und drängte ausfallende Bemerkungen von seiner Zunge. »Sie werden weder heute noch in naher Zukunft irgendeine Baustelle in Augenschein nehmen, denn *noch* gehört das Haus meines Großonkels mir, und bis jetzt habe ich nicht die Absicht, das Haus zu veräußern.«

»Aber Herr Hirschberg, ein Mann von Ihrem Format wird sich doch von diesen Spießern hier nicht etwa einschüchtern lassen«, lachte Schreiber ungläubig, hob seine Arme und stellte verräterisch dunkle Flecken im Achselbereich zur Schau. Hirschberg rümpfte angewidert die Nase, als ihm entsprechend säuerlicher Geruch entgegenschlug. »Pornofilme sind ein Geschäft wie jedes andere auch, und diese Unterschriftenaktion finde ich mindestens so lächerlich wie das hier.« Der Bauunternehmer deutete ungeniert auf ein optisch gänzlich ungleiches Pärchen, das die Hauptstraße des Dorfes entlang spazierte. Sie – eine dralle Blondine in zu engem Dirndl – kicherte unkontrolliert, als er – ein schlaksiger junger Mann in sackartiger Arbeitsmontur – ihr etwas ins Ohr flüsterte.

»Welche Unterschriftenaktion?« Hirschberg ignorierte die beiden Turteltauben und verhinderte damit hoffentlich weitere despektierliche Kommentare aus Schreibers Mund.

»Ach, Sie wissen noch gar nichts davon?«, lachte der Bauunternehmer. »Die aufrechten Moralapostel hier am Ort haben eine Unterschriftenliste in Umlauf gebracht, die Ihnen zu gegebener Zeit überreicht werden soll. Damit Sie erst gar nicht auf die Idee kommen, Ihr Haus an Dornberg zu verkaufen. Mangelhaften Geschäftssinn nenne ich das!«, schimpfte Schreiber. »Ich bin da ja viel liberaler, Herr Hirschberg. Leben und leben lassen, sage ich immer. Außerdem, Herr Hirschberg«, raunte er und beugte sich vertraulich nach vorne. »Wir sind doch beide Männer, und unsere Frauen werden im Laufe der Zeit auch nicht attraktiver, selbst wenn die meisten Männer hier am Ort Sie um Ihr Sahneschnittchen beneiden. So oder so darf man sich doch wenigstens mal auswärts Appetit holen, nicht wahr?«

»Ich kann mich nur noch einmal wiederholen, Herr Schreiber«, presste Hirschberg hervor und tat sein Bestes, seine Stimme ruhig klingen zu lassen. »Noch gehört das Haus mir, und weder Sie noch irgendein anderer Handwerker werden sich bis auf weiteres daran zu schaffen machen. Und jetzt entschuldigen Sie mich bitte, ich habe zu arbeiten.«

»Stimmt! Der alte Drachen unseres Bürgermeisters hat ja ins Gras gebissen«, lachte Schreiber mit unüberhörbarer Schadenfreude. Offensichtlich fand er den Mord an Frau Seitlbach ganz besonders amüsant. »Die war ja mindestens genauso ekelhaft, wie sie verfressen war!« Feingefühl war nun wirklich nicht die Stärke des Bauunternehmers, schoss es dem Hauptkommissar durch den Kopf.

Der Ermittler in ihm schenkte Schreiber nun aber doch seine ganze Aufmerksamkeit. Vielleicht konnte er ihm ja einige brauchbare Informationen entlocken. Sollte Schreiber allerdings auch nur noch eine einzige anzügliche Bemerkung bezüglich seiner Verlobten vom Stapel lassen, lief er Gefahr, durch eine gepflegte Rechte zu Boden zu gehen. »Gab es denn jemanden, zu dem Frau Seitlbach besonders ekelhaft war?«

»Zu ihrer Putzfrau zum Beispiel, Frau Moosberger. Die hat ihr wohl nicht gründlich genug geputzt. Und dabei kenne ich echt niemanden, der sauberer putzt als sie. Frau Seitlbach hat ihr daraufhin nur noch die Hälfte bezahlt und sie überall schlechtgemacht. Und unter uns gesagt, ihr Ehemann, der Herr Bürgermeister, war auch nicht gerade zu beneiden. Oder möchten Sie etwa mit so einer fetten Schnecke verheiratet sein, die sich jede Nacht neben Ihnen im Bett hin und her wälzt und dabei mit Sicherheit nicht nur schöne Geräusche von sich gibt. Ich kann schon verstehen, dass er seiner

Nichte, diesem heißen Feger, lieber unter den Rock geschaut hat als dem Trampeltier, mit dem er verheiratet war.«

»Sie mochten Frau Seitlbach demnach nicht besonders«, stellte der Hauptkommissar nüchtern fest.

»Eigentlich war sie mir egal«, entgegnete Schreiber achselzuckend. »Ich war ja Gott sei Dank nicht mit ihr verheiratet. Ich kann Ihnen sagen, wenn meine Frau ...« Der Bauunternehmer ließ seine Stimme bedeutungsvoll verebben und schüttelte den Kopf.

»Vielen Dank, Herr Schreiber, dass Sie mir gegenüber so offen waren«, sagte Hirschberg mit aller ihm zur Verfügung stehenden Höflichkeit und warf einen flüchtigen Blick auf die Uhr. »Aber die Pflicht ruft«, fügte er hinzu. »Können Sie mir vielleicht sagen, wo ich Frau Moosberger finden kann? Ich würde ihr in Anbetracht der Tatsachen gerne ein paar Fragen stellen.«

»Ulrikes Haus ist ganz einfach zu finden«, antwortete Schreiber. »Es ist das etwas verwitterte große Haus direkt am Bahnhof. Folgen Sie einfach den Katzen«, lachte er.

»Den Katzen?«, fragte Hirschberg verwundert.

»Ja, Ulrike ist eine Katzennärrin«, erklärte der Bauunternehmer. »Wenn Sie sich mit den Tieren gut stellen, dann klappt es meistens auch mit Ulrike.«

Hirschberg stieg in seinen Dienstwagen und ließ den Motor an. Er fragte sich düster, wie hoch die Dunkelziffer der Krindelsdorfer war, die die verblichene Frau des Bürgermeisters gegen sich aufgebracht hatte.

Louisa Hansen parkte ihren Wagen vor einer von hohen

Bäumen umgebenen, weiß und gelb gestrichenen Stadtvilla am Rand von Grünwald. Auch wenn Nicole Reinhardt nicht zu Hause war, wie sie von Hirschberg wusste, konnte sich ein Besuch vor Ort lohnen. Der Klatsch und Tratsch in der Nachbarschaft waren oft ein wertvoller Quell wichtiger Informationen.

Der noblen Adresse nach zu urteilen war Nicole Reinhardt tatsächlich in keiner Weise auf den mickrigen Betrag von einer Viertelmillion Euro aus der Lebensversicherung ihrer verblichenen Tante angewiesen. Auch Louisas weitere Recherchen, die ihren Tag bisher gefüllt hatten, ergaben keinerlei Hinweise auf ein etwaiges finanzielles Motiv für die Ermordung der ungeliebten Tante. Ob man ihre aufreizenden BHs, Strapse und Höschen nun ansprechend fand oder nicht, Nicole Reinhardt war auf dem besten Weg, den etablierten Edelmarken vielleicht nicht gerade den Rang völlig abzulaufen, aber immerhin doch starke Konkurrenz zu machen. Unter den Reichen und Schönen fanden sich bereits viele Fans ihrer Arbeit. Nicole Reinhardts Geschäfte liefen verdammt gut: Promiboutiquen in den Staaten, vor allem in Los Angeles und New York, den Mekkas der Gutbetuchten, rissen sich regelrecht um ihre Kollektionen, und die trendwütigen Stars rannten die Türen besagter Boutiquen ein, nur um Reinhardts neueste Kreationen zu ergattern. Eigene Geschäfte auf europäischem Boden waren geplant an den Modestandorten Paris, Mailand und London. Laut ihrer Website waren die Eröffnungstermine zur konsumrauschigen Adventszeit geplant, und Nicole Reinhardts Kassen würden süßer nie klingeln, schätzte die Kommissarin.

Es war also nicht weiter verwunderlich, dass die geschäftstüchtige Reinhardt nicht das Geringste mit ihrer Tante verband, und sie noch viel weniger mit ihr anfangen konnte. Die junge Frau hätte sich vermutlich auch lieber beide Beine eigenhändig abgehackt, als sich jemals mit ihrer Tante auf einem Foto ablichten zu lassen, vermutete Hansen. Mit ihrem Onkel hingegen verhielt sich die Sache da schon anders. Hirschbergs Kollegin hatte in einem Online-Klatschmagazin einen Schnappschuss von einer Modenschau in Rom entdeckt, die Nicole in Begleitung von Günther Seitlbach besucht hatte. Louisa fragte sich, ob die verstorbene Frau Seitlbach von dem gemeinsamen Auftritt gewusst hatte, und wie viele solcher Anlässe es bereits gegeben hatte.

Laut Hirschbergs Schilderungen war Nicole Reinhardt ein eiskalter Fisch, der kein gutes Wort für Helga übrighatte. Und das, obwohl sie sie bei sich aufgenommen hatte, als ihre Eltern bei einem Flugzeugabsturz ums Leben gekommen waren, wie sie in einem Porträt eines amerikanischen Modemagazins gelesen hatte. Damals war die heutige Dessousprinzessin gerade einmal sechzehn gewesen. Womöglich machte ein so einschneidendes Erlebnis in der Jugend einen Menschen hart, vermutete Hansen. Erst recht dann, wenn sich das gewohnte Leben urplötzlich um fünfhundert Grad drehte. Und Nicole Reinhardts Leben musste von ihrer Tante regelrecht auf den Kopf gestellt worden sein. Ihre Welt unterschied sich bereits damals drastisch von der ihrer Tante, in der sie sich nach dem Tod ihrer Eltern schlagartig wiederfand.

Ana Reinhardt, Nicoles Mutter, war bis zu ihrer Hochzeit mit Nicoles Vater Horst ein erfolgreiches und viel gebuchtes brasilianisches Model gewesen. Nach Nicoles Geburt aber trat Ana mit ihren kilometerlangen, gebräunten Stelzen kürzer, wie es so schön hieß, und gründete zusammen mit ihrem Mann eine eigene Modelagentur in ihrer Heimat Brasilien. Die junge Mutter kannte das Geschäft ebenso wie die berühmtesten Designer der Welt, und die Türen aller bekannten Modelabels standen ihr offen. Sie verfügte also über das nötige Knowhow, ihre Agentur zum Boomen zu bringen. Die kleine Familie war ständig unterwegs. Die Reinhardts besaßen nicht nur die Villa in Grünwald, sondern auch eine geräumige Luxuswohnung in Rio de Janeiro. Frau Seitlbach hatte es zwar nicht gewagt, die beiden Wohnsitze ihres Bruders zu verkaufen, als Nicoles gesetzliche Vertreterin veräußerte sie aber kurz nach dem tragischen Flugzeugabsturz die Modelagentur, für die Nicoles Eltern so hart gearbeitet hatten. Die junge Kommissarin konnte sich Nicoles Zorn über den Verlust des Lebenswerks ihrer Eltern nur allzu lebhaft vorstellen. Im Hause Seitlbach musste daraufhin literweise böses Blut vergossen worden sein. In der Modewelt kursierten nunmehr Gerüchte, die junge Frau sei bestrebt, die Modelagentur ihrer Eltern zurückzukaufen und selbst zu leiten.

Louisa schüttelte gedankenverloren den Kopf. Selbst wenn sie Nicole Reinhardts eisige Reaktion auf den Tod ihrer Tante genau wie Hirschberg verwerflich fand, so konnte sie dennoch nicht umhin, ein gewisses Verständnis für die junge Frau aufzubringen. Sie selbst war als Teenager ein widerspenstiger Wildfang gewesen, der von Vorschriften und Regeln nicht besonders viel hielt und trotz fehlender Hausaufgaben und geschwänzter Schulstunden Topnoten fabrizierte. Sie konnte also verstehen, dass ein Freigeist wie Nicole, die sich offenbar auch durch einen scharfen Intellekt auszeichnete, sich in Krindelsdorf wie in einer Strafkolonie fühlen musste. Und warum sollte die erfolgreiche Nichte des Opfers auch Trauer heucheln, wenn sie nun einmal keine empfand? War es nicht noch verwerflicher, wider besseren Wissens den Schein aufrechtzuerhalten, als die Wahrheit offen nach außen zu tragen, fragte Hansen sich.

Die Kommissarin blickte sich um und klingelte schließlich bei Nicoles direkten Nachbarn. Wie sie insgeheim befürchtet hatte, rührte sich nichts hinter der verschlossenen Haustür, und sie trat den Rückzug an. Da näherte sich von der gegenüberliegenden Straßenseite eine ältere Dame, offenbar die Hausherrin, die gerade mit ihrem Pudel zurück nach Hause kam. Sie trug einen weißen Pillbox-Hut mit fliederfarbener Schleife auf dem Kopf, der zweifellos ihr greises Haupt vor der prallen Sonne schützen sollte. Die Kopfbedeckung hätte Hansens Ansicht nach aus dem Fundus einer an Geschmacksverirrung leidenden Dragqueen stammen können. Kurzentschlossen steuerte sie auf Nicoles Nachbarin zu.

»Entschuldigen Sie, Frau ...«, die Beamtin warf einen raschen Blick auf das Namensschild vor dem Eingangstor, während sie ihren Dienstausweis zückte, »Döbereiner. Mein Name ist Hansen. Ich bin vom LKA. Hätten Sie eventuell ein paar Minuten Zeit für mich?«

Der schwarze Pudel schnüffelte interessiert an Hansens Bein. Mit Entsetzen beobachtete die Polizistin, dass der Vierbeiner offenbar falsche Schlussfolgerungen zog und Anstalten machte, sein Bein zu heben. Louisa machte einen hastigen Satz zur Seite, um dem drohenden Strahl auszuweichen.

»Aber Pupsi!« Frau Döbereiner hob in maßregelnder Manier ihren Zeigefinger. »So etwas tut man doch nicht! Das mag die Mami gar nicht!«

O Gott, fuhr es ihr entnervt durch den Kopf. Sie war an eine überkandidelte und tüttelige Hundemutti geraten. Leider sah Louisa keine Chance, aus der Nummer jetzt wieder herauszukommen. Und wenn sie Frau Döbereiner etwaige Informationen entlocken wollte, musste sie sich wohl oder übel auch mit Pupsi gut stellen. Das

Gespräch mit der alten Dame in der Gegenwart ihres blasenschwachen Pudels würde sicherlich nicht gerade der strahlende Höhepunkt ihrer Karriere werden. Sie hoffte inständig, dass Frau Döbereiner nicht nur zu den passionierten Hundemuttis dieser Welt gehörte, sondern auch zu den neugierigen Nachbarinnen, die an keinem ihrer Anrainer auch nur ein gutes Haar ließen und mit schmutzigen Enthüllungen um sich warfen, während sie vehement betonten, sie kümmerten sich ja nicht um ihre Nachbarn, und es gehe sie ja auch gar nichts an, aber …

»Sie müssen Pupsi entschuldigen, Frau Kommissar.« Hansen wollte gar nicht erst ergründen, warum der vermutlich halbblinde Pudel den vernichtend demütigenden Namen Pupsi trug. »Er ist doch jetzt schon ein alter Herr.« Die Rentnerin schenkte dem Vierbeiner ein verklärtes Lächeln. »Ja, ein alter Herr bist du schon, gell!«

Es wurde schlimmer und schlimmer, schoss es der Kommissarin resigniert durch den Kopf. Auch sie bedachte Pupsi mit einem, wie sie hoffte, strahlenden Lächeln. Louisa Hansen mochte Hunde, sofern sie angemessen mit ihren Körperflüssigkeiten umgingen und nicht etwa ihre italienischen Designerjeans damit besprenkelten.

»Er sieht nicht mehr so gut«, erklärte das Frauchen der immer noch starr lächelnden Kommissarin. »Und ich fürchte, dass er mittlerweile auch an fortgeschrittener Demenz leidet. Wie manche Menschen, die in Jahre kommen, eben auch. Aber kommen Sie doch bitte herein, Frau Kommissar. Wenn ich Ihnen irgendwie behilflich sein kann, komme ich meiner Bürgerpflicht selbstverständlich gern nach!«

Frau Döbereiner führte sie auf eine sonnendurchflutete Terrasse und streifte sich nun trotz der heißen Sonnenstrahlen ihren Hut vom Kopf. Sie enthüllte die klassische lilastichige Dauerwellenfrisur älterer Damen, die der jüngeren Generation die Schweißperlen auf die Stirn trieb. Louisa konnte partout nicht verstehen, was Frauen in Frau Döbereiners Alter veranlasste, sich so verunstalten zu lassen.

»Setzen Sie sich doch, Frau Kommissar«, forderte die Gastgeberin sie lächelnd auf. Hansen ließ sich auf einem der Gartenstühle nieder, woraufhin der sehbehinderte Pudel sich sofort auf ihre Füße legte und damit fortfuhr, an ihren Hosenbeinen entlang zu schnüffeln.

»Ich wollte gerade eine Kanne Kaffee aufbrühen«, verkündete Pupsis gastfreundliches Frauchen. »Darf ich Ihnen auch eine Tasse anbieten?«

»Sehr gern«, antwortete Hansen und ließ Pupsi nicht aus den Augen, während Frau Döbereiner im Haus verschwand.

»Wenn du kleiner Scheißer es wagen solltest, meine Hose zu durchnässen, dann zieh ich dir dein Fell über die Ohren«, zischte Louisa den Pudel an. Frau Döbereiners Liebling zeigte sich unbeeindruckt und zuckte nicht einmal mit der Wimper. Kurz darauf begann er, sich hektisch hinter den Ohren zu kratzen, und Louisa konnte die Flöhe bereits ihre Waden hochhüpfen sehen.

»Was meinten Sie, Frau Kommissar?« Frau Döbereiner erschien mit einem Tablett in den Händen auf der Terrasse.

»Nichts.« Louisa wandte sich lächelnd ihrer Gastgeberin zu. »Ich sagte nur gerade zu Pupsi, dass Sie einen wunderschönen Garten haben.« Es kostete sie Überwindung, den Namen auszusprechen, ohne lauthals herauszulachen.

»Ja, als Frau sehen Sie so etwas natürlich sofort. Er ist mein ganzer Stolz.« Ihre Gastgeberin fühlte sich sichtlich geschmeichelt. »Aber er macht auch viel Arbeit. Allein die Rosen brauchen sehr viel Zuwendung. Aber sagen Sie, was genau kann ich denn für Sie tun, Frau Kommissar? Sie scheinen mir in offizieller Mission hier zu sein.« Frau Döbereiner schenkte ihr eine Tasse Kaffee ein und reichte ihr eine Schale mit bereits gummiartigen Keksen. Offensichtlich war die Schachtel schon seit Längerem geöffnet, und die Kekse hatten ihre vom Hersteller angepriesene »knusprige Ofenfrische« längst eingebüßt. Pupsi sprang schwanzwedelnd auf, kaum dass Louisa nach einem der Kekse gegriffen hatte. Die Flohkolonie hinter seinem Ohr schien vergessen.

»Ich wollte eigentlich zu Ihrer Nachbarin, Frau Reinhardt«, log Hansen, die Nicole nur allzu gern in Krindelsdorf wusste. So konnte sie ungestört ihre Nachbarn befragen. »Aber sie ist offensichtlich nicht da.«

»Dann geht es bestimmt um den Mord an ihrer Tante«, nickte Frau Döbereiner düster. »Die Zeitungen sind voll davon. Schreckliche Sache.« Sie schüttelte den Kopf. »Da hat sie ihre Eltern schon auf so tragische Weise verloren, und jetzt auch noch das!«

»Kannten Sie Nicole Reinhardts Eltern?«, erkundigte Hansen sich neugierig.

»Aber natürlich, Frau Kommissar«, entgegnete Frau Döbereiner. »Mein Mann und ich wohnen schon seit fast fünfzig Jahren hier. Die Reinhardts waren zwar geschäftlich viel unterwegs und nicht besonders oft zu Hause, aber sie waren angenehme Nachbarn, und Nicole ist ihrer Mutter wie aus dem Gesicht geschnitten. Ana Reinhardt war eine ausgesprochen schöne Frau – ganz im Gegensatz zu ihrer Schwägerin. Aber über Verstorbene soll man ja nicht schlecht reden.«

Tu dir keinen falschen Zwang an, dachte Hansen und hoffte inständig, sie könne Frau Döbereiner noch einige weitere unpassende Bemerkungen entlocken. Pupsis Kehle entfuhr ein gequältes Winseln. Der Pudel bettelte nun ungeniert um Futter.

»Dann kannten Sie Frau Seitlbach also auch?«, hakte sie nach und warf Pupsi einen warnenden Blick zu, als dieser unter unaufhörlichem Fiepen Anstalten machte, erneut sein Bein zu heben.

»Ja, ich habe sie ein paar Mal gesehen«, sagte Frau Döbereiner und runzelte ihre Stirn, »aber nicht sehr oft. Ich hatte auch nicht den Eindruck, dass Nicole sie besonders ermutigt hätte, sie besuchen zu kommen – im Gegensatz zu ihrem Onkel.«

»Herr Seitlbach war also öfters hier?« Louisa horchte auf und warf Pupsi einen Keks zwischen die Pfoten.

»Jeden Montag und Donnerstag«, bestätigte Nicoles Nachbarin. »Es sei denn, Nicole war unterwegs. Sie hat ja so viel zu tun wegen ihrer Arbeit. Herr Seitlbach hat an diesen beiden Tagen immer Termine in der Stadt, und da bietet es sich natürlich an, dass er nicht den ganzen weiten Weg zurück aufs Land fährt, sondern bei seiner Nichte übernachtet. Platz hat sie ja genügend.«

Das Bett wird bestimmt breit genug sein, dachte die junge Beamtin spöttisch. Eine halbbrasilianische Miezekatze war Herrn Seitlbach, dem womöglich zukünftigen Herrn Landrat, bestimmt tausendmal lieber als eine gefräßige Raupe, die jede Nacht neben ihm in ein zuckerinduziertes Koma fiel.

»Da wird Herr Seitlbach bestimmt froh gewesen sein, als seine Nichte endlich wieder in ihr Elternhaus gezogen ist, nicht wahr?« Sie ließ ihre Stimme betont verständnisvoll klingen.

»Sie war ja erst achtzehn«, nickte Frau Döbereiner bekräftigend. »Und sie war gerade dabei, ihr Abitur zu machen. Mit Sicherheit war es auch eine Beruhigung für ihre Tante, dass ihr Mann sich in dieser Zeit zweimal in der Woche um Nicole gekümmert und hier nach dem Rechten gesehen hat.«

War die ältere Dame tatsächlich so naiv, oder war sie einfach nur eine gute Schauspielerin, die nicht schlecht über ihre Nachbarin sprechen wollte, fragte sich Louisa fasziniert. Die Kommissarin konnte zwar nicht beurteilen, ob Nicole nur ihrer Tante eins auswischen wollte, indem sie sich an ihren Ehemann heranmachte, oder ob die Geschäftsfrau tatsächlich Interesse an ihm hatte, aber auf jeden Fall waren die beiden mehr als nur verschwägert. Vielleicht hatte die Dessousdesignerin am Ende doch mehr für ihren angeheirateten Onkel übrig, als man sich vorstellen konnte, überlegte sie. Jede noch so harte Schale schützte einen weichen Kern.

»Und wann war Frau Seitlbach das letzte Mal hier? Können Sie sich daran vielleicht erinnern?«

»Oh, das weiß ich noch ganz genau!« Urplötzlich kam Leben in Frau Döbereiners Züge. »Das war vergangenen Freitag. Zwei Tage, bevor diese Tragödie passiert ist.« Pupsis Mami beugte sich verschwörerisch nach vorne und senkte ihre Stimme. »Es hat bestimmt nichts zu bedeuten, aber sie und Nicole hatten einen fürchterlichen Streit – und das auch noch im Garten, sodass es die ganze Nachbarschaft mitbekommen hat. Dabei ist es so ganz und gar nicht Nicoles Art, sich so gehen zu lassen.« Sie schüttelte den Kopf. »Wenn Sie mich fragen, lag es einzig und allein an dem vulgären Auftreten ihrer Tante. Verstehen Sie mich jetzt bitte nicht falsch, Frau Kommissar. Frau Seitlbach war bestimmt ein herzensguter Mensch, aber sie hatte nun einmal nicht den Stil und die Klasse ihres Bruders. Nicoles Vater war ein so gepflegter Herr. Und seine Frau erst!«, schwärmte sie. »Horst Reinhardt muss sich für seine Schwester einfach geschämt haben. Wissen Sie, Frau Kommissar, ich gehöre einer Generation an, in der es üblich war, dass Frauen sich in jeder Hinsicht im Griff hatten. Dazu gehörte auch, sich nicht so gehen zu lassen und alles in sich hineinzustopfen. Frau Seitlbach muss sehr über die Stränge geschlagen haben.«

»Konnten Sie hören, worum es bei dem Streit ging?«, erkundigte sich Hansen aufgeregt. Sie hatte nicht die Absicht, sich über die Essgewohnheiten der Verstorbenen zu unterhalten.

»Nein«, Frau Döbereiner schüttelte bedauernd den Kopf, »aber ich habe gehört, wie Frau Seitlbach geschrien hat, dass sie alles für Nicole getan habe seit dem Tod ihrer Eltern und dass das nun der Dank sei …« Die alte Dame seufzte und schien mit sich zu hadern. »Wissen Sie, Frau Kommissar, damals, als das mit ihrem Bruder und ihrer Schwägerin passiert ist, da hat sich Frau Seitlbach in den Kopf gesetzt, Nicole ein Zuhause zu geben. Sie hat sie aus diesem Schweizer Internat hierher oder vielmehr nach Krindelsdorf geholt«, erzählte sie und schüttelte den Kopf. »Sie hat es sicher nur gut gemeint, hat aber leider überhaupt nicht verstanden, dass sie damit ihre Nichte, die damals schon sehr selbstständig war, ein zweites Mal entwurzelt hat. Nicole war ab und zu hier in ihrem Elternhaus und hat mir einmal nach einem Streit mit ihrer Tante erzählt, wie sehr sie Krindelsdorf hasst und wie sehr sie ihre Freundinnen vermisst. Wenn Sie mich fragen, war Frau Seitlbach ein wohlmeinender Trampel, auch wenn ich mich schäme, es so zu formulieren.«

»Ich verstehe«, sagte Louisa. »Und an dem Freitag vor ihrem Tod hatten Frau Seitlbach und ihre Nichte nochmals Streit?«

»Frau Seitlbach muss sich über irgendetwas furchtbar

geärgert haben. Sie hat Nicole sogar ein dahergelaufenes Flittchen ge…« Frau Döbereiner hielt plötzlich inne und starrte in Richtung Boden, wobei sie errötete.

Auch Louisa Hansen erstarrte, als es an ihrem Bein verdächtig warm und feucht wurde. *Dieses demenzkranke Mistvieh,* schoss es ihr durch den Kopf.

»Pupsi!«, schrillte Frau Döbereiner entsetzt. »Jetzt wird Mami aber sehr böse!«

14.

»Frau Hansen?« Hirschberg drückte auf den Knopf der Freisprechanlage seines Smartphones, und kurz darauf hallte die erzürnte Stimme seiner jungen Kollegin durch den Wagen.

»Es gibt Zeiten, da hasse ich diesen Job, Chef!« Hansens wütender Tonfall brachte den Hauptkommissar zum Schmunzeln. Brach da etwa ein von ihrer italienischen Großmutter ererbtes südländisches Temperament hervor? »Ich wurde gerade von einem debilen und halbblinden Pudel namens Pupsi mit einem Baum verwechselt und angepinkelt. So aussätzig habe ich mich nicht mehr gefühlt, seit ich vor ein paar Jahren an Karneval von einem betrunkenen Randalierer in der Düsseldorfer Altstadt vollgekotzt worden bin!«, schimpfte Louisa. »Dieses Frauchen hat ihren Fifi nicht im Geringsten im Griff!« Sie holte tief Luft. »Und die Kekse, die sie mir angeboten hat, waren auch ungenießbar!«

Hirschberg gab sich keine Mühe, sein Zwerchfell im Zaum zu halten und sein Gelächter zu unterdrücken. Er hatte ja sonst schon nichts zu lachen, schoss es ihm resigniert durch den Kopf. Seine Gedanken wanderten zu Isobel und ihrem Pornoking. Sein Gelächter verebbte, und eine Woge des Selbstmitleids überkam ihn. »Haben Sie sich denn wenigstens nicht umsonst anpullern lassen?«

»Ich konnte Frau Hackelgrubers Aussage bestätigen, ja«, antwortete Hansen missmutig. »Nicole Reinhardt ist schon mit achtzehn Jahren – vermutlich noch an ihrem

Geburtstag – schnurstracks in ihr Elternhaus gezogen, also weit weg von ihrer ungeliebten Tante. Und Onkelchen hat sich laut ihrer Nachbarin zweimal in der Woche um sie gekümmert – zweifellos liebevoll – und hat in Grünwald übernachtet. Bestimmt nur, um dafür zu sorgen, dass sie ihre Hausaufgaben auch gewissenhaft erledigt.«

»Das dachte ich mir doch«, entgegnete Hirschberg triumphierend. »Gut gemacht, Frau Kollegin! Dass Sie sich sogar von so einem alternden Nuttenwolf anpinkeln lassen, um an Informationen zu kommen, macht Sie zu einem leuchtenden Vorbild für uns alle!«

»Danke, Chef«, stöhnte sie ironisch. »Aber um auf den Bürgermeister zurückzukommen, ich kann mir gut vorstellen, dass er der Versuchung nicht widerstehen konnte, als seine Frau Nicole zu ihnen geholt hat. Männer am Abgrund der Midlifecrisis sind für die Aufmerksamkeit attraktiver junger Damen sehr empfänglich.« Er konnte das spöttische Lächeln in ihrer Stimme hören. »Vielleicht hätte sie ihre Nichte doch besser auf diesem Internat in der Schweiz gelassen, dann hätte die ihr zumindest den Ehemann nicht abspenstig gemacht.«

»Wissen Sie, ich frage mich schon die ganze Zeit, wie es überhaupt dazu kam, dass die Seitlbachs geheiratet haben. Ich habe selten so ein ungleiches Paar gesehen. Es überrascht mich also keineswegs, dass Seitlbach nicht treu war«, sagte Hirschberg. »Die Frage ist nur, ob Frau Seitlbach etwas von der offensichtlichen Affäre mitbekommen hat, oder ob sie tatsächlich die naive, verfressene Raupe war, für die sie die ganze Welt gehalten hat.«

»Ich bin mir ziemlich sicher, dass sie zumindest etwas geahnt hat, Chef«, entgegnete Hansen und berichtete Hirschberg von dem heftigen Streit zwischen Nicole und deren Tante, dessen Zeugin Frau Döbereiner geworden war. »In meinen Ohren klingt das nach einer lautstarken Eifersuchtsszene.«

Hirschberg nickte. Die schwerfällige, gefräßige Raupe war auf den schönen, provokant mit den Flügeln schlagenden Schmetterling losgegangen, dachte er unwillkürlich.

»Ich kann nur wiederholen, dass Ihre Begegnung mit Pupsi sich wirklich gelohnt hat«, sagte Hirschberg grinsend. »Hat seine ›Mami‹ ihm wenigstens ordentlich den Hintern versohlt?«

»Nein, sie hat ihn nur angekreischt und sich tausendmal bei mir für ihr ›Baby‹ entschuldigt«, seufzte Hansen am anderen Ende der Leitung. »Wenn Sie nichts dagegen haben, Chef, fahre ich jetzt rasch nach Hause und ziehe mich um. Ich möchte nicht den ganzen Tag mit Pupsis Duftnote herumlaufen.«

»Machen Sie das, Frau Hansen, und trösten Sie sich! Ich muss mich zum Beispiel mit dem Pornoking und seinem Bauvorhaben herumschlagen«, ließ er sie zähneknirschend wissen und stellte fest, dass sein Blutdruck allein beim Gedanken an Isobel und diesen Dornberg in schwindelerregende Höhen schnellte. »Er hat schon einen Bauunternehmer beauftragt, *mein* Haus zu *seinem* Filmstudio umzubauen! Können Sie sich das vorstellen? Und zu allem Überfluss rechnet meine Verlobte bereits mit einer Doppelhochzeit. Ihre Patentante scheint ganz verrückt nach diesem Dornberg zu sein. Am liebsten würde ich mit Susan durchbrennen!« Überrascht bemerkte er, dass ihm genau danach der Sinn stand. Er würde seiner Freundin vielleicht nicht gerade eine unromantische Fließbandtrauung in einer kitschigen Kapelle in Las Vegas zumuten, aber eine kleine, feine und vor allem geheime Zeremonie am Strand von Hawaii ohne Isobel und Porno-Dornberg konnte er sich sehr gut vorstellen.

Lautes Gelächter drang durch das Telefon an sein Ohr. »Lassen Sie sich eines gesagt sein, Chef: Die Familie wird Sie überall finden! Die Verwandten riechen es, wenn Sie auch nur darüber nachdenken, die Hochzeitstorte nicht mit ihnen zu teilen. Ich spreche da aus Erfahrung!«

»Susan, du glaubst nicht, was sich dieser Pornokönig jetzt geleistet hat!« Hirschberg riss die Tür zu seiner Wohnung auf und begann, seinem Ärger über den Bauauftrag zur Umgestaltung seines Erbes lautstark Luft zu machen. In der Wohnung war es stickig. Hirschberg entledigte sich rasch seiner Krawatte und öffnete ungeduldig den ersten Knopf seines Hemds. Bei der anhaltenden Hitze brauchten sie dringend mehrere starke Ventilatoren, überlegte er.

»Alex …« Susans Stimme klang flehend, als sie in den Flur trat und verstohlen in Richtung Wohnzimmer nickte. »Er sitzt mit Isobel auf der Couch«, hauchte sie, und Hirschberg starrte sie ungläubig an. Das war zu viel! War ihm denn nach seinem Ausflug in den Vorhof der Hölle kein bisschen Ruhe vergönnt? Er drängte sich an ihr vorbei in sein Wohnzimmer, wo Isobel und Dornberg es sich bereits gemütlich gemacht hatten. Dornberg knipste gerade mit einem eleganten Cutter das Ende von einer dicken Zigarre, und Isobel hing gebannt an seinen Lippen, als wäre er gleichzeitig der Messias und das göttlichste aller Geschenke an die nymphomanische Damenwelt.

»Ich muss Sie bitten, in meiner Wohnung nicht zu rauchen, Herr Dornberg«, entfuhr es Hirschberg gastfeindlich und wenig galant. Ungebremst marschierte er zum Sideboard und goss sich selbst einen kräftigen Schluck Whisky ein. Wenn das so weiterging, befürchtete er, würde er in den nächsten Tagen zum Inbegriff eines Stresssäufers werden!

»Keine Sorge, Herr Hirschberg!« Dornberg schenkte ihm ein strahlendes Lächeln, und er konnte Isobel im Glanz der zahnärztlich polierten Zähne dahinschmelzen sehen. »Ihre wirklich bezaubernde Verlobte hat mir bereits einen Aschenbecher auf den Balkon gestellt! Übrigens eine wunderschöne Wohnung.« Er blickte sich mit der aufrichtigen Bewunderung eines Ästheten um. »Ich würde Ihnen zu Ihrer bevorstehenden Hochzeit übrigens gerne etwas schenken!«

Hirschberg zuckte zusammen, als Susan hysterisch zu husten begann – offensichtlich war sie mit Dornbergs Vorstellung eines exklusiven Hochzeitsgeschenks bereits bestens vertraut.

»Ich habe einen ausgesprochen talentierten Maler an der Angel. Er ist einer meiner geschätztesten Geschäftspartner«, schwärmte der Pornomogul. »Er hat meinen exklusiven Etablissements erst den letzten Schliff gegeben! Isobel, du musst übrigens unbedingt mit mir nach Rom kommen«, wandte er sich seiner Eroberung zu. »Piotrs Gemälde in meinem dortigen Herrenklub sind seine Meisterwerke. Es ist faszinierend, mit welcher ästhetischen Präzision er die Sinnlichkeit des menschlichen Körpers einfängt!« Er tätschelte die Hand seiner Angebeteten. »Susan muss einfach nur für ihn Modell stehen«, verklärt lächelnd blickte er nun wieder den Hauptkommissar an, der verzweifelt gegen eine neuerliche Flut von Stresshormonen ankämpfte. »Ein geschmackvolles Aktgemälde Ihrer Verlobten oder auch von Ihnen beiden als verliebtes Paar hier über der Couch würde dem Raum eine nie gekannte Sinnlichkeit verleihen! Und glauben Sie mir, ich kenne mich mit so etwas aus! Habe ich erwähnt, dass ich als Teenager immer Innenarchitekt werden wollte? Jeder Ihrer Freunde würde Sie um Ihre Frau beneiden, Herr Hirschberg! Stellen Sie sich nur vor, dass jeder Ihrer Besucher Ihre Frau in ihrer ganzen Pracht und Schönheit sieht, sobald er den Raum betritt! Würde Sie das nicht mit Stolz erfüllen?«

»Meine Verlobte wird weder einem mir unbekannten Piotr noch sonst irgendeinem dahergelaufenen Wald-und-Wiesen-Maler nackt Modell stehen«, stieß Hirschberg eisig hervor und nahm einen Schluck Whisky.

»Bist du jetzt endlich auch auf den Geschmack gekommen, Alex?«, bemerkte Isobel wohlwollend, als er sein Glas zum Mund führte. »Du solltest öfters mal etwas trinken, dann wirst du gleich viel lockerer. Und du weißt ja, du heiratest in eine Familie ein, in der Whiskytrinken Tradition hat! Davon mal abgesehen halte ich Vincents Vorschlag für so eine romantische Idee! Du könntest deiner zukünftigen Frau ruhig ab und zu mal das Gefühl geben, dass du sie attraktiv findest!«

»Keine Sorge, Isobel. Ich bin gern bereit, familiäre Traditionen fortzuführen.« Alexander Hirschberg überging ihre letzte Bemerkung, denn er fürchtete sich vor dem, was geschehen mochte, wenn er angemessen auf diese Äußerung reagierte. Außerdem war er hungrig, erschöpft, und sein Hemd klebte an seinem Körper wie nach einem Wet-T-Shirt-Contest. Seine Geduld war für diesen Tag restlos erschöpft. Er wollte Isobel Burton und Vincent Dornberg loswerden – und zwar jetzt! »Außerdem sollst du unseren Whiskyvorrat nicht ganz allein dezimieren!«

»Alex, mach dich doch bitte nicht lächerlich«, entgegnete Isobel ungerührt. »Du weißt sehr gut, dass ich an dermaßen heißen Tagen etwas Leichtes wie Champagner bevorzuge. Schon der grässliche Eierlikör auf diesem unsäglichen Dorffest gestern war eine Folter für meinen Gaumen!«

»Herr Dornberg«, Hirschberg ignorierte die Patentante seiner Verlobten und wandte sich an den Geschäftsmann, »ich hätte Sie gerne kurz unter vier Augen gesprochen.«

»Wegen des Gemäldes? Ich kann Ihnen versichern, Piotr ist ein Profi! Er würde sich gegenüber Susan niemals ungebührlich verhalten. Außerdem ist er schwul. Er und sein Lebensgefährte entwerfen übrigens auch exklusive Kleidungsstücke in Lack und Leder. Sollten Sie für Ihre Hochzeit also etwas Unkonventionelles planen …«

»Ich möchte mit Ihnen weder über das Gemälde, das es nicht geben wird, noch über unsere Hochzeit sprechen.« Hirschberg fragte sich, woher er diese Geduld nahm.

»Vincent hat übrigens großartige Pläne für das Haus deines Großonkels, Alex«, schwärmte Isobel. Susan warf ihr einen warnenden Blick zu, der zwar Hirschberg nicht entging, den Isobel selbst aber nicht zur Kenntnis nahm. »Du musst dir die Pläne des Architekten ansehen! Du wirst begeistert sein! Es sind drei Badezimmer geplant – und ein Whirlpool!«, rief sie verzückt. »Da möchte man am liebsten gleich selbst in seinen Filmen mitspielen!«

»Ganz bestimmt hat Vincent große Pläne«, gab Hirschberg gefährlich leise zurück und zog Dornberg mit sich nach draußen. Er schloss geräuschvoll die Balkontür.

»Ihrer Bemerkung im Flur nach zu urteilen war ich

mit meiner Auftragserteilung an Herrn Schreiber wohl doch ein wenig voreilig«, gestand Dornberg ihm mit ungebrochenem Optimismus zu, noch bevor der schäumende Gastgeber wider Willen sein Anliegen kundtun konnte. »Aber sehen Sie, Herr Hirschberg, uns ist doch beiden klar, dass die Interessenten für Ihre Immobilie Ihnen nicht wirklich die Tür einrennen. Ich bin mir ganz sicher, dass Sie mein Angebot über kurz oder lang einfach annehmen müssen! Diese kleinkarierten Spießer vor Ort mit ihrem ungenügenden Geschäftssinn werden sich mit der Zeit schon an den speziellen Glamour meines Business gewöhnen. Und ich bin mir sicher, der Herr Pfarrer wird sich letztlich auch freuen, wenn er aus seinem Beichtstuhl gar nicht mehr herauskommt und sämtlichen Männern die Absolution erteilen darf.« Er schnalzte mit der Zunge und rammte Hirschberg gutgelaunt den Ellbogen in die Rippen. »Einige meiner Darstellerinnen können wirklich jeden Mann mühelos um den Verstand bringen – vielleicht sogar den guten alten Schmalzengruber selbst!«

»Herr Dornberg«, begann Hirschberg so ruhig und sachlich, wie es ihm möglich war. »Wissen Sie, wessen lebloser Körper momentan auf dem Krindelsdorfer Friedhof in der Trauerhalle liegt?«

»Ja, selbstverständlich. Der Ihres werten Großonkels.«

»Korrekt«, nickte Hirschberg und verzog seine Mundwinkel zu jenem Grinsen, das er stets dann aufsetzte, wenn er sein jeweiliges Gegenüber in die Schranken weisen wollte. Dornberg jedoch zeigte sich zu seinem Ärger reichlich unbeeindruckt. »Aber sein Aufenthalt in der Trauerhalle ist keine Dauerlösung, und ich würde ihn deshalb gern übermorgen beerdigt sehen, Herr Dornberg. Und zwar in seinem Heimatort, wie es sein letzter Wille war. Pfarrer Schmalzengruber wird aber den Teufel tun und ihn beerdigen, wenn ich Ihnen das Haus verkaufe, damit Sie von Krindelsdorf aus Ihre DVD-Produktion für verklemmte und schwer vermittelbare Perverse starten können. Außerdem ermittle ich gerade in einem Mordfall und habe deshalb weder die Absicht noch die Zeit, für meinen Großonkel irgendwo hier in München ein Grab, ein *neues* Grab wohlgemerkt, samt liberalem Pfarrer zu suchen. Aus diesem Grund wird es also zu keinem Geschäftsabschluss zwischen uns beiden kommen. Habe ich mich deutlich genug ausgedrückt?«

»Aber natürlich«, lächelte Dornberg. Er schien keineswegs entmutigt. »Wir unterhalten uns einfach nach der Beerdigung in Ruhe. Ich kann ja sehr gut verstehen, dass Sie momentan andere Dinge um die Ohren haben, und ich entschuldige mich aufrichtig für meine Pietätlosigkeit. Keinem geht der Tod Ihres Großonkels so nah wie mir«, fügte er mit Grabesmiene hinzu. »Xaver war ein nie versiegender Quell der Inspiration für mich und bis zum Schluss ein geschätzter Freund und Weggefährte.«

»Hat er nicht einfach wunderbare Ideen, Alex?« Isobel riss mit einem Glas Gin Tonic bewaffnet – der Champagnervorrat schien versiegt zu sein – die Balkontür auf und strahlte Dornberg an. Hirschberg konnte die Glocken ihrer Doppelhochzeit jetzt ganz deutlich hören. Ihm wurde flau.

»Isobel, wir haben unsere geschäftliche Besprechung vertagt. Xaver muss schließlich erst einmal beerdigt werden, und außerdem hat der Herr Hauptkommissar einen Mord aufzuklären.«

»Mord?«, wiederholte die Angesprochene mit sarkastisch nach oben gezogenen Augenbrauen. »Willst du etwa die gewissenlose Lebensmittelmafia für Frau Seitlbachs Tod vor Gericht zerren? Weißt du, Alex, ich habe vorhin mit Brandon telefoniert, meinem Personal Trainer aus Dallas. Ich kann euch sagen, er ist ein wahrer Gott! Seine Devise lautet, dass man seinen Körper wie einen Tempel, wie das größte Heiligtum behandeln sollte! Susan, vor deiner Hochzeit musst du unbedingt ein paar Trainingseinheiten mit ihm absolvieren – am besten buche ich dir gleich morgen einen Flug nach Dallas. Das schwere bayerische Essen ist auch an deinen Hüften nicht spurlos vorübergegangen, wenn ich das bemerken darf.« Susan schnappte empört nach Luft und warf Hirschberg einen verzweifelten Blick zu.

Isobel wandte sich an Dornberg. »Du erinnerst dich doch an mein Gespräch mit Brandon, Vincent? Weißt du, Alex, was Brandon gesagt hat, als ich ihm von Frau Seitlbach, diesem bemitleidenswerten Geschöpf, erzählt habe? Er hätte sich um sie gekümmert, wenn sie noch leben würde! Brandon ist ein wirklich guter Mensch! Er hat es sich zur Aufgabe gemacht, Stoffwechselerkrankungen zu verhindern, und Menschen wie Frau Seitlbach vor sich selbst zu retten! *Du* hingegen kommst immer erst dann angerannt, wenn der Karren schon unwiederbringlich im Dreck ist! Und jetzt sagst du auch noch, es war Mord! Alles kann man der Lebensmittelindustrie nun auch nicht anlasten! Selbstdisziplin muss sein!«

»Nein, *Izzy*«, entgegnete Hirschberg. Er erinnerte sich, dass Isobel Burton diese Abkürzung ihres Vornamens hasste, da sie behauptete, jedes unterbelichtete Dienstmädchen trüge ihn, und es verschaffte ihm in diesem Augenblick eine perverse Genugtuung, sie so zu nennen. »Die Lebensmittelmafia ist nicht für Frau Seitlbachs Tod verantwortlich. Und ich bezweifle auch ganz stark, dass Frau Seitlbach die Dienste deines Personal Trainers in Anspruch genommen hätte. Und vor allem:

Susan sieht blendend aus! Du kannst dir die Kosten eines Flugtickets nach Dallas also sparen!«, rief er. »Du wirst es ja ohnehin erfahren«, seufzte er dann und nippte an seinem Whisky. »Frau Seitlbach ist mit Aconitin vergiftet worden.«

»Mit was?« Sie blickte ihn verständnislos an. Isobel Burton mochte sich ja mit Luxusgütern, Alkohol, Personal Trainern und Scheidungsanwälten auskennen, aber offenkundig nicht mit Pflanzengiften.

»Aconitin ist das Gift des Blauen Eisenhuts«, erklärte er ihr. »In ihrem Apfelstrudel muss sich eine sehr hohe Dosis befunden haben, und deshalb ist der Tod auch so schnell eingetreten.«

»Ein Pflanzengift? Wie provinziell!« Ihr Gesichtsausdruck machte den Anwesenden deutlich, dass ihr jede Art von synthetischem Gift lieber gewesen wäre als etwas derart Unglamouröses.

»Genau das hat ihre Nichte heute ebenfalls gesagt«, ließ Hirschberg sie wissen, und seine Gedanken wanderten zu der unterkühlten Dessousdesignerin, die kein gutes Haar an ihrer verstorbenen Tante lassen wollte.

»Sie hatte eine Nichte? Profitiert die etwa von ihrem Tod?«, wollte Isobel neugierig wissen.

»Wenn du es so genau wissen willst, ja, sie profitiert von ihrem Tod. Allerdings hat sie mir gegenüber behauptet, dass sie das Geld nicht brauche, da sie das Fünffache jährlich mit ihrer Dessouskollektion mache. Auch wenn ich von einer Nicole Reinhardt noch nie etwas gehört habe.«

»Nicole Reinhardt?!«, kreischte Isobel ekstatisch und packte ihn so heftig an seinem verschwitzten Hemdkragen, dass er beinahe den Halt verloren hätte. »*Die* Nicole Reinhardt ist die Nichte dieses Trampels?« Sie schüttelte fassungslos den Kopf. »Alex, du musst mich ihr vorstellen! Vor drei Wochen war ich in einer ganz reizenden Boutique in New York City, und da habe ich das hier gekauft.« Zu Hirschbergs Entsetzen riss sie ihre Bluse auf und präsentierte unterhalb ihres gebräunten Dekolletés einen knallroten Spitzen-BH. »Nicole Reinhardt hat ihn entworfen! Sie ist eine wahre Künstlerin! Ist er nicht traumhaft?« Dornberg nickte verklärt und schmachtete sie an.

Hirschberg blickte ungläubig zwischen der Patentante seiner Verlobten und Dornberg hin und her. Bisher hatte er gehofft, dass der Pornoking in Isobel lediglich einen amüsanten Flirt sah, der ihm auch noch Schützenhilfe bei seinen profitbringenden Plänen gab. Nach einem Blick in sein Gesicht drängte sich ihm nun aber die Gewissheit auf, dass bei weitem nicht nur geschäftliche Funken sprühten. Konnte es sein, dass zwischen den beiden echtes romantisches Interesse bestand, fragte er sich.

»Nur die Dame, die darin steckt, ist noch traumhafter«, stimmte Dornberg ihr zu, und Hirschberg starrte ihn mit offenem Mund an. Die Doppelhochzeit war in greifbare Nähe gerückt. Das war jetzt wirklich nicht mehr komisch.

»Tante Isobel, bitte zieh dich wieder an«, flehte Susan und warf ihrem Verlobten einen entschuldigenden Blick zu. Hirschberg wandte sich resigniert ab.

»Susan, für deine Hochzeitsnacht musst du dich unbedingt von Nicole Reinhardt einkleiden lassen«, bestimmte Isobel, während sie ihre Bluse wieder zuknöpfte. »Gleich morgen werden wir nach Krindelsdorf fahren, um uns mit ihr zu besprechen. Glaub mir, mit ihren Dessous wird Alex seine Verklemmtheit in Nullkommanichts überwinden!«

»Ich bin nicht verklemmt! Und ihr werdet nichts dergleichen tun«, herrschte Hirschberg sie an. »Ich ermittle in einem Mordfall, und Nicole Reinhardt ist eine Verdächtige wie jede andere auch! Wie sieht das denn aus, wenn meine Verlobte mit ihr im Beisein ihrer heiratswütigen Patentante unsere Hochzeitsnacht plant, die dich im Übrigen nicht das Geringste angeht? Willst du mich vor dem ganzen Ort und meinen Kollegen lächerlich machen? Und was glaubst du, würden meine Vorgesetzten sagen?!« Er stand kurz davor, der Tante seiner Verlobten an die Gurgel zu gehen. Dachte diese Frau denn niemals nach? Langsam konnte er verstehen, warum Isobel Burton so oft verheiratet gewesen war. Diese Verrückte konnte doch kein Mann länger als drei Wochen ertragen!

»Wie du meinst«, lenkte Isobel mit pragmatischem Gesichtsausdruck ein, »aber dann würde ich dir empfehlen, den Mörder bald zu finden, denn auch eine Hochzeitsnacht will geplant sein! Susan, ich bin ehrlich entsetzt, dass du dich um den wichtigsten Tag – oder soll ich sagen die wichtigste *Nacht* – in deinem Leben offensichtlich noch in keiner Weise gekümmert hast! Da bin ich ja gerade noch rechtzeitig gekommen!«

»Tante Isobel, meine Hochzeitsnacht geht nur mich und ihn etwas an.« Susan deutete auf Hirschberg, der sich gerade das zweite Glas Whisky einschenkte. Er stellte mürrisch fest, dass er noch immer nichts gegessen hatte, aber wenigstens in Isobels Augen war ja Flüssignahrung ohnehin wichtiger als feste, schoss es ihm entmutigt durch den Kopf.

»Isobel, vielleicht sollten wir die beiden jetzt erst einmal allein lassen«, schlug Dornberg vor. »Außerdem ist unser Tisch reserviert.«

»Ja, du hast Recht«, lächelte sie. »Aber sobald das vorbei ist, Alex, musst du mich Nicole Reinhardt vorstellen. Versprich es mir!«

Hirschberg brummte nur etwas Unverständliches, sank auf seinen Sessel und begann seine pochenden Schläfen zu massieren, als Isobel an Vincent Dornbergs Arm das Wohnzimmer verließ, um irgendeinen bedauernswerten Kellner in den Wahnsinn zu treiben.

15.

»Herr Hauptkommissar, ich bin auf dem Sprung.« Der sich offensichtlich kaum noch grämende Witwer warf einen ungeduldigen Blick auf die goldene Rolex an seinem Handgelenk, bevor er sich von der offenen Haustür abwandte und in die Küche eilte. Hirschberg fiel auf, dass Seitlbach sich bisher noch kein einziges Mal erkundigt hatte, wann der Leichnam seiner Frau zur Beerdigung freigegeben wurde. Vermutlich musste er erst einen Blick auf seinen ach so vollen Terminkalender werfen, wann ihm die Bestattung seiner Frau denn am besten passte, schoss es dem Ermittler ironisch durch den Kopf. Bis dahin durfte Helga Seitlbachs Leichnam ruhig noch in der Gerichtsmedizin auf Eis liegen. Sie mochte ja ihre Fehler gehabt haben, aber ein wenig mehr Respekt vor der Verstorbenen – erst recht angesichts der Art und Weise ihres Todes – fand Hirschberg dann doch angebracht. Es fiel ihm bedeutend leichter, mit ehrlich trauernden Hinterbliebenen umzugehen als mit eiskalten Angehörigen, die ihren täglichen Geschäften nachgingen, als sei nicht das Geringste vorgefallen.

»Ich habe in einer guten Stunde eine wichtige Besprechung im Landratsamt und anschließend einen Pressetermin. Seit dem tragischen Tod meiner Frau reißen sich die Medien um Stellungnahmen. Ich werde gerne erwähnen, dass die Polizei sich lieber mit mir unterhält, als den Mörder meiner armen Helga zu finden!«, ließ Seitlbach ihn wichtigtuerisch wissen und nahm hektisch einen Schluck Kaffee, als ein verräterisches Klacken auf den Marmorstufen im Treppenhaus Nicole Reinhardts Anwesenheit verriet. Wie üblich bot Seitlbachs angeheiratete Nichte (oder wohl besser Geliebte) einen atemberaubenden Anblick, als sie zu den beiden Männern in die Küche stolzierte. Sie trug einen dunkelblauen kurzen Rock mit schwarzem Oberteil – vermutlich ihre Trauermontur zur Wahrung des Scheins – und hochhackige schwarze Highheels, die jedes noch so routinierte und hartgesottene Supermodel in Windeseile vom Laufsteg in die Notaufnahme katapultiert hätten. Nicole jedoch bewegte sich mit der Leichtfüßigkeit einer Raubkatze, und ihr angriffslustiges Lächeln unterstrich diesen Eindruck. Hirschberg wusste, dass es Frauen gab, die selbst in einem Kartoffelsack einen glamourösen Anblick boten, und die Dessousdesignerin fiel sicherlich in genau diese Kategorie von Frau. Einzig ihr unterkühltes Auftreten versetzte ihrer Attraktivität einen massiven Dämpfer.

»Guten Morgen, Herr Hauptkommissar!« Sie stöckelte schnurstracks auf Seitlbach zu und half ihm mit flinken Fingern, die von jahrelanger Übung zeugten, seine Krawatte zu binden. Derart fürsorgliche und hausmütterliche Fähigkeiten hätte er Nicole Reinhardt gar nicht zugetraut. »Typisch Mann«, flötete sie und schien keinen Hehl mehr aus der Beziehung zu ihrem Onkel machen zu wollen. Nicole Reinhardt war nicht auf den Kopf gefallen. Ihr musste klar sein, dass sich ihr Verhältnis bereits zu Hirschberg herumgesprochen hatte. Und etwas so Profanes und Provinzielles wie Scham schien ihr fremd. »Mein *Onkel*«, ihre Stimme nahm einen ironischen Tonfall an, »konnte noch nie den perfekten Krawattenknoten binden, und meine Tante war ihm auch in dieser Hinsicht keine rechte Hilfe. Wir konnten alle schon froh sein, dass sie mit ihren Wurstfingern wenigstens die Schnürsenkel ihrer Gesundheitsschuhe binden konnte. Außerdem ist es nun einmal verdammt schwierig, wenn man ständig einen Schokoriegel in den Pfoten hat und seinen ehelichen Pflichten nur mit einer Hand nachkommen kann.«

Diskretion war vielleicht anderen wichtig, aber ganz bestimmt nicht einer Nicole Reinhardt. Sie und Isobel würden sich mit Sicherheit blendend verstehen! Hirschberg befürchtete, dass er ein Zusammentreffen der beiden Diven nicht auf ewig würde verhindern können.

»Warum hat keiner von Ihnen beiden es für nötig erachtet, mir zu sagen, dass Sie seit Jahren ein Verhältnis haben?«, platzte Hirschberg ohne Umschweife heraus und ignorierte die zweideutige Bemerkung, die ein eindeutiges, wenn auch unverschämtes Bild des Ehelebens der Seitlbachs zeichnete.

»Sie haben nicht gefragt, Herr Hauptkommissar«, gab Nicole mit frustrierender Nüchternheit von sich, die nur darauf angelegt war, Hirschberg wütend zu machen. »Ist das so schlimm?«

»Es liefert Ihnen beiden ein wunderbares Mordmotiv«, entgegnete Hirschberg daher ebenso sachlich.

»Machen Sie sich nicht lächerlich!«, brauste Seitlbach auf. »Wir hätten meine Frau schon vor langer Zeit umbringen können, wenn wir das tatsächlich gewollt hätten! Glauben Sie etwa, der Mord an meiner Frau kommt mir ausgerechnet jetzt, bei meiner bevorstehenden Kandidatur zum Landrat, gelegen? Alles wäre mir in diesen Tagen, Wochen und Monaten lieber als das Getratsche und der Skandal! Und glauben Sie etwa auch, es bleibt unbemerkt, dass die Polizei bei mir ein- und ausgeht und lästige Fragen stellt? Was für ein Licht wirft das wohl in den Augen der Wähler auf mich?«

»Beruhige dich, Günther«, mahnte Nicole mit eisiger

Gelassenheit. »Entspann dich. Für das Interview brauchst du einen klaren Kopf. Der Herr Hauptkommissar muss diese Fragen stellen.« Sie schenkte Hirschberg einen mitleidigen Blick. »Schließlich müssen unsere Steuergelder ja gewissenhaft ausgegeben werden.«

Hirschberg blickte ungerührt zurück. Langsam gewöhnte er sich an die verbalen Attacken der scharfzüngigen Nicole Reinhardt.

»Ich denke schon, dass Ihnen die Rolle des trauernden Witwers Sympathiepunkte einbringen wird. Da wäre es Ihrer Karriere bestimmt kaum zuträglich, wenn die Öffentlichkeit von Ihrer jahrelangen Liaison erführe«, sagte er genüsslich und hob gleichzeitig beschwichtigend die Hand. »Ich werde ganz bestimmt diskret vorgehen, denn ich habe nicht die Angewohnheit, mit der Presse über laufende Ermittlungen zu sprechen. Aber glauben Sie mir, Herr Bürgermeister, früher oder später werden die Medien hier im Dorf auftauchen, ein wenig herumschnüffeln und mit Geldscheinen wedeln, und ich möchte wetten, dass für einige Leute hier ein Gespräch mit neugierigen Journalisten ein netter kleiner Nebenerwerb sein wird.«

Die Farbe wich aus Seitlbachs Gesicht, und er ließ sich matt auf einen Stuhl am Küchentisch fallen. Im Gegensatz zu seiner zweifellos medienerprobten Geliebten schien er Katastrophen dieser Art nicht gewachsen zu sein. »Das ist ja furchtbar«, stöhnte er. Schweißperlen glänzten plötzlich auf seiner Stirn.

Hirschberg konnte förmlich sehen, wie die schwarzgelockte Raubkatze an seiner Seite aufhörte, überheblich zu schnurren, und ihre Krallen ausfuhr, um sie in sein Fleisch zu bohren.

»Musste das sein, Herr Hauptkommissar?«, fauchte sie. »Der Bürgermeister hat um zehn Uhr dreißig einen wichtigen Termin! Wie soll er denn die Fragen eines Journalisten beantworten, wenn er dank Ihnen Angst um seine Kandidatur haben muss? Weil er fürchten muss, dass einer dieser scheinheiligen Spießer hier am Ort seinen Mund aufmacht? Seit Jahren hatten Günther und seine Frau« – Hirschberg bemerkte, dass sie es tunlichst vermied, von ihrer »Tante« zu sprechen oder gar deren Vornamen in den Mund zu nehmen – »getrennte Schlafzimmer, weil sie schnarchte wie ein Fuhrknecht! Nächtelang bin ich wach gelegen, nachdem sie mich gezwungen hatte, hier einzuziehen, und musste der Kreissäge in ihrem Zimmer lauschen! Jeder halbwegs lebendige Mann hätte Verständnis für ihn, wenn er wüsste, was für eine Hölle die Ehe mit diesem Trampel gewesen ist!«

Nicoles Stimme triefte nur so vor Verachtung. Hirschberg erkannte, dass die junge Frau in diesen ländlichen Gefilden wohl tatsächlich nie heimisch geworden war und ihrer Tante den erzwungenen Ortswechsel nie verziehen hatte. Vermutlich war die Dessousdesignerin hier noch immer so etwas wie eine Außenseiterin, und eine hochnäsige noch dazu. Jedem sensationslüsternen Reporter würde es daher spielend gelingen, etwas über Nicole und Seitlbach in Erfahrung zu bringen, wenn er nur tief genug in seinen Geldbeutel griff und gründlich genug nach Informationen bohrte. Die ersten schmutzigen Gerüchte verbreiteten sich ja bereits im Internet. O ja, dachte Hirschberg bei sich, die Presse würde sehr bald Wind von der Affäre bekommen!

»Beruhige dich, Günther«, fuhr Nicole mit weitaus sanfterer Stimme an den erbleichten Bürgermeister gewandt fort. »Solange in Bayern sogar der Ministerpräsident außereheliche Kinder in die Welt setzen darf, musst du dir nicht die geringsten Sorgen machen!« Es war Nicole Reinhardt, die in der Hitze des Wahlkampfs einen kühlen Kopf bewahrte und den Bürgermeister durch diesen politischen Hexenkessel lotste, erkannte Hirschberg. Seitlbach war auf seine Geliebte angewiesen wie ein in der Wüste Verdurstender auf eine Oase.

»Worum ging es eigentlich bei dem Streit mit Ihrer Tante zwei Tage vor ihrer Ermordung, Frau Reinhardt?«, erkundigte sich Hirschberg beiläufig.

»Ich hatte keinen Streit mit meiner Tante«, widersprach ihm Nicole, wich seinem Blick aber gekonnt aus. Eine Geste, die auch Seitlbach nicht entging.

»Du hattest Streit mit Helga?«, hakte dieser aufgeschreckt nach.

»Ich hatte keinen Streit …«

»Frau Reinhardt, es gibt Zeugen für Ihre nicht gerade leise Auseinandersetzung am Freitag«, fiel ihr Hirschberg mit erhobener Stimme ins Wort, »und ich möchte Sie jetzt dringend bitten, meine Fragen zu beantworten, sonst setzen wir die Unterhaltung im LKA fort.« Er lächelte eisig. Die Geschäftsfrau mochte ja andere spielend einschüchtern können, aber nicht ihn.

»Nicole, warum erzählst du mir denn nicht, dass du sie am Freitag noch gesprochen hast?« Seitlbachs Stimme hatte einen flehenden Tonfall angenommen. Hirschberg erkannte nun ganz deutlich, wer in dieser Beziehung die Hosen anhatte, und darunter zweifellos reizvolle Spitzendessous.

»Du hättest dich doch bloß aufgeregt«, seufzte sie und machte eine ausladende Handbewegung. »Du brauchst jetzt einen klaren Kopf. Wenn ich dir gesagt hätte, dass jemand ihr von uns beiden erzählt hat, und sie drohte, unser Verhältnis an die große Glocke zu hängen, dann hättest du nicht mehr geschlafen aus Angst um deine Karriere. Die Spießer hier sind doch genauso prüde wie die Hinterwäldler im tiefsten Kentucky!«

»Ja, aber wer hat ihr denn davon erzählt?« Seitlbach schüttelte ungläubig den Kopf. »Wir waren doch immer so vorsichtig!«

»Günther, seit Jahren versuche ich dir klarzumachen, dass du an einem Ort wie diesem so vorsichtig wie nur möglich sein kannst, und dennoch brodelt die Gerüchteküche! Selbst wenn wir nie ein Verhältnis begonnen hätten, hätte uns irgendjemand hier in diesem Kaff früher oder später etwas angedichtet!« Sie schlug die Hände über dem Kopf zusammen. »Gott, ich hasse diesen Ort! Manchmal wäre es mir lieber, du würdest politisch scheitern, und wir könnten ganz weit weggehen und irgendwo neu anfangen. Ich verdiene schon genug für uns beide.«

»Frau Reinhardt, von wem hat Ihre Tante erfahren, dass Sie beide ein Verhältnis haben?«, hakte Hirschberg nach, während Seitlbach in Sprachlosigkeit vor sich hinstarrte. Er schien tatsächlich nicht fassen zu können, wie ihm gerade geschah.

»Ich weiß es nicht.« Nicole Reinhardt schüttelte den Kopf. »Helga wusste es auch nicht. Es war ein anonymer Brief«, erklärte sie, und der Bürgermeister schnappte hörbar nach Luft. »Sie hat ihn mir gezeigt. Die Buchstaben waren aus einer Zeitung ausgeschnitten.«

»Was?« Seitlbach rang sichtlich um Fassung. Die von Nicole Reinhardt fachmännisch gebundene Krawatte um seinen Hals schien ihm plötzlich die Luft abzuschnüren.

»Wo ist dieser Brief jetzt?«, erkundigte sich Hirschberg aufgeregt.

»Ich habe ihn verbrannt.« Nicole warf Günther Seitlbach einen entschuldigenden Blick zu. »Ich wollte nicht, dass du ihn findest und dir Sorgen machst, Günther, deswegen bin ich nach ihrem Tod auch so schnell hergekommen. Als du dich hingelegt hast, habe ich in ihren

Sachen nach dem Brief gesucht, ihn in ihrem Sekretär gefunden und entsorgt. Es war nicht unbedingt ein Dokument, das einer Archivierung wert war!«

»Ihnen ist doch hoffentlich klar, dass die ganze Sache kein besonders gutes Licht auf Sie wirft?« Hirschberg unterdrückte nur mit großer Mühe seinen Zorn. Er hätte sehr viel darum gegeben, herauszufinden, wer der unbekannte Denunziant war. Jetzt würde er den Brief nur leider nicht mehr ans Labor schicken können.

»Hätte ich vielleicht ahnen sollen, dass dieser Brief eines Tages so wichtig sein könnte?«, rief Nicole und warf die Hände in die Luft.

Hirschberg parkte seinen Wagen vor einem renovierungsbedürftigen Haus mit ungepflegtem Gemüsegarten in der Nähe des Krindelsdorfer Bahnhofs. Eine behäbige Bummelbahn gab ein sorgenvolles Kreischen von sich, als er gerade die Tür seines Wagens öffnete. In beängstigend langsamem Tempo erschlängelte sie sich ihren Weg über das bayerische Land. Hirschberg war überrascht, dass es in diesen modernen Zeiten im Einzugsgebiet einer Großstadt wie München tatsächlich noch Gegenden mit so unterentwickelten Infrastrukturen gab wie diese hier. Die meisten Bewohner des Münchener Umlands empörten sich regelmäßig, weil die S-Bahn nur alle zwanzig Minuten verkehrte. Krindelsdorf und seine Nachbarortschaften mussten sich dagegen noch immer mit einem Einstundentakt begnügen. Allerdings war die S-Bahn für das kommende Jahr geplant, wie er mittlerweile erfahren hatte.

Er stieg aus und warf einen prüfenden Blick auf das Namensschild an der Eingangstür, bevor er den Klingelknopf betätigte. Frau Moosberger mochte vielleicht eine begnadete Putzfrau sein, aber den grünen Daumen besaß sie ganz offensichtlich nicht, stellte er mit einem Blick auf den vernachlässigten, fast verwildert anmutenden Gemüsegarten fest. Ein selten trostloser Anblick, fand er und wunderte sich gleichzeitig über sich selbst. Warum deprimierte ihn das Bild der vertrockneten Tomatensträucher so? Schließlich konnten ihm der Ort und seine Bewohner doch egal sein, oder? Er hatte ja keinesfalls vor, sich hier niederzulassen.

»Ja, bitte?« Eine Frau mittleren Alters in verwaschener blauer Jeans und schwarzem T-Shirt öffnete die Tür und blickte ihn aus zusammengekniffenen Augen fragend an. Hirschberg vermutete, dass sie ihn nur schemenhaft wahrnehmen konnte und nicht wusste, ob er Freund oder am Ende gar Feind war.

»Frau Moosberger, nehme ich an.« Hirschberg zückte seinen Dienstausweis. »Ich bin Hauptkommissar Hirschberg, und ich würde Ihnen gerne ein paar Fragen stellen.«

»Oh, Sie sind das!« Frau Moosberger trat beiseite, um ihn hereinzubitten. »Es tut mir sehr leid, aber ich habe meine Brille verlegt. Und ohne die bin ich blind wie ein Maulwurf«, entschuldigte sie sich. Hirschberg holte gerade zu einer nichtssagenden Replik aus, da konnte er sich eines plötzlichen Grinsens nicht erwehren. Die Sehhilfe befand sich zwischen den zerzausten blonden Locken über ihrer Stirn.

»Sie haben sie auf dem Kopf, Frau Moosberger«, lächelte Hirschberg und deutete auf das metallene Gestell, das sich dort verfangen zu haben schien.

»Ach, deshalb kann ich Schussel sie nirgendwo finden«, erwiderte sie gutgelaunt und setzte sich die Brille auf die Nase. »Schon besser. Jetzt kann ich Sie auch erkennen, Herr Hauptkommissar. Kommen Sie doch herein. Aber ich muss Sie bitten, meine Unordnung zu ignorieren. Wenn man ständig bei anderen Leuten saubermacht und aufräumt, hat man in den eigenen vier Wänden keine rechte Lust mehr dazu«, bekannte sie ungeniert, während ihm drei Katzen laut schnurrend entgegenkamen.

Hirschberg musste zu seinem Entsetzen feststellen, dass der Begriff »Unordnung« im Fall von Frau Moosbergers Haushalt eine echte Untertreibung war. Die Katzen hatten ihre Haare obendrein im ganzen Haus großzügig und nahezu büschelweise verteilt. Es roch aufdringlich nach Katzenklo, und Hirschberg widerstand nur mit Mühe dem Drang, angewidert die Nase zu rümpfen. Der Hauptkommissar konnte sich des in ihm aufkeimenden Ekelgefühls nicht erwehren. Er konnte sich außerdem beileibe nicht vorstellen, dass diese Frau tatsächlich eine Fünfsterneputzfrau sein sollte, wie Bauunternehmer Schreiber am vergangenen Tag behauptet hatte. Vor ihm stand die fleischgewordene, wenn auch etwas entschärfte Version der verrückten Katzenlady des Cartoons *Die Simpsons,* dachte er fassungslos, als eine der Katzen in eindeutiger Absicht neben ihm das dringend reinigungsbedürftige Katzenklo aufsuchte. Das Haus besaß den zweifelhaften Charme einer gehobenen Müllhalde.

»Kommen Sie am besten mit auf die Terrasse«, schlug Frau Moosberger vor. »Wie gesagt, privat hasse ich es, zu putzen, aber gerade eben wollte ich mich an die Arbeit machen. Sie sind mir also eine willkommene Ausrede, den Putzeimer noch eine Weile in der Ecke stehen zu lassen«, lachte sie. »Sie kommen sicher wegen Frau Seitlbach.«

»Allerdings«, nickte Hirschberg, der sein Bestes tat, das Chaos um ihn herum auszublenden. »Ich habe erfahren, dass Sie für die Seitlbachs geputzt haben?«

»Ich habe für Ihre Hoheit geputzt, aufgeräumt, die Wäsche gewaschen, gebügelt und manchmal auch für sie gekocht«, zählte sie auf, während sie sich geräusch- und hingebungsvoll auf ihrem Kopf kratzte. »Sie selbst hat niemals einen Putzlappen in die Hand genommen, geschweige denn einen Staubwedel. Ich bezweifle sogar, dass sie überhaupt wusste, wie man die Spülmaschine oder das Bügeleisen bedient. Im Grunde ist sie nur den ganzen Tag zu Hause herumgesessen, hat sich von vorne bis hinten bedienen lassen und es genossen, die erste Dame am Ort zu spielen.« Moosbergers Gesichtsausdruck besagte, dass sie ihrer ehemaligen und nun verblichenen Arbeitgeberin keine Träne nachweinte. »Für ihr Ego war es das Größte, wenn sie in der Metzgerei mit Frau Bürgermeister angesprochen wurde. Dabei war sie aber nichts weiter als ein dummes, faules Stück, das sich gern im Licht ihres bedauernswerten Ehemanns gesonnt hat«, urteilte sie abfällig.

Hirschberg nickte. Er kannte diese Art von Frau, die sich im Glanz der beruflichen und gesellschaftlichen Position ihres Ehemanns sonnte, ohne jemals selbst auch nur einen Finger zu rühren. Frau Seitlbachs Haltung musste sämtliche Menschen, die mit ihr zu tun hatten, gegen sie aufgebracht haben, vermutete er und stellte sich eine wahre Heerschar Tatverdächtiger vor.

»Und Herr Seitlbach?«, erkundigte sich Hirschberg. »Ich meine, was für eine Ehe haben die beiden Ihrer Meinung nach geführt?«

»Herr Hauptkommissar«, Frau Moosberger lächelte hämisch, »Sie glauben doch wohl nicht allen Ernstes, dass eine Frau wie Frau Seitlbach einen so attraktiven

Mann wie unseren Bürgermeister an sich binden kann? Es liegt für mich klar auf der Hand, dass der Seitlbach nur bei ihr geblieben ist, um die stockkatholischen Wähler nicht gegen sich aufzubringen und Stimmverluste zu riskieren.«

Hirschberg erwiderte ihr Lächeln verkniffen. Nein, Pfarrer Schmalzengruber hätte es nicht gutgeheißen, hätte Seitlbach seiner schlechteren Hälfte den Laufpass gegeben. *Und dem Pfarrer würde auch dieses Getratsche hier ganz und gar nicht gefallen,* schoss es Hirschberg mit Genugtuung durch den Kopf. Der an diesem Abend bevorstehende Rosenkranz löste Magenschmerzen in ihm aus. Es war in diesen katholischen Gefilden üblich, am Vorabend der Beerdigung den Verblichenen mit einem meditativ anmutenden Rosenkranzgebet zu verabschieden, und zweifellos würde sich ein Pfarrer Schmalzengruber brüskiert fühlen, wenn der Hauptkommissar und seine zukünftige Frau es wagten, diesem fernzubleiben.

»Günther Seitlbachs Untreue war also ein offenes Geheimnis«, sagte er und dachte an Nicole Reinhardts Worte, dass sich an einem Ort wie diesem nichts geheim halten ließ.

»Wenn die Versuchung doch so nah ist, gar unter dem gleichen Dach wohnt«, erwiderte sie und begann, eine ihrer Katzen zu kraulen, als diese miauend auf ihren Schoß sprang.

»Nicole Reinhardt hat eine Affäre mit ihrem Onkel«, nickte Hirschberg wissend.

»Ja, natürlich«, antwortete Frau Moosberger mit einer ausladenden Handbewegung. »Und davor war es seine Sekretärin, die kurz nach Nicoles Auftauchen von hier weggezogen ist. Vermutlich wollte sie nicht die verschmähte Geliebte sein und damit leben müssen, von einer Jüngeren, einem halben Kind, ersetzt worden zu sein.«

»Warum haben die Seitlbachs denn überhaupt erst geheiratet?«, wollte Hirschberg wissen. Bei allem Mitgefühl mit der ungeliebten Verstorbenen konnte er selbst sich beim besten Willen nicht vorstellen, eine Frau wie Helga Seitlbach vor den Traualtar zu führen.

»Günther Seitlbach war damals ein aufstrebender und vor allem ehrgeiziger Kommunalpolitiker, Herr Hirschberg«, erinnerte sie sich. Ihre Ausführungen wurden untermalt vom ekstatischen Schnurren der Katze auf ihrem Schoß. »Vor gut fünfundzwanzig Jahren fing er als kleines Gemeinderatsmitglied an und hat sich dann im Laufe der Zeit hochgearbeitet. Irgendjemand hat ihm dann eingeredet, dass er als Politiker im katholischen Bayern mehr Chancen hätte, wenn er ein treusorgender Familienvater oder wenigstens ein verheirateter Mann wäre. Zu der Zeit hatte er angeblich eine Affäre mit einer verheirateten Frau. Es gab da einige unschöne und seiner Karriere hinderliche Gerüchte. Man hat hinter seinem Rücken lautstark über ihn getuschelt. Um dem Ganzen ein Ende zu setzen, hat er dann nicht mehr lange gefackelt. Er hat also Frau Seitlbach«, an dieser Stelle ihrer Ausführungen nahm Frau Moosbergers Stimme einen boshaften Tonfall an, »die nicht unbedingt von bindungswütigen Männern belagert wurde und noch dazu ein paar Jahre älter war als er, einen Heiratsantrag gemacht, um die Gerüchte aus der Welt zu schaffen. Sie war außerdem auch eine sehr gute Partie«, fügte sie hinzu. »Ihre Eltern besaßen im ganzen Landkreis gutgehende Bäckereien. Im Gegensatz zu ihrem Bruder, der die Flucht ergriffen hat, kaum dass er sein Abitur in der Tasche hatte, wollte sie Krindelsdorf nie verlassen. Ich habe noch nie Geschwister gesehen, die so unterschiedlich waren. Der eine kann nicht früh genug von Zuhause verschwinden, und die andere denkt nicht einmal daran, die gewohnte Umgebung zu verlassen. Wir haben alle immer wieder mal spekuliert, ob Horst Reinhardt nach seiner Geburt im Krankenhaus am Ende vertauscht worden ist. So etwas kommt schließlich vor«, erklärte sie ihm mit hochgezogenen Augenbrauen. Der Hauptkommissar fragte sich belustigt, in welcher für ihren investigativen Journalismus berüchtigten Frauenzeitschrift sie über einen Schicksalsbericht dieser Art gestolpert war.

»Frau Moosberger, ich muss Sie das jetzt leider fragen.« Hirschberg räusperte sich. »Ich habe gehört, dass Sie und Frau Seitlbach kurz vor ihrem Tod einen Streit hatten. Sie habe Ihnen unterstellt, nicht gründlich genug zu putzen und habe Ihnen daraufhin nur noch die Hälfte bezahlt. Das muss Sie doch wütend gemacht haben, nicht wahr?«

»Zunächst ja, Herr Hauptkommissar«, gab Frau Moosberger zu, »aber sehen Sie, ich habe genügend Angebote und war nicht unbedingt auf die Stelle bei Seitlbachs angewiesen. Herr Seitlbach war ein paar Mal ein wenig zu freundlich zu mir – pure Wahlkampftaktik, vermute ich –, und das hat Frau Seitlbach nicht gepasst«, ließ sie ihn wissen. »Außerdem hantiere ich prinzipiell nicht mit Giftpflanzen. Damit kann Marianne Dachshofer viel besser umgehen.« Es hatte sich also längst bis in die hintersten Winkel des Orts herumgesprochen, wie die Frau des Bürgermeisters getötet worden war.

»Marianne Dachshofer?« Hirschberg war durchaus bewusst, dass die Apfelstrudelgöttin am vergangenen Tag nicht ganz offen zu ihm gewesen war, und Frau Moosbergers Enthüllung rückte sie nun in ein ausgesprochen verdächtiges Licht.

»Unsere dorfeigene Kräuterhexe«, nickte Frau Moosberger. »Ich muss zugeben, dass ich ihre Naturarznei auch sehr schätze und nur in Notfällen zum Arzt gehe.

Marianne hat das Handwerk von ihrer Mutter gelernt, ihre Mutter wieder von ihrer Mutter, und so weiter. Und falls es Sie interessiert, Herr Hauptkommissar, Frau Seitlbach hatte mit Frau Dachshofer noch am Sonntagvormittag, ein paar Stunden vor dem Pfarrfest, einen heftigen Streit. Ich habe es deswegen mitbekommen, weil meine Bachblütensalbe ausgegangen war und ich mir von Marianne Nachschub holen wollte. Frau Seitlbach ist wie eine wutschnaubende Dampfwalze aus Mariannes Haus gekommen und hat ihr gedroht, dass sie sie nicht umsonst hintergangen und zum Gespött der ganzen Gemeinde gemacht habe. Ich habe dann einige Minuten gewartet, bis sich die Wogen wieder glätten, bevor ich an Mariannes Tür geklopft habe. Ich wollte nicht, dass sie merkt, dass ich den Zoff mitbekommen habe.«

»Aber Sie wissen nicht, worum es bei dem Streit ging?«, hakte Hirschberg aufgeregt nach.

»Leider nein, ich habe nur noch das fulminante Ende gehört. Aber wenn Sie Frau Dachshofer darüber befragen, dann wissen Sie es nicht von mir!«

16.

»Sie scho' wieder.« Marianne Dachshofers mangelnde Euphorie über Hirschbergs neuerliches Erscheinen auf ihrer Schwelle war nicht zu überhören. »Was gibt's denn nun scho' wieder, Herr Kommissar?«, erkundigte sie sich resigniert und trat beiseite, um ihn hereinzulassen.

»Frau Dachshofer, gibt es einen speziellen Grund, weshalb Sie mir Ihre Affinität zu einheimischen Heilpflanzen verschwiegen haben?«, kam er ohne Umschweife auf den Punkt, vermied aber tunlichst die Bezeichnung »Giftpflanzen«.

»Meine was?« Marianne Dachshofer blickte ihn wie ein verwirrtes Huhn an.

»Ihre Kenntnisse im Bereich der Pflanzenkunde«, half er ihr geduldig auf die Sprünge. Er hasste es, wenn Zeugen, und erst recht Verdächtige, ihn anlogen, und dennoch konnte er sich sein Gegenüber nicht als eiskalte Mörderin vorstellen. Selbst wenn Marianne Dachshofer Streit mit der Frau des Bürgermeisters gehabt hatte, so wusste Hirschberg doch auch, dass nahezu der gesamte Ort nicht gut auf die Verstorbene zu sprechen gewesen war.

»Jetzt wissen's ja über mich Bescheid«, stellte sie mit spitzem Unterton fest und führte ihn ihr Wohnzimmer. Aus ihrer Küche drangen merkwürdige Dämpfe auf den Flur, und Hirschberg vermutete, dass sie gerade dabei war, irgendwelche medizinischen Wundermittelchen zuzubereiten. »Wer von der verleumderischen Bagage will mir den Mord an der Seitlbach anhängen?«

In dieser Gemeinde schien tatsächlich jeder jeden zu kennen und zum Großteil wohl auch auf irgendeine Weise zu hassen, dachte er. Brachte das die ländliche Monotonie etwa mit sich?

»Das tut jetzt nichts zur Sache, Frau Dachshofer«, versuchte der Hauptkommissar, die aufgebrachte Kräuterhexe zu beschwichtigen. »Es wirft nur eben kein besonders gutes Licht auf Sie, dass Sie mir gestern eiskalt ins Gesicht gelogen haben«, erklärte er ihr. »Außerdem hatten Sie noch am Sonntag kurz vor dem Pfarrfest einen Streit mit Frau Seitlbach. Wären Sie vielleicht so freundlich, mir offen zu sagen, worum es dabei ging?«

Marianne Dachshofer seufzte und bedeutete ihm, sich zu setzen. Sie selbst ließ sich ein wenig zögerlich auf dem Sessel ihm gegenüber nieder.

»Hopfen und Baldrian«, sagte sie nach einer kleinen Weile, und ihre Augen wanderten geistesabwesend zum Fenster, als ein Vogel zu zwitschern begann.

»Was?« Hirschberg warf ihr einen verständnislosen Blick zu. Er konnte sich nicht vorstellen, dass von Hopfen und Baldrian mörderisches Konfliktpotential ausging.

»Sie schlafen schlecht wegen Ihrer bevorstehenden Hochzeit und vermutlich auch wegen der Geschichte mit diesem Dornberg«, analysierte sie seinen physischen und psychischen Zustand. »*Noch* hab' ich übrigens die Unterschriftenliste nicht unterschrieben«, ließ sie ihn wissen. »Na, jedenfalls: Ich empfehl' Ihnen Hopfen und Baldrian für einen erholsamen Schlaf und einen entspannten Start in den Tag.« Vernahm er da einen Hauch von Sarkasmus?

»Vielen Dank, Frau Dachshofer.« Hirschberg tat sein Möglichstes, seine Ungeduld zu verbergen.

»Auch Lavendel kann wahre Wunder wirken«, fuhr

sie unbeirrt fort. Offenbar war sie wild entschlossen, ihn so lange wie möglich hinzuhalten. Er hoffte, die Liste der einheimischen Heilpflanzen zur Behandlung seines offensichtlich klar ausgeprägten Krankheitsbilds mochte bald ein Ende haben.

»Frau Dachshofer, würden Sie bitte meine Frage beantworten?« Er ärgerte sich über den flehenden Tonfall in seiner Stimme. Baldrian und Hopfen würden ihm bei seinen Ermittlungen ganz bestimmt nicht helfen! Aber vielleicht konnte er Isobel ja ein paar Tröpfchen Eisenhutsaft in den Champagner träufeln …

»Die Seitlbach war dumm«, erklärte Marianne Dachshofer ihm genauso sachlich wie kurz zuvor noch die Wirkung von Hopfen und Baldrian. »Sie war naiv und blauäugig. Und sie hat immer nur ans Essen gedacht. Dieses Weib war der lebende Beweis für das Sprichwort ›Dummheit frisst, Intelligenz säuft‹. Wobei ich selbst net viel auf dieses Sprichwort geb'«, sagte sie und tätschelte ihre runden, prallen Hüften. Vermutlich wollte sie ihm damit zu verstehen geben, dass sie sich selbst für ausgesprochen intelligent hielt.

»Inwiefern war sie dumm und naiv?«

»Sie konnt' Menschen überhaupt net einschätzen und hat meistens den Wald vor lauter Bäumen net gsehn. Als sie ihre Nichte nach dem Tod von ihrem Bruder und seiner Frau gegen Nicoles ausdrücklichen Willen zu sich hergholt und in München am Gymnasium angmeldet hat, hat sie, find' ich, den größten Fehler ihres Lebens begangen«, seufzte Frau Dachshofer. »Sehen Sie, die Nicole hat nie hierher gepasst. Sie haben sie ja mittlerweile kennengelernt, Herr Kommissar. Das Leben hier, die Umgebung, das alles war nix für sie. Es war so gar net das, was sie gwöhnt war. Nicole sprüht nur so vor Ehrgeiz und Intelligenz. Und sie hat ihre Tante vom ersten Augenblick an für ihre Lebensweise und für ihr Auftreten mehr oder weniger verachtet. Dass sie das Internat und ihre Freundinnen verlassen musste, um hier bei ihrer Tante zu leben, war für sie eine Strafe.« Marianne Dachshofer hielt inne und runzelte die Stirn. »Aber so wenig sie ihre Tante gemocht hat, umso mehr hat sie ihren Onkel mögen«, ergänzte sie vielsagend und bestätigte damit das, was im ganzen Ort wohl seit Jahren ein offenes Geheimnis war und sich nur Frau Seitlbach all die Jahre verschlossen hatte.

Alle Wege führen immer wieder zu Nicole Reinhardt, schoss es Hirschberg nüchtern durch den Kopf. Merkwürdigerweise glaubte er der jungen Frau jedoch, dass sie ihre Tante nicht gehasst hatte, sondern lediglich Gleichgültigkeit für sie empfand. Hass lähmte, und Nicole Reinhardt würde sich niemals freiwillig in ein psychisches Gefängnis begeben, das ihre Entwicklung und ihren Erfolg auch nur in irgendeiner Form hemmte. Er konnte sich Nicole Reinhardt einfach nicht als Mörderin ihrer Tante vorstellen, da Frau Seitlbach ganz sicher keine Bedrohung für ihre Nichte gewesen war. Nicole aber war sicherlich ein Störfaktor in einer von Anfang an kaputten und nur auf dem Papier existierenden Ehe gewesen.

»Sie wussten also auch, dass Nicole ein Verhältnis mit ihrem Onkel hat«, schlussfolgerte Hirschberg. Er fragte sich, wie lange es wohl noch dauern würde, bis die beiden ganz öffentlich zu ihrer Beziehung standen. Er gewann mehr und mehr den Eindruck, dass Nicole Reinhardt tatsächlich etwas an ihrem Onkel lag. Dass er für sie nicht nur ein Mittel zu dem Zweck war, ihre ungeliebte Tante vorzuführen.

»Nicole hat immer schon genau gwusst, was sie wollte, und wie sie es kriegen konnte«, lächelte Marianne

Dachshofer, und Hirschberg erkannte plötzlich, dass die Kräuterhexe des Ortes sehr viel für die junge Frau übrig hatte. Sie musste noch etwas anderes in Nicole Reinhardt sehen als nur die ambitionierte und abgebrühte Geschäftsfrau. »Sie is' nie das schutzbedürftige Lämmchen gwesen, für das ihre Tante sie ghalten hat. Nicole hat immer schon ihren eigenen Kopf ghabt, und von einer Frau wie ihrer Tante hätt' sie sich nie was vorschreiben lassen. Sie war oft hier bei mir, wenn ihr das Geglucke auf die Nerven gegangen ist, und sie hat mir gern bei meiner Arbeit zugsehn. Irgendwann hat sie mir dann a dabei gholfen und sich recht gut angstellt«, erinnerte sich Marianne Dachshofer. Sie schien sich gedanklich in weiter Ferne zu befinden.

»Das heißt, Frau Reinhardt kennt sich dank Ihnen ebenfalls mit Pflanzen aus?«, hakte Hirschberg interessiert nach. Helga Seitlbachs Nichte schien ein ausgesprochen facettenreiches Wesen zu sein.

»Freilich«, nickte Frau Dachshofer, als sei die Kenntnis von Heil- und Giftpflanzen das Natürlichste auf der Welt. »Die Nicole is' sehr vielseitig interessiert, und ich hab' ihr deshalb gern ein paar Dinge gezeigt. Heutzutage trifft man selten junge Menschen, die sich für Hildegard von Bingen und alte Arzneien interessieren.«

»Hat sie sich auch für Giftpflanzen interessiert?«, wollte der Hauptkommissar wissen. Nicole Reinhardt würde ihm bei ihrer nächsten Unterredung so einiges zu erklären haben.

»Ja, Nicole hat sich auch für Giftpflanzen interessiert, Herr Hirschberg«, antwortete Frau Dachshofer seufzend und mit einer Art höflicher Ungeduld. »Wenn man sich mit Heilpflanzen befasst, muss man sich zwangsläufig a mit ihren eigenen Schattenseiten und ihren bösen Geschwistern auseinandersetzen, scho' um das Schlimmste zu verhindern. Aber Nicole hat ihre Tante ganz sicher net umgebracht. Sie war am Sonntag doch, wie Sie ja wohl selber wissen, net mal in der Nähe vom Pfarrfest.«

»Worum ging es bei Ihrem Streit mit Frau Seitlbach, Frau Dachshofer?«

»Frau Seitlbach hat halt endlich von irgendjemandem erfahren, dass ihr Mann sie mit ihrer eigenen Nichte betrügt.« Sie hob sogleich die Hand, um der sich aufdrängenden Frage keine Chance zu geben. »Nein, ich hab' wirklich net die geringste Ahnung, wer ihr das gsagt hat. Sie hat's mir net verraten. Da aber der ganze Ort Bescheid gwusst hat, kann's nun wirklich jeder gwesen sein. Wenn Sie also nach dem Plappermaul suchen möchten, ist das wie die Suche nach der Nadel im Heuhaufen.« Sie zuckte die Schultern, um die Aussichtslosigkeit einer derartigen Unternehmung zu unterstreichen. »Die Seitlbach war natürlich sehr aufgebracht, und ich kann scho' verstehen, dass sie sich vom ganzen Ort hintergangen gfühlt hat. Aber mal Hand aufs Herz, Herr Kommissar, was hat sie denn erwartet?«

»Und warum ist sie ausgerechnet auf Sie losgegangen und nicht auf ihren Mann oder eben ihre Nichte, nachdem sie von dem Verhältnis erfahren hat?«

»Die Person, die ihr davon erzählt hat, hat ihr leider auch verraten, dass Nicole, als sie grad mal siebzehn war – es war, glaub' ich, ein paar Monate vor ihrem achtzehnten Geburtstag –, zu mir gekommen is', um mich um ein Abtreibungsmittel zu bitten.« Marianne Dachshofer seufzte theatralisch. »Ich bin selber schuld, dass sich das rumgsprochen hat«, ließ sie ihn mit zerknirschter Miene wissen. »Es ist mir ausgerechnet gegenüber der ehemaligen Besitzerin des Friseursalons einmal rausgrutscht, und ich bin mir ganz sicher, dass sie's rumerzählt hat.« Sie zuckte hilflos mit den Schultern. »Vermutlich hat wegen ihr der ganze Ort davon erfahren.«

»Können Sie mir bitte ihren Namen geben?«, bat Hirschberg sie. »Ich muss mit dieser Friseurin sprechen. Vielleicht ist sie es ja, die Frau Seitlbach von der Affäre berichtet hat.« Wenn die Friseurin es allerdings tatsächlich offen ausgeplaudert hatte, konnte so ziemlich jeder der anonyme Briefeschreiber sein, befürchtete Hirschberg. Selbst die Zugezogenen konnten davon erfahren haben.

»Wenn Sie mit ihr sprechen wollen, Herr Kommissar, müssen Sie auf den Friedhof gehen«, erwiderte Dachshofer düster. »Elfriede ist vor anderthalb Jahren gstorben, und sie hat keine Angehörigen mehr hier am Ort. Ihr Sohn ist schon vor über zehn Jahren nach Australien ausgwandert.« Sie schüttelte traurig den Kopf. »Elfriede war zwar net boshaft, aber Sie hat viel zu viel geratscht. Allerdings hat sie a gwusst, dass solche Unfälle nun mal ab und zu passieren – aus eigener Erfahrung.« Sie zog vielsagend die Augenbrauen nach oben. »Die Nicole konnt' jedenfalls ein Baby damals echt net brauchen. Und erst recht wollte sie net, dass ihre Tante zu dem damaligen Zeitpunkt etwas von der Sache erfährt. Sie war no' net sehr weit, und ich hab' sie mit Haselwurz und Beifuß versorgt. Es ging ihr ein paar Tage net besonders, aber ihr Problem hat sich letztlich in Wohlgefallen aufglöst. Ich bin zwar gegen Abtreibung und beileibe net stolz drauf, aber die Nicole war no' so jung, und ich konnt' verstehen, dass sie net bereit war für ein Kind. Außerdem wollte ich verhindern, dass sie sich von anderer Stelle Hilfe holt und sich irgendwelchen Risiken aussetzt – ihre Tante sollte ja schließlich nichts davon erfahren.«

»Und Frau Seitlbach hat Sie deswegen zur Rede gestellt«, nickte Hirschberg. Er konnte den Zorn und die Verbitterung der First Lady des Ortes nur allzu gut nachvollziehen. Die Wahrheit über ihren Mann und ihre Nichte musste für sie ein heftiger Schlag ins Gesicht gewesen sein. Eine Frau, die es in vollen Zügen genoss, mit »Frau Bürgermeister« angesprochen zu werden, obwohl nicht sie, sondern ihr Ehemann das Amt bekleidete, musste das Fremdgehen dieses Ehemanns ausgerechnet mit ihrer Nichte als unerträgliche Schmach empfunden haben.

»Sie hat sich furchtbar aufgeregt, Herr Kommissar«, sagte Marianne Dachshofer. »Sie hat mich als skrupellose Engelmacherin beschimpft, mir Vorwürfe gmacht, dass ich ihr all das verschwiegen hab', und ich hätt' sie im ganzen Ort zum Gespött gmacht. Dabei war sie dafür ganz allein verantwortlich.« Marianne zuckte mit den Schultern. »Sie hat mir sogar damit gedroht, meinem ›Drogenlabor‹, wie sie es genannt hat, den Garaus zu machen!« Sie schüttelte den Kopf und lachte verächtlich.

»Und wie wollte sie das anstellen?«, erkundigte sich Hirschberg und ließ sie nicht aus den Augen.

»Ich weiß es net«, entgegnete sie, wich aber seinem steten Blick aus und zuckte mit den Schultern. »Sie war wütend, und da sagt man vieles, was man net so meint. Ich glaub' net, dass sie ihre eigene Stellung und die von ihrem Mann so einfach riskiert und einen Skandal verursacht hätt'. Günther hätt' vermutlich auch alles getan, um das zu verhindern. Jetzt, wo er Landrat werden will, wär's bestimmt net gut, wenn seine Affäre mit Nicole ans Licht käm'. Zumal die ja schon so früh angefangen hat.«

Hirschbergs Ermittlerinstinkt sagte ihm, dass sie ihn schon wieder belog oder zumindest etwas vor ihm zurückhielt.

»Das muss Sie aber doch wütend gemacht haben, nicht wahr?«, versuchte er, sie zu provozieren.

»Sie war eine arme, verletzte Frau, Herr Kommissar«, entgegnete Marianne ihm mit einem traurigen Kopfschütteln, sah ihn aber immer noch nicht an. »Ich hab' geglaubt, dass sie sich scho' wieder beruhigen wird. Ich mein', selbst wenn sie mit der Abtreibungsgeschichte irgendwo Gehör gfunden hätt', was hätt' sie mir denn scho' groß antun können? Die Nicole würd' mir niemals in den Rücken fallen«, gab sie im Brustton der Überzeugung von sich. »Sie hätt' alles abgestritten. Genauso wie ich. Es wär' also Frau Seitlbachs Wort – das Wort von einer gekränkten und hintergangenen Ehefrau – gegen unseres gwesen.«

Hirschberg war sich jetzt sicher, dass Marianne Dachshofer ihm etwas verschwieg. Warum sonst wich sie seinem Blick so konsequent aus? Er hatte das untrügliche Gefühl, dass zwischen Frau Seitlbach und der Naturheilkundlerin noch mehr vorgefallen war als nur Frau Dachshofers Schweigen bezüglich Nicoles Abtreibung und der Affäre ihres Mannes.

»Wenn das dann alles wär'«, sagte sie und stand auf. »Ich hab' no' einiges zu erledigen.« Die Audienz bei der Kräuterhexe war beendet.

17.

»Alex, ich konnte es leider nicht verhindern!« Susan Waters kam mit beschwichtigend ausgebreiteten Armen auf ihren Verlobten zu, um ihn vor dem Friedhof der Marktkirche abzufangen. Ihr Gesichtsausdruck signalisierte ihm unmissverständlich, dass auch hinter ihr bereits einige anstrengende Stunden lagen. Doch ihnen beiden schien noch keine Atempause vergönnt zu sein. Wenn überhaupt, wurde es ab jetzt nur noch schlimmer, fürchtete er.

Hirschberg seufzte. Während er fernab der Hektik der Großstadt in den Tiefen des bayerischen Lands Jagd auf einen Giftmischer machte, musste seine Verlobte die Babysitterin für ihre anstrengende Patentante und deren neueste Eroberung spielen. Er konnte sich nicht entscheiden, wer von ihnen beiden das härtere Los gezogene hatte.

»Dornberg hat darauf bestanden, uns hierher zum Rosenkranz zu fahren«, flüsterte Susan ihm zu, als sie sich bei ihm einhakte. Hirschberg fühlte sogleich eine unangenehme Hitze in sich aufsteigen, und er warf ihr einen aufgeschreckten Blick zu.

»Uns?« Eine unsichtbare Faust rammte sich in seinen Magen, und seine innere Stimme fluchte. Ein neuerliches Aufeinandertreffen von Isobel Burton und Pfarrer Schmalzengruber konnte ungeheuerliche Folgen haben! Er schwor sich grimmig, Isobel mit ihrem roten Spitzen-BH zu erdrosseln, sollte sie Schmalzengruber verärgern und die Bestattung seines Großonkels auch nur in irgendeiner Form gefährden. Im Mittelalter hätte man Frauen wie Isobel eine Schandmaske aufgesetzt, schoss ihm durch den Kopf. Ein verlockendes Bild.

»Tante Isobel hat darauf bestanden, sich eingehender mit den katholischen Bräuchen zu befassen.« Susan räusperte sich, und ihr Unbehagen war ihr anzusehen. »Ihr genauer Wortlaut war ›Brimborium‹. Nun, jedenfalls möchte sie deinen Großonkel zusammen mit Dornberg auf seinen letzten Stationen begleiten. Er und Xaver waren immerhin befreundet«, erinnerte Susan ihn an den zweifelhaften Umgang seines verstorbenen Großonkels. Allerdings musste Hirschberg dem Pornoking widerwillig zugestehen, dass seine Trauer um Xaver Hirschberg aufrichtig schien. Er musste tatsächlich etwas für den alten Knaben übriggehabt haben, dachte er.

»Bitte sorg einfach nur dafür, dass Isobel sich benimmt«, flehte er seine Verlobte an. »Ich will, dass dieser katholische Fundamentalist trotz seiner mittelalterlichen Geisteshaltung meinen Großonkel morgen zu Grabe trägt und es sich nicht in letzter Minute anders überlegt.«

»Mach dir keine Sorgen.« Susan brachte tapfer ein zuversichtliches Lächeln zustande. »Ich habe ihr strikt untersagt, sich daneben zu benehmen!«

»Susan, wir wissen doch beide, was deine Tante von Regeln und Verboten hält«, entgegnete Hirschberg mit hochgezogenen Augenbrauen.

»Sie hat mir versprochen, sich zurückzunehmen«, erklärte sie ihm aufrichtig, doch er konnte sehen, dass auch sie nicht so ganz von Isobels Beteuerungen überzeugt war.

Hirschberg blickte sich ungläubig um, als er zusammen mit Susan durch das schmiedeeiserne Tor am Eingang des Friedhofs trat. Es befanden sich unwahrscheinlich viele Menschen dort. Wollten die etwa alle in der Kirche niederknien und den Rosenkranz für Xaver Hirschberg beten?

»Sie können es kaum fassen, dass die ganze Gemeinde hier ist, oder?«

Susan und Hirschberg drehten sich um und blickten in das lächelnde Gesicht einer jungen Frau, die mit einem breit grinsenden, blonden Hünen an der Seite den Friedhof betrat. Hirschberg überlegte rasch, doch die beiden waren ihm bisher noch nie begegnet.

»Ich bin Rosina Baumann«, stellte sie sich vor und richtete schelmisch blitzende grüne Augen auf den Ermittler und seine Verlobte. Die Form ihrer Wangenknochen verlieh ihrem Gesicht eine fast katzenartige Anmut. Sie hielt sich die Hand unter ihre kleine Himmelfahrtsnase und unterdrückte ein Niesen. Die Partie zwischen Nase und Mund war wohl von wiederholtem Schnäuzen ein wenig entzündet. »Ein ungewöhnlicher Vorname, ich weiß«, seufzte sie, nachdem Hirschberg und Susan sich ebenfalls vorgestellt hatten. Sie schüttelte den Kopf, was ihren gekonnt nach oben gezwirbelten brünetten Dutt zum Wippen brachte. »Der Name meiner Urgroßmutter. Für meine Mutter war sie so etwas wie eine Heldin, weil sie ihren ersten Mann in den Wind geschossen hat, nachdem er sie verprügelt hat, und mit meinem Urgroßvater durchgebrannt ist.«

»Ich bin Lars Baumann«, stellte ihr Begleiter sich vor und schüttelte Susans und Hirschbergs Hände. »Meine Frau hat Heuschnupfen«, erklärte er ihnen grinsend. »Die kleinen Freuden des Landlebens – unter anderem.« In seinen blauen Augen sprühten ebenfalls schelmische Funken. »Ich kann mir gut vorstellen, wie Sie beide sich fühlen. Ich bin vor zehn Jahren von Kiel hierhergezogen, und der Kulturschock hält immer noch an.«

»Ja, er ist mein norddeutscher Fang«, lachte Rosina.

»Trotz der Pollen und der, sagen wir, etwas eigenwilligen Charaktere, ist meine Frau nicht von hier wegzubewegen«, sagte er und zwinkerte ihr zu, als sie ihm in die Seite boxte.

»Hören Sie nicht auf ihn.« Sie verdrehte die Augen. »Die Leute hier sind zwar durchaus ein wenig eigen, wie Sie sicher bereits bemerkt haben, aber sie beißen nicht.« Rosina nickte in Richtung Kirche. »Unseren Pfarrer haben Sie ja auch schon kennengelernt. Lassen Sie sich nicht von ihm abschrecken«, meinte sie. »Dieser Mensch begreift einfach nicht, dass sein überzogener Katholizismus die Leute *aus* seiner Kirche treibt anstatt hinein.«

»Aber es sind so viele Leute hier«, warf Susan ein und deutete auf die Ansammlung von Menschen zwischen den Grabsteinen.

»Ich bitte Sie, Miss Waters!« Ein freundlich spöttelndes Lachen entfuhr ihrer Kehle. »Die sind doch nicht wegen dem Rosenkranz oder dem Pfarrer hier. Sie vier sind *die* Attraktion. Gerade Ihre Tante ist eine wahre Sensation! So viel wie heute war in der Kirche seit Jahren nicht mehr los«, beteuerte Rosina. »Normalerweise predigt der Herr Pfarrer vor einer halbleeren Kirche. Und je weniger Menschen sich in seinen Gottesdienst verirren, desto wichtiger kommt er sich vor. Aber, wie gesagt, lassen Sie sich von seiner Art nicht abschrecken.«

»Wir werden es versuchen«, lächelte Hirschberg, als Rosina sich mit einem kräftigen Niesen hastig abwandte. Ihr Mann kramte ein Taschentuch aus der Brusttasche seines dunkelblauen Hemds hervor und drückte es ihr in die Hand. »Schmalzengruber ist tatsächlich eine sehr harte Nuss. Und Isobels direkte Art ist nicht unbedingt hilfreich«, fügte der Hauptkommissar mit sorgenvoll gerunzelter Stirn hinzu.

»Das kann ich mir gut vorstellen«, lachte Lars Baumann und nickte in Isobels Richtung. »Sie ist übrigens in bester Gesellschaft, wie ich sehe«, grinste er. »Der alte Herr, mit dem sie sich gerade unterhält, ist Anton Huber. Angeblich ist er dement, aber seine Kommentare sind in aller Regel nicht nur sehr dreist, sondern dabei auch noch zutreffend. Die Frau bei ihm ist seine Tochter, Johanna Berger. Sie ist oft den ganzen Tag damit beschäftigt, die Äußerungen ihres Vaters wieder auszubügeln. Außerdem ist er immer noch sehr gut zu Fuß und haut regelmäßig aus dem Seniorenheim ab. Sie ist fast ständig unterwegs, weil sie ihn wieder einfangen muss.«

»Nein, nein!« Isobel Burtons perliges Lachen hallte über den ganzen Friedhof, und Susan und Hirschberg wechselten einen alarmierten Blick. Sie verabschiedeten sich rasch von den Baumanns mit dem Versprechen, sich später ausführlicher zu unterhalten, und eilten auf Isobel zu. Ihr offenherziger Tonfall verhieß nichts Gutes.

»Tom Cruise gehört Scientology an, also einer Sekte, die ihren Mitgliedern das Geld aus der Tasche zieht! Das hat mit der anglikanischen Kirche wirklich nicht das Geringste zu tun«, versicherte sie lautstark dem älteren, anscheinend fast tauben Herrn. »Sehen Sie, Henry VIII. hat uns von der katholischen Unterdrückung befreit und seine eigene Kirche gegründet, weil er diese bigotte Betschwester Katharina von Aragon – die Spanier waren damals wie heute solche katholischen Heuchler! – einfach nicht mehr zwischen den Laken erdulden konnte. Und da hat er sich eben nach etwas Knackigerem umgesehen! Anne Boleyn muss viel exquisitere Qualitäten gehabt haben als diese frigide, dauerfrömmelnde Spanierin. Schade nur, dass Anne Boleyns Nachwuchs optisch so sehr nach ihrem Erzeuger geraten ist! Elizabeth I. war zwar eine bemerkenswerte Frau, aber ihr Aussehen!« Sie verdrehte die Augen. »Ihrem Vater jedenfalls gebührt noch heute der Dank des englischen Volkes! Die Römer waren schließlich lange genug bei uns auf der Insel, da müssen wir nicht heute noch von einem so aufgeblasenen ›Hirten‹ aus dem Vatikan gegängelt werden. Nieder mit dem Joch Roms, kann ich da nur sagen!«

Ein triumphierendes Strahlen erhellte Isobels Züge. Hirschberg hingegen schlug das Herz bis zum Hals, und in seinen Ohren rauschte es unangenehm. Warum nur konnte sich dieser Dornberg nicht einmal nützlich machen und der blasphemisch schnatternden Tante die Zunge in den Rachen stoßen, um sie zum Schweigen bringen, dachte er verzweifelt. Er blickte sich verstohlen um, ob Pfarrer Schmalzengruber irgendwo hinter den Grabsteinen lauerte und Isobels Auslassungen gehört hatte.

»Heinrich VIII.«, wiederholte Anton Huber und lächelte verschmitzt am Arm seiner äußerst pikiert dreinblickenden Tochter. »Das war ein Filou! Der Mann wusste zu leben! Der hat nichts anbrennen lassen«, schwärmte er und wirkte weniger dement als vielmehr wach und lüstern. »Ich kann Ihnen sagen, als ich noch ein junger Mann war, da war kein Rock vor mir sicher! So etwas wie Sie hätte ich mir auch schmecken lassen!«, grinste er anzüglich. Die Tochter des quietschfidelen Seniors sah aus, als wollte sie jeden Moment in einem Loch im Erdboden versinken, um sich anschließend darin zu verbarrikadieren und sich in aller Ruhe die Pulsadern aufzuschlitzen. Sie konnte gerade noch verhindern, dass ihr Vater der englischen Lady in den Hintern kniff. Hirschberg warf ihr einen mitfühlenden Blick zu.

»Sie Schlitzohr«, lachte Isobel entzückt und tätschelte seinen Arm. »So dement kann Ihr Vater gar nicht sein!«, sagte sie seiner zutiefst verstörten Tochter auf den Kopf zu. Auf deren Wangen hatten sich hektische rote Flecken gebildet, doch sie wirkte wie erstarrt.

»Dem kann ich nur zustimmen! Ihr werter Herr Vater hat wahrlich Geschmack«, wandte sich nun auch Dornberg jovial an die Tochter und machte Anstalten, mit Isobel an seinem Arm in der Kirche zu verschwinden – aber erst, nachdem diese Johanna Berger das Make-Up eines amerikanischen Edelkosmetiklabels wärmstens ans Herz gelegt hatte. Schließlich müsse sich in der heutigen Zeit keine Frau mehr so einfach in ihr optisches Schicksal ergeben. Hochrote Wangen müssten auch bei Hochsommerhitze nicht sein, und sie ziemten sich erst nicht für die Tochter eines so charmanten Herrn.

Der Hauptkommissar und seine Freundin wechselten einen hilflosen Blick. Einen kurzen, irrationalen Moment lang glaubte Hirschberg, Isobels und Dornbergs sündhafte Körper würden beim Betreten des Gotteshauses in Flammen aufgehen.

»Ah, Herr Hauptkommissar!« Pfarrer Schmalzengruber steuerte in Begleitung seiner rechten Hand Schwester Anastasia auf ihn und Susan zu. »Schön, dass Sie beide sich für den Rosenkranz eingefunden haben. Wie Sie sehen, finden sich in unserer Gemeinde lauter aufrechte, großherzige Christen, die selbst einen so armen Sünder wie Ihren Großonkel auf seinem letzten Weg begleiten wollen. Darf ich fragen, wie viele meiner unbescholtenen Gemeindemitglieder Sie im Zuge Ihrer Ermittlungen bisher mit Ihren penetranten Fragen belästigt haben?«

Die christliche Nächstenliebe des Pfarrers erwärmte wahrlich das kälteste Herz, dachte Hirschberg zähneknirschend. Jedoch machte er gute Miene zum bösen Spiel, und auch Susan strahlte Hochwürden tapfer an. Hirschberg vermutete stark, dass ein Pfarrer wie Schmalzengruber allein das Lächeln einer attraktiven Frau als Zölibatsgefährdung ansah. In diesem Moment verfluchte er seinen Großonkel dafür, ihm sein renovierungsbedürftiges Domizil mitsamt seinem Vorrat an blauen Pillen vermacht zu haben. Hätte Onkel Xaver sich in seinem vorgerückten Alter mal ein bisschen zusammengerissen, dann hätte er niemals dieses unsägliche Pfarrfest besuchen müssen, und er müsste jetzt nicht den Mord an Frau Seitlbach aufklären!

»Herr Pfarrer, wir machen doch alle nur unsere Arbeit«, versuchte Hirschberg, ihn zu beschwichtigen und gleichzeitig seine eigene Frustration mit aller Macht niederzuringen. Aus den Augenwinkeln heraus bemerkte er, wie Therese Hackelgruber ausholte und einem hageren, bleichen Mann neben ihr eine schallende Ohrfeige verpasste. Mühevoll widerstand Hirschberg dem Drang, sich beim Anblick dieser Handgreiflichkeit schützend an die Wange zu fassen. Er vermutete, dass es sich bei dem erbarmungslos Gezüchtigten um Frau Hackelgrubers wenig beneidenswerten Ehemann handelte.

»Entschuldigen Sie mich«, sagte Pfarrer Schmalzengruber hektisch. Auch ihm war Frau Hackelgrubers treffsichere Entgleisung nicht entgangen. »Ich muss einen Streit zwischen Eheleuten schlichten. Auch das gehört zu meinen Pflichten als verantwortungsvoller Seelsorger! Schwester Anastasia wird den Rosenkranz gemeinsam mit Ihnen beten.«

Bevor Hirschberg oder Susan noch etwas hätten erwidern können, eilte der Pfarrer von dannen und machte sich daran, die aufgebrachte Therese Hackelgruber zu beruhigen, während ihr gescholtener Mann das Weite suchte.

»Was in aller Welt war denn das?«, flüsterte Susan ihrem Verlobten mit vielsagendem Blick zu, als die beiden ergeben hinter der Schwester die Kirche betraten. »Mir drängt sich immer mehr das Gefühl auf, dass es hier alles andere als harmonisch zugeht.«

»Ich habe keine Ahnung, warum Frau Hackelgruber ihren Mann geohrfeigt hat, Susan«, flüsterte er zurück, »aber ich denke mittlerweile, dass hier jeder irgendetwas zu verbergen hat.«

Schwester Anastasias asketische Gestalt hatte mittlerweile den Altar erreicht. Sie bekreuzigte sich routiniert, bevor sie ihren Platz in der ersten Reihe einnahm. Das faltige Gesicht der Ordensfrau wirkte bleich und eingefallen. Hirschberg und Susan knieten sich einige Reihen weiter hinten neben Isobel, die trotz der nun einsetzenden, monotonen und gleichzeitig lauten Stimme der Nonne ungeniert mit Vincent Dornberg turtelte und kicherte.

»Susan«, flüsterte sie gut hörbar ihrer Nichte ins Ohr, »hast du auch schon mal darüber fantasiert, es mit Alex in einem Beichtstuhl zu tun? Der Reiz des Verbotenen?« Sie zwinkerte den beiden gutgelaunt und übermütig zu.

»Tante Isobel, reiß dich zusammen!«, zischte Susan zurück, während Hirschberg sein Gesicht in den Händen vergrub. »Komm mir nicht auf dumme Gedanken!«

Nur wenige Augenblicke später wanderte Dornbergs Hand unter Isobels Rock. Hirschberg warf aufgeschreckte Blicke um sich, um sicherzugehen, dass keiner der Anwesenden diesen Fauxpas bemerkt hatte.

»Gegrüßet seist du, Maria, voll der Gnaden …«, Schwester Anastasias Stimme schrillte wenig tröstlich durch die Kirche, und Hirschberg wunderte sich missmutig, dass die bunten Kirchenfenster der aggressiven Phonetik standhalten konnten. Susan zischte ihrer Patentante einige erboste englische Worte ins Ohr, doch er kümmerte sich nicht weiter darum – sein mittlerweile reichlich zerschlissenes Nervenkostüm konnte nun einmal nicht alles abfedern!

»Ihr seid beide so verklemmt!«, fauchte Isobel zurück. »Ich verstehe das einfach nicht! Woher hat Alex denn seine überzogene Prüderie? Sein Großonkel hatte doch bis zum Schluss eine völlig gesunde Libido!«

Hirschberg schloss die Augen und zählte langsam bis zehn.

»Wie heißt dieser freudlose Pinguin da vorne doch gleich?«, zischte Isobel ihnen ironisch zu. »Anastasia? Euthanastasia wäre ein viel passenderer Name!«

»Benimm dich, Tante Isobel, sonst nehme ich dich nie wieder irgendwohin mit«, hörte Hirschberg seine Verlobte mit der Verzweiflung einer überforderten Gouvernante sagen.

»Morgen Vormittag ist ja endlich die Beerdigung«, flüsterte er Susan zu. »Kannst du nach dem Leichenschmaus vielleicht mit Dornberg oder mit dem Zug zurück nach München fahren? Ich fürchte, ich werde danach noch einige unangenehme Fragen stellen müssen.«

»Mir wird wohl nichts anderes übrig bleiben«, entgegnete sie seufzend mit einem Blick auf das ungeniert turtelnde Paar neben sich.

18.

Nicole Reinhardt warf die Haustür geräuschvoll ins Schloss und lehnte sich seufzend dagegen. Die Rippen ihres Dekolletés zeichneten sich waschbrettartig unter ihrer sorgfältig gebräunten Haut ab, und ein feuchter Film hatte sich oberhalb ihres stattlichen Silikondepots gebildet, wie böse Zungen auf VIP-Seiten im Internet ihre Oberweite bezeichneten. Sie verdrehte die Augen bei der Erinnerung an den hinter ihr liegenden Tag, und ihr Brustkorb hob und senkte sich angestrengt. Unwirsch kickte sie die Pumps von ihren vorwurfsvoll pochenden Füßen und ließ ihre Handtasche achtlos auf den Boden fallen. Die Fotosession für ihren neuen Katalog an diesem Nachmittag war eine Katastrophe gewesen. Auf dem Weg zurück aufs Land war sie zu allem Überfluss auch noch mit überhöhter Geschwindigkeit geblitzt worden. Die Ordnungshüter sollten es besser nicht wagen, sie mit einem Bußgeldbescheid zu behelligen, dachte sie grimmig.

Nach einem harten Tag wie diesem war sie stets erleichtert, ein leeres Haus vorzufinden. Günther befand sich noch auf einer Veranstaltung seiner Partei und beriet sich mit seinen Parteifreunden wegen seiner Kandidatur zum Landrat. Die wenig teilnahmsvollen Beileidsbekundungen waren auf der politischen Bühne längst verhallt, wusste Nicole. Nun zählte nur der Blick nach vorn aufs Landratsamt. Dennoch war es viel zu früh, sich offiziell an Seitlbachs Seite zu zeigen, hatte die Strategin in ihr entschieden, und so konzentrierte sie sich stattdessen auf die Markteinführung ihrer neuen Kollektion. Im September würde sie ausgesuchte Boutiquen in Rom und Madrid bestücken, im November in New York City und Los Angeles und zu guter Letzt im Dezember in Paris und London. Die Neueröffnung ihrer eigenen Boutiquen in Paris, Mailand und London waren bereits minutiös geplant. Sollte die Polizei bis dahin endlich ihre Arbeit gemacht haben, würde sie den Rummel um ihre Person in der Vorweihnachtszeit an diesen Standorten, die bei weitem attraktiver als Krindelsdorf waren, auch genießen können, sagte sie sich.

Das Haus glich einer Sauna, und Nicole beschlich das unangenehme Gefühl, jeden Moment ersticken zu müssen. Günther brauchte dringend eine Klimaanlage, wenn er dieses Kaff schon nicht verlassen wollte! Sie hastete zur Terrassentür, um die wenigstens etwas kühlere Abendluft ins Wohnzimmer zu lassen, und atmete tief ein und aus. Sie goss sich einen großzügigen Schluck Whisky ein und ließ den Alptraum im Fotostudio Revue passieren.

Es war vom Anfang bis zum von ihr vorgezogenen Ende eine Katastrophe gewesen. Die von ihr beauftragte Modelagentur schien das kleine, aber wesentliche Wort »Dessous« in »Dessouskollektion« überlesen zu haben und hatte ihr für das Shooting offenbar die flachbrüstigsten Models geschickt, die in ihrer Kartei zu finden waren. Was sollte sie mit Brüsten der Kategorie A minus anfangen, die in den sinnlichen Weiten ihrer BHs schlichtweg verloren gingen und nicht einmal für Adleraugen mit einer Lupe noch zu erkennen waren? Nicole Reinhardt hasste unprofessionelles Verhalten. Und die Arbeit dieser Modelagentur war mehr als nur unprofessionell.

Sie verdrehte die Augen schmerzhaft bis zum Anschlag, als ihr Handy vibrierte und auf dem streifenfreien Glascouchtisch umher zu krabbeln begann. Roger Dupont. Mit einem missmutigen »Hallo« nahm sie seinen Anruf entgegen. In fataler Kombination mit der Talentfreiheit der unpassenden Models waren ihr die Starallüren des Fotografen an diesem Nachmittag dermaßen sauer aufgestoßen, dass sie ihm gedroht hatte, sich einen anderen – einen Fähigeren – für den Job zu suchen.

»Isch 'abe die perfekte Model für disch, Chérie«, begann er ohne Umschweife, und Nicole tat ihr Möglichstes, seinen überzogenen französischen Akzent auszublenden. Sie wusste, dass Roger, der seit Jahren in Berlin und London lebte und zwischen den beiden Städten hin und her pendelte, diesen Akzent geradezu kultivierte, da sein amerikanischer Lebensgefährte eben diesen an ihm besonders attraktiv fand. Manchmal konnte sie schwule Männer nicht verstehen.

»Du solltest sie se'en«, schwärmte Roger in den affektiertesten Tönen und mit einer überschwänglichen Euphorie, die Nicole misstrauisch machte. »Sie ist achtzehn und ihr' BH-Größe ist fünfundsiebzig D. Lange schwarze 'Aare und die schmalsten 'Üften, die du je gesehen 'ast! Und sie ist Brasilianerin«, setzte er hinzu, wobei seine Stimme jenen Tonfall annahm, der besagen sollte, dass er seinen letzten und besten Trumpf ausgespielt hatte. Nicole würde doch wohl einer Landsfrau eine Chance geben!

»Wo ist der Haken?« Sie leerte ihr Glas in einem Zug und fühlte, wie die hochprozentige Flüssigkeit sich den Weg durch ihren Rachen in ihren Magen hinunterbrannte.

»Chérie, es gibt keine 'Aken«, begann er, und sie konnte hören, wie er sich eine Zigarette anzündete. Das Koksen ließ er mittlerweile sein, aber von den Glimmstängeln konnte er seine Finger noch immer nicht lassen.

»Roger!« Nicoles Stimme klang mahnend und drohend.

»Alors … Sie ist die neue deutsche Supermodel«, ließ der Fotograf die Katze widerwillig aus dem Sack, denn es war allgemein bekannt, dass Nicole Reinhardt Modelshows im Fernsehen verabscheute. Das einzig halbwegs Sehenswerte an diesen Shows waren ihrer Meinung nach die Zickenkriege hinter den Kulissen, die jeden Designer davor warnten, jemals mit einer der Finalistinnen zu arbeiten. Immer wieder lehnte sie die Zusammenarbeit mit derartigen TV-Shows ab – und Roger wusste das!

»Roger, das kann jetzt nicht dein Ernst sein!«, polterte sie los. »Nach diesem beschissenen Nachmittag willst du mir allen Ernstes ein Möchtegernmodel aufs Auge drücken, das von dem Job noch weniger Ahnung hat als diese Paris-Hilton-Doubles für Arme, mit denen ich mich heute stundenlang herumärgern musste?«, rief sie aufgebracht in den Hörer und griff erneut nach der Whiskykaraffe. Glaubte er denn tatsächlich, ein hübsches Gesicht und ein D-Körbchen reichten aus, um ihre neueste Kollektion vorzuführen? Nicole wusste, dass Rogers Dauerlover Marvin in der TV-Modeljury saß und dafür sorgte, dass die Mädchen ihren Allerwertesten unfallfrei und mit dem, was er für anmutig hielt, über den Laufsteg schoben. Roger wollte also seinen Toyboy bei Laune halten, und aus diesem Grund sollte sie das Nachwuchsmodel, das vermutlich innerhalb von sechs Monaten wieder in der Versenkung verschwinden würde, in ihre Dessous schlüpfen lassen.

»Nein, Roger«, hörte sie sich mit gefährlich leiser Stimme sagen. »Ich will echte und professionelle Models für den Job! Keine Experimente!« Nicoles Kollektion sollte von Models präsentiert werden, die Selbstbewusstsein, Schönheit und Intelligenz besaßen und diese Eigenschaften auch repräsentierten. Sie war nun einmal schwierig zufriedenzustellen, sobald es um ihre Dessous ging.

»Nicole, Chérie, schau sie dir doch wenigstens einmal an!« Seine Stimme klang verletzt und flehend.

»Nein, Roger«, wiederholte sie und schüttelte entschieden den Kopf, wobei sie das Handy so sehr umklammerte, dass ihre Fingerknochen schmerzten. »Ich telefoniere morgen früh mit Carla in Mailand. Sie wird mir die perfekten Models in Rekordzeit schicken. Ich bin mir sicher, dass die Mädchen dann schon mittags in München sind.« Carla Massini war eine von Nicoles ältesten Freundinnen und Leiterin einer erfolgreichen Modelagentur in der norditalienischen Modemetropole. Sie hätte Carla von Anfang an anrufen und diese Schnapsidee, eine hiesige Agentur zu beauftragen, gleich wieder verwerfen sollen, schalt sich Nicole in Gedanken selbst. »In meine BHs werde ich ganz sicher kein Nachwuchssternchen schlüpfen lassen, das sich nur dadurch auszeichnet, sich nicht ganz so blöd angestellt zu haben wie ihre talentfreien Konkurrentinnen. Soll ich ihr etwa einen Vertrag geben, nur weil sie täglich ins Fitnessstudio geht, sich makrobiotisch ernährt und nach einem Glas Champagner nicht gleich vom Laufsteg fällt? Das kann doch nicht dein Ernst sein!«, schimpfte sie und war sich gleichzeitig darüber bewusst, dass sie ein wenig unfair war. Aber das kümmerte Nicole nicht weiter. Bevor der gescholtene Fotograf noch etwas erwidern konnte, beendete sie das Gespräch. Rogers Aufgabe war es, Fotos ihrer exklusiven Dessous zu schießen und nicht etwa, sich als Modelagent zu betätigen.

Genug war genug, sagte sie sich entschieden und nippte an ihrem Whisky. Sie führte ihr Glas gerade ein weiteres Mal zum Mund, als ein dumpfer Schlag ihren Hinterkopf traf. Die Welt wurde urplötzlich schwarz.

»Also, Frau Reinhardt«, begann Hirschberg und warf der jungen Frau einen fragenden Blick zu, während ein Notarzt kritisch ihren Hinterkopf beäugte. Ihre schwarzen Locken waren blutverklebt, und die Wunde an ihrem Hinterkopf beeinträchtigte ihre glamouröse Erscheinung deutlich. »Sie haben also weder etwas gesehen noch etwas gehört. Und Sie haben wirklich keine Ahnung, wer Sie niedergeschlagen haben könnte?«

»Zum hundertsten Mal!«, rief die Angegriffene entnervt, und ihre kräftige Stimmlage versicherte Hirschberg, dass allenfalls Nicole Reinhardts Stolz größeren Schaden genommen hatte, aber ihre Gesundheit ganz bestimmt nicht. »Nein, Herr Hauptkommissar.« Nicole verzog ihr Gesicht zu einer schmerzverzerrten Grimasse, als der Notarzt die Platzwunde desinfizierte und damit ihrem ausdrücklichen Wunsch, sie an Ort und Stelle zu verarzten, gleichmütig nachkam. Die Designerin hatte betont, keineswegs die Absicht zu haben, sich in die Notaufnahme des nächstbesten Krankenhauses zu begeben und den Tratschtanten am Ort noch mehr Stoff zu liefern, als ihnen ohnehin schon zur Verfügung stand. »Ich habe nicht die leiseste Ahnung!«

Bürgermeister Seitlbachs Geliebte wirkte unbeschreiblich wütend, und in ihren dunklen Augen loderte ein grimmiges Feuer. Wenn es tatsächlich so etwas wie Racheengel gab, dann saß in diesen Augenblicken ein fleischgewordenes Exemplar dieser Spezies vor ihm, dachte Hirschberg mit einem Blick in die Flammen. Andere Frauen an ihrer Stelle wären geschwächt oder gar eingeschüchtert gewesen, doch Nicole schien lediglich zornig auf Krindelsdorf und seine Einwohner zu sein.

»Dieses Dorf hier ist voller Spießer und Hinterwäldler, die sich für ihre natürlichen Triebe und Bedürfnisse dank des Pfaffen am liebsten selbst geißeln würden wie im tiefsten Mittelalter«, brach es wütend aus ihr heraus. »Aber sie haben alle etwas zu verbergen! Jeder einzelne von diesen kleinkarierten, scheinheiligen Moralaposteln hier hat doch irgendeine Leiche im Keller!« Sie holte tief Luft. »Das alles hat mir heute gerade noch gefehlt!«

»Herr Hauptkommissar, Sie hören doch, dass meine Nichte ...«, schaltete Seitlbach sich ein, der noch vor Hirschberg am Ort des Geschehens gewesen war.

»Freundin, Lebensgefährtin, Geliebte«, fiel diese Seitlbach ungeduldig ins Wort. »Hör endlich mit dieser lächerlichen Scharade auf, Günther, oder heb sie dir zumindest für die Fernsehkameras und diesen Dorfpfaffen auf! Deine Frau ist tot, und inzwischen weiß ohnehin der ganze Ort – und garantiert auch schon die Zuagroasden«, setzte sie mit affektiert klingendem bayerischen Akzent hinzu, »dass wir seit Jahren ein Verhältnis haben. Also hör mit diesem Nichten-Onkel-Geschwafel auf! Au!«, entfuhr es ihr, als der Notarzt beim Nähen wohl ein wenig zu heftig zustach. Hirschberg sah an seinem Gesichtsausdruck, dass der Stich nicht so ganz unbeabsichtigt gewesen war, und er unterdrückte ein Grinsen.

»Sorry!«, grinste der junge Mann hinter ihrem Rücken schelmisch und fuhr ungerührt damit fort, sie zu verarzten.

»Meine *Freundin*«, Seitlbach warf ihr einen ungehaltenen Blick zu, »hat Ihnen bereits alles gesagt, was sie weiß.« Es schien ihm nicht zu gefallen, in seinem eigenen Haus vor anderen Leuten gemaßregelt zu werden. Seine verstorbene Frau war vielleicht trampelig und eine optische Blamage gewesen, aber sie hätte ihn bestimmt niemals so bloßgestellt, vermutete Hirschberg. »Können Sie ihr jetzt vielleicht ein wenig Ruhe gönnen, Herr Hauptkommissar? Sie sehen doch in welchem Zustand sie ist!«

»Frau Reinhardt macht auf mich in psychischer und physischer Hinsicht einen sehr robusten Eindruck, Herr Seitlbach«, stellte Hirschberg unterkühlt fest. »Ich habe einen Mord aufzuklären, und es kommt mir nicht unbedingt wie ein Zufall vor, dass direkt nach dem Mord an Ihrer Frau bei Ihnen eingebrochen wird. Finden Sie das nicht auch merkwürdig, Herr Bürgermeister?«

»Ich habe keine Ahnung, was der Einbrecher gesucht haben könnte!« Seitlbach warf verzweifelt die Hände in die Luft. »Nichts von Wert fehlt, aber ich war ja auch gleich hier, kaum dass Nicole niedergeschlagen wurde. Ich habe ja sogar noch gehört, wie ihr Glas auf dem Boden zersplittert ist!«

»Sie haben den Einbrecher gestört«, nickte Hirschberg. »Was auch immer er gesucht hat, er hatte vermutlich nicht genügend Zeit, es zu finden.« Er überlegte rasch. »Gibt es hier am Ort Leute, die regelmäßig bei Ihnen zu Besuch waren und sich hier auskennen?«

»Das ganze Dorf«, schnaubte Nicole verächtlich. »Das Haus des Bürgermeisters ist die reinste Wallfahrtsstätte! Sie glauben ja gar nicht, wie viele Bittsteller immer wieder hier waren – besonders vor der Wahl! Es war schon unerträglich für mich, als ich hierher verschleppt wurde, weil meine Tante, dieser Trampel«, ihre Finger zeichneten Anführungsstriche in die Luft, »'mir ein Zuhause geben' wollte! Kaum war ich hier, hat sich auch schon die ganze Gemeinde eingeladen, um mir zu sagen, wie leid ihnen allen das mit meinen Eltern tue. Schließlich kannten sie alle meinen Vater, seit er noch in die Windeln geschissen hat. Es war unerträglich! Glauben

Sie mir, in diesen Tagen habe ich erkannt, warum mein Vater die Flucht ergriffen hat, kaum dass er volljährig war!«

»Es gibt also genügend Menschen hier, die mit ihren Räumlichkeiten vertraut sind.« Hirschberg ignorierte Nicoles Ausbruch, konnte ihre Stimmungslage aber nachvollziehen. Auch er selbst hatte langsam genug von der Scheinheiligkeit und der Heimlichtuerei hier am Ort.

»Wenn Sie so wollen, ja«, bestätigte Seitlbach mit einem Kopfnicken und ließ seine Arme matt hängen. »Hier passiert nie etwas. Wir sind eine anständige Gemeinde und vertrauen uns gegenseitig.«

Vor allem seiner Frau gegenüber hatte sich jemand ganz besonders anständig verhalten, dachte Hirschberg trocken. Und der selbstgerechte Pfarrer bekam schon Herzrhythmusstörungen, nur weil sein Großonkel in vorgerücktem Alter noch Damenbesuch empfing.

»Haben Sie sich schon genau umgesehen, ob irgendetwas fehlt?«, erkundigte sich Hirschberg.

»Nein, natürlich nicht!«, rief der Bürgermeister aufgebracht. »Ich bin nach Hause gekommen, fand meine Nich- … Freundin«, korrigierte er sich mit einem Seitenblick auf Nicole, »auf dem Boden liegend, und habe nur noch gesehen, wie eine schwarzgekleidete Gestalt sich durch die Terrassentür aus dem Staub machte. Wenn Sie mich fragen, war das ganz bestimmt ein Landstreicher, der sich hierher verirrt hat! Vermutlich hat er Geld gesucht, um sich seine Drogen- oder Alkoholsucht zu finanzieren!« Die Schlussfolgerungen des Bürgermeisters, der sich schützend vor seine Gemeinde stellte, klangen mehr als abwegig in Hirschbergs Ohren. Auch Nicole verdrehte entnervt ihre Augen. Doch Seitlbach fuhr unbeirrt fort. »Und wie ich Ihnen bereits sagte, kann ich nicht beurteilen, ob es sich bei dem Einbrecher um eine

Frau oder einen Mann gehandelt hat! Ich musste mich doch um Nicole kümmern! Ich wusste schließlich nicht, wie schlimm die Verletzung war, die der Einbrecher ihr zugefügt hat!«

»Dann möchte ich Sie bitten, jetzt einen Kontrollgang durch die Räume zu machen, um zu sehen, ob Ihnen irgendetwas auffällt, Herr Seitlbach«, forderte Hirschberg ihn gelassen auf. Er glaubte nicht, dass Nicole Reinhardt oder der Bürgermeister selbst in Lebensgefahr schwebten. Hätte der Einbrecher, den er keineswegs für einen Landstreicher hielt, Nicole umbringen wollen, hätte er es sicher getan. In seinem Kopf überschlugen sich die Gedanken, während die Spurensicherung langsam ihre Arbeit beendete und Nicole Reinhardt und Seitlbach um ihre Fingerabdrücke bat. Der Hauptkommissar hegte jedoch wenig Hoffnung, auf diese Weise weiterzukommen. Wenn sich tatsächlich die ganze Gemeinde hier regelmäßig die Klinke in die Hand gab, dann würde er so kaum jemanden von der Liste potentieller Täter streichen können. Allerdings war er sich nun sicher, dass Frau Seitlbach kein Zufallsopfer war. Jemand hatte es ganz gezielt auf sie abgesehen. Die Frau des Bürgermeisters war umgebracht worden, weil sie irgendjemandem gefährlich geworden war. Es musste hier am Ort jemanden geben, der eine so große Leiche im Keller hatte, dass er dafür zum Mörder wurde.

»Kann das nicht warten?« fragte Seitlbach und warf seiner Freundin einen besorgten Blick zu. »Ich würde lieber bei Nicole bleiben. Sie hat heute Abend schon genug mitgemacht und …«

»Günther, geh endlich!« stöhnte Nicole und verdrehte erneut die Augen. Die Mundwinkel des Notarztes zuckten verräterisch, als er seinen Koffer schloss. »Mach, was der Hauptkommissar sagt«, fügte sie hinzu. »Ich will, dass die Sache endlich ausgestanden ist, damit wir dann unsere Ruhe haben!« Sie fuhr herum, als ein Mitarbeiter der Spurensicherung gegen den gläsernen Couchtisch stieß. »Das ist ein Designercouchtisch!«, entfuhr es ihr.

»Also schön«, gab der Bürgermeister nach und öffnete einen weiteren Knopf seines Hemds. Seine Krawatte hatte er längst achtlos auf die weiße Couch geworfen, und sein graues Sakko hing über dem Sessel. Unter seinen Achseln hatten sich dunkle, feuchte Stellen gebildet, und auch Hirschbergs Hemd klebte unangenehm an seinem Oberkörper. Die Hitze machte die Menschen aggressiv, wusste er. Statistisch gesehen stieg die Verbrechensrate einhergehend mit den Temperaturen stetig an. Noch immer waren keine erlösenden Hitzegewitter angekündigt, aber zumindest in Krindelsdorf tobte schon jetzt ein vernichtendes Unwetter.

Seitlbach ließ seinen Blick durch das ganze Wohnzimmer schweifen und war gerade im Begriff, den Raum zu verlassen und sich andernorts umzusehen, als er innehielt. Er runzelte die Stirn, und der Hauptkommissar ließ ihn nicht aus den Augen.

»Nicole«, wandte sich der Bürgermeister fragend an seine Freundin, die sich vorsichtig erhob, um sich einen Schluck Whisky einzuschenken. Die vom Notarzt angebotenen Schmerzmittel hatte sie kurz zuvor mit angewidertem Gesichtsausdruck abgelehnt. »Warst du an Helgas Sekretär?« Er deutete auf den weißen Schreibtisch neben der Wohnzimmertür, und Hirschberg fiel auf, dass die oberste Schublade einige Zentimeter herausgezogen war. Auf den ersten Blick war dieser Umstand allerdings leicht zu übersehen.

»Nein«, entgegnete sie und zuckte überrascht mit den Schultern. »Warum sollte ich? Dass ich ihre Lebensversicherung abkassiere, weiß ich bereits. Und ich für meinen Teil interessiere mich nicht für ihre Fotos oder Tagebücher.«

»Ihre Frau hatte ein Tagebuch?« Hirschberg horchte auf. Warum erfuhr er davon erst jetzt? Musste er dem Bürgermeister und seiner Gespielin denn alles aus der Nase ziehen?

»Nein«, stellte Nicole Reinhardt mit hochgezogenen Augenbrauen richtig. »Aber soweit ich weiß, hat sie da drin ihre Digitalkamera und ihre Speicherchips aufbewahrt. Sie hat doch so gern Vögel und die Natur fotografiert.« Ihr spöttischer Tonfall brachte zum Ausdruck, dass sie dieses Hobby für mehr als nur spießerhaft und provinziell hielt. »Allerdings wundert es mich auch jetzt noch, dass sie überhaupt mit einer Digitalkamera umgehen konnte«, fügte sie blasiert hinzu.

Mehr musste Hirschberg nicht hören. Er streifte sich die Latexhandschuhe über und öffnete die erste Schublade, in der sich jedoch nur Schnellhefter mit Kontoauszügen und Rechnungen befanden. Auch in der zweiten Schublade hatte er kein Glück, dort stieß er nur auf alte Briefe und Glückwunschkarten. Helga Seitlbach schien die Korrespondenz von Jahrzehnten gesammelt zu haben.

»Wo ist der Schlüssel für die unterste Schublade?«, wollte er wissen, als er das kleine, unscheinbar anmutende Schloss in der Mitte des Schubfachs entdeckte. Der Bürgermeister überlegte zaghaft, und Hirschberg hätte ihn am liebsten an den Schultern gepackt und geschüttelt. Es war fast halb elf Uhr nachts, und er war schließlich nicht zu seinem Vergnügen hier!

»In der Küche, glaube ich. Nicole, kannst du bitte den Schlüssel holen? Er müsste in der Besteckschublade sein. Mir fällt gerade ein …« Seitlbach verschwand nach einem Blick in Hirschbergs ungehaltenes Gesicht raschen Schrittes in Richtung Haustür. Kurz darauf kam er mit einer Digitalkamera in der Hand zurück ins Wohnzimmer. »Hier.« Seitlbach reichte Hirschberg das Gerät. »Auf dem Pfarrfest hat meine Frau mich gebeten, sie ins Handschuhfach zu legen. Ich habe wegen des ganzen Trubels der letzten Tage überhaupt nicht mehr daran gedacht. Aber sie ist das einzige von Wert, was meine Frau in ihrem Sekretär aufbewahrt hat.«

Hirschbergs Puls beschleunigte sich, wie er es immer tat, wenn ihn das untrügliche Gefühl beschlich, auf etwas Relevantes gestoßen zu sein.

»Ihre Frau hat ihre komplette Fotoausrüstung sonst immer hier eingeschlossen?«

»Ja, weil hier immer so viele Menschen ein und aus gegangen sind, Herr Hauptkommissar«, ließ der Bürgermeister ihn mit gereiztem Unterton wissen. »Ihre Digitalkamera war nicht nur teuer, sondern ihr auch heilig. Als sie noch ein Kind war, ist bei ihren Eltern ein oder zwei Mal eingebrochen worden, deshalb hat sie Wertsachen gerne weggesperrt. Glauben Sie etwa, jemand hat es auf ihre Fotoausrüstung abgesehen?«, erkundigte er sich mit unüberhörbarer Skepsis.

»Möglich ist alles«, nickte Hirschberg und bedeutete der Spurensicherung, die Digitalkamera mitsamt den Speicherchips, die sich noch in der Schublade befanden, sicherzustellen und sie sofort ins Büro zu bringen. Der Hauptkommissar konnte es kaum erwarten, herauszufinden, was Frau Seitlbach so alles fotografiert hatte – oder auch wen.

19.

Bettina Bahrens lauschte einige Minuten lang den regelmäßigen Atemzügen neben ihr, bevor sie die Bettdecke zurückschlug und ihre Beine leise und vorsichtig aus dem Bett hob. Wie in Zeitlupe glitt sie von der Bettkante und schlüpfte aus dem Schlafzimmer. Sanft zog sie die Tür hinter sich zu und lauschte einige Sekunden lang an der Zimmertür ihres Sohnes. Da kein beunruhigender Laut aus dem Kinderzimmer drang, huschte Bettina auf Zehenspitzen nach unten.

In ein paar Stunden schon würde alles anders sein, dachte sie. Sie drei würden endlich dieses Provinznest mit seinen unerträglichen Spießern verlassen und irgendwo neu anfangen können, sagte sie sich zuversichtlich und öffnete die Tür zum Waschkeller. Nach einem prüfenden Blick auf die Uhr an ihrem Handgelenk riss sie eilends ihre frisch gewaschene Jeans und ein T-Shirt von der Wäscheleine und streifte sich ihr Nachthemd von den Schultern. Sie fluchte, als ihr auffiel, dass sie vergessen hatte, einen BH von oben mitzunehmen, aber es war ja stockfinstere Nacht. Wer von diesen heuchlerischen Moralaposteln sollte sie schon sehen? Mitten in der Nacht, um diese unchristliche Uhrzeit? Sie zog ihr Shirt nach vorne und warf einen kritischen Blick auf ihre Oberweite. Auch eine Straffung und Polsterung dieser Problemzone würde sie sich bald leisten können!

Bettina huschte mit kaum unterdrückter Aufregung die Treppenstufen hinauf nach oben in die Diele und schlüpfte in ihre flachen Sandaletten mit Gummisohlen, um möglichst leise das Haus verlassen zu können. Sie griff nach dem Hausschlüssel und zog die Tür hinter sich ins Schloss.

Die Straße war um diese Uhrzeit wie ausgestorben, und die Straßenlaternen spendeten gerade einmal so viel Licht, dass man nicht über irgendetwas stolperte oder in die Hinterlassenschaft eines Hundes trat. Die Kirchturmuhr schlug halb drei, und Bettina zuckte zusammen. Adrenalin durchströmte ihren Körper, doch zu ihrer eigenen Überraschung genoss sie diesen nie gekannten Nervenkitzel.

Bettina war es leid, ihr Dasein hier an diesem Ort zu fristen, wo jeder ihrer Schritte mit Argusaugen beobachtet wurde. Wo Menschen ein Urteil über sie fällten, sobald sie ihren Sohn ein paar Sekunden zu lange schreien ließ. Und sie verabscheute ihre Arbeit in der Speditionsagentur, wo sie tagein und tagaus immer nur das Gleiche tun musste – und das für viel zu wenig Geld. Für einen Hungerlohn. Bis zum Tag des Pfarrfests hatte sie aber keine andere Wahl gehabt. Das Gehalt ihres Mannes reichte nicht aus, und sie waren auf Bettinas Halbtagsjob angewiesen. Doch jetzt hatte sich urplötzlich eine Tür geöffnet, hinter der sie das Paradies wähnte.

Bettina wollte seitdem nichts anderes mehr als weg von hier. Weg aus der Provinz, weg aus Deutschland. Vielleicht klappte es ja doch noch mit ihrem Traum von einem Strandcafé auf Mallorca, in dem sich Promis tummelten und ihnen einen hohen Lebensstandard unter südlicher Sonne garantierten. Bettina Bahrens wünschte sich seit jeher ihr eigenes Café auf der Baleareninsel, und die Ratschläge derer, die sie als romantische Träumerin bezeichneten und ihr die Risiken und Probleme einer etwaigen Auswanderung vor Augen führen wollten, schlug sie in den Wind.

Die Nachtluft war drückend und schwül, und schon nach wenigen Schritten konnte die junge Frau Schweißtropfen zwischen ihren Schulterblättern fühlen.

Dieser nächtliche Ausflug war das größte Wagnis ihres bisherigen Lebens. Bettina erkannte sich selbst kaum wieder. Seit dem Pfarrfest und dem Tod von Helga Seitlbach war eine Seite ihrer Persönlichkeit zu Tage getreten, der sie sich zuvor nicht bewusst gewesen war. Ein eiskalter Ehrgeiz hatte nach ihrer kleinen Entdeckung von ihr Besitz ergriffen und sich einfach nicht mehr abschütteln lassen. So mussten sich die sogenannten »Fortyniners« gefühlt haben, als sie das erste mickrige Krümelchen kalifornischen Golds in ihren Fingern hielten und sich von diesem verführerisch glänzenden Fund noch so viel mehr versprachen. Alte Western waren das Steckenpferd ihres Großvaters gewesen, und die Legenden der unermüdlichen Goldsucher begleiteten Bettina seit ihrer Kindheit. Allerdings war es nicht Gold, was Bettina Bahrens' neugierige Finger ertastet hatten und nicht mehr loslassen wollten. Nachdem die einzelnen Puzzleteile an den richtigen Platz gewandert waren, war ihr unverhoffter Fund für sie aber mindestens genauso viel wert wie ein Haufen des glänzenden Edelmetalls, das im Wilden Westen einst die Glücksritter reihenweise um den Verstand gebracht hatte.

Eine schüchterne Stimme in ihrem Inneren meldete sich zu Wort, ob das, was sie da vorhatte, nicht doch viel zu hoch gepokert war. Immerhin war sie doch auch nur das, was sie selbst abfällig als Landei bezeichnete. Steckte in ihr wirklich eine abgebrühte Erpresserin?

Bettina Bahrens zuckte die Schultern und brachte die kleinlaute Stimme der Vernunft zum Schweigen. Wenn sie tatsächlich nichts zu verbergen hätten, dann hätten sie ja nicht auf ihre Forderungen eingehen müssen, sagte sie sich reuelos und setzte entschlossen einen Fuß vor den anderen.

Auch die Verwerflichkeit ihres Tuns verbannte sie aus ihrem Bewusstsein. Bettina Bahrens fühlte sich im Recht. Wer ein solches Verbrechen wie den Mord an Helga Seitlbach beging, der sollte auch dafür bezahlen, entschied sie. Aber nicht unbedingt mit einer Haftstrafe hinter dicken Gefängnismauern. Manche Verbrecher waren nützlicher auf freiem Fuß, dachte sie mit einem Gefühl des Triumphes.

Ihr Vater hatte eine Weile wegen Betrugs hinter Gittern gesessen – ein Makel, den die Leute hier am Ort sie niemals wirklich hatten vergessen lassen. *Das hier ist ein anständiger Ort,* schien es ihr immer noch an jeder Straßenecke entgegenzuschallen, *dein Vater hat nie hierhergehört. Und du musst dich erst noch beweisen.*

Anständiger Ort, dass sie nicht lachte! Jeder hier hatte seine alles andere als anständigen Geheimnisse. Sie alle waren doch schließlich nur Menschen und keiner dieser moralisch unbefleckten Heiligen, deren Abbilder man in der Kirche zu sehen bekam. Auch wenn Pfarrer Schmalzengruber dieses makellose Image seiner Gemeinde so gerne nach außen trug. In Bettinas Augen war der Pfarrer nichts weiter als ein verblendeter katholischer Heuchler.

Und was hatte die Reue und Buße des Gefängnisaufenthalts ihrem Vater schon gebracht, schoss es ihr durch den Kopf, während sie die sanfte Anhöhe erklomm, wo sie sich verabredet hatten. Ihre Mutter hatte sich schon bald nach seiner Verurteilung von ihm getrennt, und nach seiner Entlassung war es ihm nicht mehr gelungen, Fuß zu fassen. Im sozialen Abseits angekommen, hatte er sich schließlich das Leben genommen. Bettina war damals siebzehn gewesen und hatte keine allzu große Trauer für den ihr fremdgewordenen Vater empfinden können. Allerdings hatte sie erkannt, dass ein Gefängnisaufenthalt für alle Beteiligten mehr schaden als nutzen konnte. Und sie wusste seither, dass Menschen nur dann aus ihren Verfehlungen lernen konnten, wenn man sie an einer empfindlichen Stelle traf, die nicht existenzbedrohend war. In diesem Fall hier war es das Portemonnaie. Und Bettina hatte sich vorgenommen, ihren Pfeil ganz gezielt abzuschießen.

Als sie oben an dem alten, verfallenen Bauernhaus ankam, warf sie suchende Blicke um sich. Zwei Tage zuvor war Vollmond gewesen, und der Mond war bisher kaum merklich geschrumpft. Die runde Scheibe des Himmelskörpers tauchte die Umgebung in ein eisiges Licht. Keine Wolke war zu sehen. Irgendwo in der Ferne meldete sich eine Eule kummervoll zu Wort. Bettina fuhr herum, als ganz in ihrer Nähe ein Zweig knackte, und es im Gebüsch unheimlich raschelte.

Die junge Frau hatte nicht damit gerechnet, dass eine heiße Sommernacht so gruselig und furchteinflößend sein konnte. Sie fühlte sich, als wäre sie auf dem Blocksberg, wo jeden Moment eine Armee von Hexen auf ihren Besen angeritten käme, um mit dem Teufel um ein Feuer zu tanzen und allerlei Sündhaftes zu treiben. Trotz der hohen Temperaturen begann sie zu frösteln und fuhr erneut herum, als es ein weiteres Mal im Gebüsch hinter ihr raschelte.

»Ist da jemand?« Sie ärgerte sich über den ängstlichen Klang ihrer Stimme und atmete auf, als eine Katze fauchend an ihr vorbeirannte und vermutlich einer nunmehr todgeweihten Feldmaus hinterherjagte.

Sie griff sich an die Brust und schüttelte über sich selbst lächelnd den Kopf. Was sollte schon schiefgehen, sagte sie sich entschlossen, kurz bevor ein heftiger Schlag ihren Hinterkopf traf. Mit erstarrtem Lächeln fiel sie nach vorne ins Gras und blieb reglos liegen.

20.

»Guten Morgen, Chef!« Hansen saß bereits an ihrem PC, als Hauptkommissar Hirschberg die Tür zum gemeinsamen Büro öffnete. »Sie sehen nicht besonders fröhlich aus«, bemerkte sie mit einem mitfühlenden Blick.

»In gut zwei Stunden ist die Beerdigung«, erinnerte er sie mit einem resignierten Seufzen und erntete ein verständnisvolles Nicken. Ihm war jetzt schon viel zu warm in seinem schwarzen Anzug, und ihm graute vor dem vor ihm liegenden Vormittag. »Sie glauben ja gar nicht, wie sehr ich mich auf die herzerwärmenden Worte des Herrn Pfarrer freue«, ergänzte er ironisch.

»Doch, ich kann es mir gut vorstellen«, erwiderte sie grinsend. »Und eine lange Nacht war es gestern außerdem, nehme ich an. Geht es Nicole Reinhardt soweit gut?«

»Es geht ihr blendend, Frau Kollegin. Allenfalls ihr Ego hat ein paar Narben davongetragen. Wenn überhaupt«, sagte Hirschberg trocken. »Sie haben die Speicherkarten bekommen?«, nickte er in Richtung ihres PCs.

»Ja, und ich bin auch schon seit halb sieben hier und sichte die Fotos«, antwortete sie. »Bis jetzt bin ich aber auf noch nichts Brauchbares gestoßen. Und eine begnadete Fotografin war Frau Seitlbach wirklich nicht«, fügte sie seufzend hinzu. »Sie hat endlos Bäume und Tiere im Wandel der Jahreszeiten fotografiert, wie es aussieht. Manchmal auch irgendwelche Gemeindefestivitäten, aber, wie gesagt, bisher habe ich nichts Interessantes gefunden.« Sie zuckte mit den Schultern.

»Suchen Sie trotzdem weiter, Hansen«, wies Hirschberg sie an, und seine Worte wurden begleitet vom Zischen des Milchschäumers der Kaffeemaschine. »Die Fotos sind momentan die einzige richtig heiße Spur, die wir haben. Seit dem Einbruch gestern Abend bin ich mir hundertprozentig sicher, dass auf jeden Fall Frau Seitlbach das Ziel des Giftmischers war. Der Einbrecher hat etwas gesucht«, erklärte er ihr. »Die obersten Schubladen ihres Sekretärs waren durchwühlt. Wer auch immer gestern Abend in das Haus der Seitlbachs eingedrungen ist und Nicole Reinhardt niedergeschlagen hat, ist von Herrn Seitlbach aber gestört worden. Es besteht also durchaus die Chance, dass der Einbrecher nicht gefunden hat, wonach er gesucht hat. Bis zu der Schublade mit den Fotos scheint der Einbrecher jedenfalls nicht vorgedrungen zu sein.«

»Da könnten Sie recht haben.« Louisa blickte eine Weile gedankenverloren vor sich hin, als plötzlich Leben in ihre Züge kam. »Bevor ich es vergesse, Chef: Der abschließende toxikologische Bericht ist endlich da! Wie es aussieht, war nur das eine Stück Apfelstrudel vergiftet, das aber mit einer gehörigen Menge. Nach allem, was wir wissen, handelt es sich also wirklich um einen gezielten Mordanschlag auf Frau Seitlbach.«

»Na, immerhin«, entgegnete Hirschberg. »Ich hätte wenig Lust, hier einen Irren zu suchen, der wahllos Leute umbringt.«

Hansen runzelte nachdenklich die Stirn. »Es ist zwar abgedroschen, aber spricht ein Giftmord nicht für eine Frau als Täterin?«

»Damit wären wir wieder bei Frau Dachshofer oder auch Frau Hackelgruber«, sagte Hirschberg und ließ sich auf seinen Schreibtischstuhl fallen. »Dachshofer hat vermutlich das stärkere Motiv, und sie verschweigt uns etwas. Doch auch Hackelgruber war aus irgendwelchen Gründen nicht besonders gut auf Frau Seitlbach zu sprechen«, erinnerte er sich an ihren lautstarken Ausbruch. »Aber Herr Seitlbach hat ausgesagt, dass sich der Einbrecher sehr flink aus dem Staub gemacht hat, und auch seine Figur war unauffällig.« Er zog vielsagend die Augenbrauen nach oben. »Weder Frau Dachshofer noch Frau Hackelgruber entsprechen also Seitlbachs Beschreibung.«

»Und wie sieht's mit Nicole Reinhardt selbst aus?«, schlug Hansen vor. »Könnte sie den Einbruch inszeniert haben? Vielleicht mit Seitlbach gemeinsam?«

»Das ist unwahrscheinlich«, schüttelte Hirschberg den Kopf. »Laut dem Notarzt konnte sie sich die Verletzung am Hinterkopf unmöglich selbst zugefügt haben. Und Seitlbach traue ich es ehrlich gesagt nicht zu, seiner Geliebten dermaßen eins überzuziehen. Davon abgesehen scheint seine Aussage zu stimmen«, fügte er hinzu. »Ich habe vorhin mit einem seiner Parteifreunde telefoniert, und der bestätigt, dass Seitlbach diese Veranstaltung tatsächlich erst sehr spät, zu dem Zeitpunkt, den er mir gegenüber angegeben hat, verlassen hat. Die Angaben passen auch zum Zeitpunkt seines Notrufs.« Hirschberg verschränkte die Arme hinter seinem Kopf. »Ich mag dieses Pärchen zwar nicht unbedingt, Hansen, aber ich kann mir nicht so recht vorstellen, dass die beiden hinter dem Mord stecken. Ich glaube Seitlbach, wenn er sagt, dass ihm der Mord an seiner Frau bei seiner Kandidatur nicht gelegen kommt. Und außerdem hätten die beiden sie schon vor Jahren aus dem Weg räumen können«, ergänzte er schulterzuckend. »Wie sieht es eigentlich mit den anderen Besuchern des Pfarrfests aus?«

»Fehlanzeige«, antwortete Hansen und schüttelte ernüchtert den Kopf. »Das Metzgerehepaar war zum Zeitpunkt von Frau Seitlbachs Tod noch gar nicht bis zum Buffet vorgedrungen, weil sie sich nacheinander mit dem Ehepaar Winkler, dem Pfarrer und dem Bürgermeister unterhalten haben«, zitierte sie die Angaben der Preisingers. »Im Grunde bestätigt jeder jedem, dass er den Apfelstrudel unmöglich vergiftet haben konnte. Frau Preisinger ist außerdem eine alte Sandkastenfreundin von Frau Seitlbach, und sie scheint als einzige auch wirklich zu trauern«, erzählte Louisa. »Sie hat mir gegenüber zwar eingeräumt, dass Frau Seitlbach gegenüber anderen oft unsensibel und auch arrogant aufgetreten ist, aber sie hätte keiner Fliege etwas zuleide tun können, und ein solches Ende hätte sie trotz ihrer Fehler nicht verdient. Aber auch Frau Preisinger hat keine Ahnung, wer einen solchen Groll gegen Frau Seitlbach gehegt haben könnte, dass er sie gleich umbringt.« Hansen zuckte mit den Schultern. »Sie habe ja immer wieder einmal jemanden vor den Kopf gestoßen, hat mir Frau Preisinger erklärt, und daraufhin kam es auch ab und zu zum Streit, und es wurde viel gelästert und gestichelt, aber es kehrte dann auch immer wieder sehr schnell Ruhe ein.«

»Ich kann mir auch nicht vorstellen, dass es hier um irgendeine Lappalie geht«, bestätigte Hirschberg. »Sie ist bestimmt nicht ermordet worden, weil sie sich beim Bäcker vorgedrängelt hat oder dergleichen … Und was ist mit Bettina Bahrens?«, erkundigte er sich nach der sympathischen jungen Mutter. »Haben Sie auch mit ihr gesprochen?«

»Ja«, nickte Hansen und blätterte in ihren Unterlagen. »Sie war ein wenig kurz angebunden«, erinnerte sie sich. »Der Kleine hat die ganze Zeit geschrien. Ihm ist ständig die Nase gelaufen«, fügte sie erklärend hinzu. »Sie meinte, sie habe nichts gesehen und noch viel weniger verbrochen, weil sie die ganze Zeit mit ihrem Sohn fangen gespielt oder ihn daran gehindert habe, Gras und Dreck zu essen.« Sie blickte von ihren Notizen auf. »Auch das wird von allen anderen bestätigt. Herr Preisinger und Herr Winkler haben wohl beide auch ein wenig mit dem Kleinen gespielt.«

»Alles in allem hört sich das aber durchaus danach an, dass es genügend Ablenkung und Durcheinander gab, dass im Grunde jeder einen raschen, unbeobachteten Moment hätte nutzen können, um sich an dem Apfelstrudel zu schaffen zu machen«, seufzte Hirschberg.

»Sieht ganz danach aus«, nickte die Kommissarin.

»Ich muss mich jetzt leider auf den Weg machen, Hansen«, meinte Hirschberg mit einem Blick auf die Uhr. »Susan wartet auf mich, und ganz Krindelsdorf bestimmt auch«, fügte er lakonisch hinzu. »Sollten Sie auf irgendetwas stoßen, dann geben Sie mir bitte sofort Bescheid.«

Die zu Hirschbergs Erstaunen auch an diesem Morgen zahlreich erschienen Trauernden hatten bereits auf den Bänken der Marktkirche Platz genommen, als Xaver Hirschbergs Sarg hereingetragen wurde.

»Habt ihr ihm auch seine blauen Pillen als Grabbeigaben für das Leben danach in den Sarg gelegt?«, flüsterte Isobel Susan und Hirschberg zu, doch die beiden ignorierten die unsensible Bemerkung. Hirschberg wollte die Beerdigung einfach schnellstmöglich hinter sich bringen.

Pfarrer Schmalzengruber schritt betont würdevoll

dem Sarg voran auf den Altar zu und wartete, bis die Orgelmusik verstummt war, bevor er sich an die versammelte Gemeinde wandte. Sein Gesichtsausdruck verhieß nichts Gutes.

»Bevor wir von dem Verstorbenen Abschied nehmen und ihn auf seiner letzten Reise begleiten«, begann der Pfarrer mit wichtigtuerischer Grabesstimme, »möchte ich einige Namen verlesen: Hanna Langschmitt, Walter Langschmitt, Fabian Binder, Jonathan Eisenhuber, Gabriel Gobmeyer, Lilian Gobmeyer, Franz Josef Seidel, Maria Hirtl, Daniel Rammelmeier, Sandra Gagelsbichler, Franz Gagelsbichler und Moritz Britzlhuber. Ich bitte Sie um eine Schweigeminute, denn diese Menschen sind verlorene Seelen. Sie alle sind in der vergangenen Woche aus der katholischen Kirche ausgetreten und aus diesem Grund für Gott verloren und für mich gestorben. Auch ihre verirrten Seelen werden also heute zu Grabe getragen.«

Es herrschte allgemeines betretenes Schweigen. Hirschberg beobachtete aus den Augenwinkeln heraus, wie Susan die Hand ihrer Tante drückte, um fatalen Kommentaren Einhalt zu gebieten. Isobels unterdrückter Schmerzensschrei hallte durch die Kirche, und Pfarrer Schmalzengruber warf ihr einen warnenden Blick zu, während sie ihre schmerzenden Finger rieb. Hirschberg unterdrückte ein hämisches Grinsen, das man als pietätlos hätte auslegen können.

»Ich werde nun ein paar Worte über den armen Sünder, den wir heute auf seinem letzten Weg zum Jüngsten Gericht begleiten, sprechen. Xaver Hirschberg war ebenfalls eine verirrte, ja eine verlorene Seele.« Hirschberg senkte seinen Kopf, um die ach so ergreifenden und einfühlsamen Worte des Geistlichen auszublenden. Isobel schnaubte verächtlich und begann, gut hörbar mit Dornberg zu tuscheln.

»Leider«, fuhr der Pfarrer mit erhobener Stimme fort, »wird sich ihm ob seines ausschweifenden und unmoralischen Lebenswandels das Himmelreich verschließen, weshalb wir als gute Christen als Sprachrohr für ihn und all die armen Seelen fungieren müssen, deren Endstation das Fegefeuer ist, wo sich Xaver Hirschberg zweifellos nunmehr befindet. Denn niemand hört das Heulen und Flehen dieser armen Seelen, die für Gott längst nicht mehr erreichbar sind.«

Hirschberg starrte den Pfarrer fassungslos an. Schmalzengruber war wahrhaftig das fleischgewordene Joch Roms, wie Isobel es formuliert hatte. Zum ersten Mal in diesen Tagen konnte er ihre Sticheleien nachvollziehen. Auch jetzt schien sie kaum an sich halten zu können. Er bemerkte, wie Susan sich eindringlich flüsternd zu ihrer Tante beugte. Hirschberg kniff währenddessen gequält die Augen zusammen. Hinter dem Altar dort befand sich ein katholischer Fanatiker, der sein Jahrhundert komplett verfehlt hatte!

Nach einer weiteren qualvollen halben Stunde, die Hirschberg wie die ewige Verdammnis vorkam, fand sich die Trauergemeinde endlich an dem für Xaver Hirschberg ausgehobenen Grab ein. Alexander reichte seiner zukünftigen Frau gerade die Schaufel, mit der auch sie Erde auf den Sarg werfen sollte, als ein hysterischer Schrei die Stille des Friedhofs durchbrach. Marianne Dachshofer lief mit erhitzten Zügen und schockiertem Gesichtsausdruck auf Hirschberg zu. Pfarrer Schmalzengruber war über die Störung sichtlich ungehalten, verkniff sich aber nach einem Blick in Mariannes verstörtes Gesicht einen entsprechenden Kommentar. Nicht einmal dem egozentrischen Geistlichen konnte entgehen, dass sich etwas Grauenvolles ereignet haben musste, dachte Hirschberg bei sich.

»Frau Dachshofer, das ist jetzt nicht der richtige Moment …«, begann er verwirrt, bevor sie ihm mühsam atmend ins Wort fiel.

»Herr Kommissar, es tut mir sehr leid, aber Sie müssen sofort kommen! Es is' was ganz Fürchterliches passiert!« Ihr Brustkorb hob und senkte sich heftig.

»Beruhigen Sie sich doch, Frau Dachshofer«, versuchte er sie zu beschwichtigen. Offensichtlich hatte irgendeine höhere Macht tatsächlich etwas gegen den reibungslosen Ablauf der Beerdigung seines Großonkels, schoss es ihm ironisch durch den Kopf.

»Marianne, was ist denn passiert?« Tamara Winkler kam schnurstracks auf die aufgelöste Frau zu und legte den Arm um ihre Schultern.

»Es is' Bettina!«, erklärte die asthmatisch röchelnde Frau. »Bettina Bahrens … Ich hab' sie gfunden, es is' alles voller Blut«, stammelte sie. »Sie rührt sich net. Ich glaub', sie is' tot.«

»Wo haben Sie sie gefunden, Frau Dachshofer?« Hirschberg griff nach seinem Handy. Sie würden seinen Großonkel wohl ohne sein Beisein ins Grab hinablassen müssen, fürchtete er. Er warf Susan einen entschuldigenden Blick zu. Sie nickte kaum merklich und wandte sich flüsternd an den Pfarrer. Rosina Baumann, die ohne ihren Mann auf die Beerdigung gekommen war, trat neben Susan und legte ihr aufmunternd die Hand auf den Arm.

»Auf der Anhöhe beim alten Bauernhaus. O Gott, jemand muss es ihrem Mann sagen«, stöhnte Marianne und fuhr sich mit der Hand durch ihre zerzausten Haare, während Tamara Winkler beruhigend auf sie einredete. »Und Johannes, der arme Kleine.«

»Frau Dachshofer, Sie müssen mir jetzt unbedingt zeigen, wo Sie Bettina Bahrens gefunden haben«, sagte

Hirschberg ruhig und hörte, wie Pfarrer Schmalzengruber auf Susans Worte hin den Bestattern ungeduldig die Anweisung erteilte, den Sarg endlich ins Loch hinabzulassen. Anschließend könnten sie dann ja wohl gleich das nächste Grab ausheben, fügte er mit einem Seitenblick auf Hirschberg hinzu. Die Botschaft hinter seinen Worten war unmissverständlich: Die Menschen in Schmalzengrubers gottesfürchtiger Gemeinde starben auf einmal wie die Fliegen, und die Dilettanten der irdischen Strafverfolgungsbehörden standen daneben, ohne auch nur das Geringste dagegen zu unternehmen!

»Schaffen Sie das, Frau Dachshofer?« Hirschberg ignorierte die Anspielungen des Pfarrers und ertappte sich bei dem boshaften Gedanken, dass Schmalzengruber womöglich der nächste war, der einem Mord zum Opfer fiel, wenn er so weitermachte!

21.

»Ich glaube, Ihr Großonkel wusste sehr genau, was er tat, als er Ihnen sein Haus vermacht hat«, lächelte Dr. Meißner, als er neben dem reglosen Körper von Bettina Bahrens in die Hocke ging. »In dieser beschaulichen Gemeinde scheint ja der Teufel höchstpersönlich los zu sein. Die Beerdigung Ihres Großonkels war wohl erst der Anfang.«

»Lassen Sie das bloß Schmalzengruber nicht hören«, ermahnte ihn der Hauptkommissar. »Der Herr Pfarrer zeigt sich ausgesprochen besorgt über die rasante Dezimierung seiner Schafherde«, fügte er trocken hinzu und schickte ein rasches Dankgebet zum Himmel, dass wenigstens sein Großonkel endlich ordnungsgemäß bestattet war. Zumindest gab er sich verzweifelt dieser Hoffnung hin. Was war eigentlich aus dem ruhigen, beschaulichen Landleben geworden? Fanatische Geistliche, die das Fegefeuer und die ewige Verdammnis prophezeiten, und skrupellose Killer, die reihenweise Leute umbrachten. Wenn das so weiterging, würde hier bald der Abenteuertourismus einsetzen.

»Die Todesursache scheint mir als medizinischem Laien ein gezielter Schlag auf den Hinterkopf zu sein«, mutmaßte der Hauptkommissar und warf Meißner einen aufmerksamen Blick zu.

»Da vermuten Sie richtig, Herr Hirschberg«, nickte der Gerichtsmediziner und kramte nach seinem Thermometer. Er warf einen nachdenklichen Blick auf den leblosen Körper zu seinen Füßen. »Den genauen Todeszeitpunkt werde ich Ihnen anhand der Körpertemperatur nur schwer geben können, wenn man bedenkt, wie heiß es jetzt schon wieder ist. Die Leichenstarre ist bereits vollständig ausgeprägt, die Hitze hat den Prozess beschleunigt«, erklärte er ihm. »Ich nehme an, ich kann Ihnen Genaueres nach der Autopsie sagen.«

»Ihr kleiner Sohn hat jetzt keine Mutter mehr.« Hirschberg schüttelte traurig den Kopf. Warum nur wollte jemand die junge Frau aus dem Weg haben, fragte er sich, während er seinen Blick über den leblosen Körper schweifen ließ. Gab es irgendeine Verbindung zwischen Bettina Bahrens und Helga Seitlbach, von der sie bisher nichts wussten?

»Sie war auch auf dem Pfarrfest, nicht wahr?«, fragte der Rechtsmediziner.

»Ja, ihr Sohn wäre im Klostergarten fast hinter unsere Absperrung gelaufen. Sie hat es gerade noch verhindern können«, entgegnete er. »Jetzt muss ich ihrem Mann mitteilen, dass seine Frau nicht mehr nach Hause kommen wird und dass sein Sohn ohne Mutter aufwachsen muss.«

»Keine besonders schöne Aufgabe.« Meißner klopfte ihm mitfühlend auf die Schulter, bevor er sich nach unten beugte, um seinen Koffer zu schließen.

»Herr Hauptkommissar, bevor Sie gehen …«, meldete sich Doris Michels von der Spurensicherung zu Wort, die bisher in gebückter Haltung in der näheren Umgebung der Leiche herumgewuselt war. »Wir haben einen abgebrochenen Fingernagel an ihrem Shirt gefunden.« Sie streckte ihm einen Plastikbeutel entgegen, in dem sich der kleine, halbmondförmige Nagel befand. »Wir haben auch Schleifspuren gesehen. Der Täter muss sie wohl ins Gebüsch gezogen haben und hat sich dabei den Nagel abgebrochen. Ich schicke ihn ins Labor und sehe zu, dass die Kollegen sich gleich drum kümmern«, versprach sie. Hirschberg wusste, dass der kleine rothaarige Wirbelwind von der Spurensicherung sehr überzeugend, um nicht zu sagen autoritär auftreten konnte. Die Ergebnisse würden in Rekordzeit vorliegen.

»Danke«, nickte Hirschberg. »Ich werde Sie dann mal Ihre Arbeit hier beenden lassen und Herrn Bahrens aufsuchen, um ihm die traurige Nachricht zu überbringen.« Mit hängenden Schultern begab er sich zu seinem Wagen, der dank der Sonne mehr Sauna als fahrbarer Untersatz war. Er griff nach seinem Handy und tippte eine rasche SMS an Susan. Es würde wieder etwas länger dauern. Sie musste also der englischen Lady und dem Pornotycoon allein trotzen und die versammelte Trauergemeinde bei Laune halten. Für ihren bevorstehenden Urlaub musste er sich etwas Besonderes einfallen lassen, sagte er sich. Sein Beruf war nicht nur für ihn belastend, sondern auch für Susan. So langsam war ihr sicher bewusst geworden, worauf sie sich eingelassen hatte, als sie seinen Heiratsantrag annahm.

Hirschbergs Laune pendelte sich irgendwo weit unterhalb des Nullpunkts ein, als er den Motor anließ und im selben Moment die Kameras erblickte. Irgendjemand musste den Medien einen Tipp gegeben haben. Ein leises Fluchen kam über seine Lippen.

»Herr Hauptkommissar!«, rief eine dunkelhaarige junge Reporterin in einem abschreckend pinken Kostüm, rannte mit gezücktem Mikrofon in der Hand auf seinen Wagen zu und bedeutete ihm die Fensterscheibe herunterzulassen. Er fühlte sich urplötzlich wie in einer Ausgabe amerikanischer Sensationsnachrichten. »Das ist nun schon der zweite Mord hier in der Gegend. Handelt es sich vielleicht um einen Serienmörder?« Ihre überschminkten knallroten Lippen bildeten einen furchterregenden Kontrast zu ihrem pinken Blazer. Hatte die junge Frau keine Redakteure, die ihr zu verstehen gaben, dass ihr Outfit unmöglich war? Wo war Isobel Burton, wenn sie tatsächlich einmal gebraucht wurde, fragte sich Hirschberg sarkastisch. Das Wort »Serienmörder« stieß ihm ausgesprochen sauer auf.

»Kein Kommentar«, wehrte er ab, während er aufs Gaspedal trat und seinen Wagen an der Meute der sich versammelnden Reporter, Kameras und Blitzlichter mit ihren penetranten Fragen, auf die er selbst noch keine Antworten wusste, vorbei manövrieren wollte. Er seufzte. Es war nur eine Frage der Zeit gewesen, bis die Medien auf Krindelsdorf aufmerksam wurden. Seitlbach befand sich immerhin im Wahlkampf, der Mord an seiner Frau war noch ungeklärt, und nun gab es auch noch ein zweites Opfer. Eine junge attraktive Frau, die ihrem Mann und ihrem kleinen Sohn entrissen worden war.

»Herr Hauptkommissar, die Öffentlichkeit und vor allem die besorgten und verängstigten Einwohner von Krindelsdorf haben ein Recht darauf, zu erfahren …«

»Kein Kommentar«, rief er noch einmal aus dem Fenster, bevor er es schloss und einen vorwitzigen Kameramann anhupte, ihm besser aus dem Weg zu gehen. Mit einem missmutigen Blick in den Rückspiegel musste er feststellen, dass nun die Kollegen der Spurensicherung belagert wurden. *Verängstigte und besorgte Einwohner!* Er schüttelte den Kopf. Diese Pink Lady hatte ja keine Ahnung, wovon sie sprach. Mit was für hartgesottenen und abgebrühten Menschen man es hier zu tun hatte! *Verängstigt*, dass er nicht lachte!

Hirschberg versuchte, jeden Gedanken an die Medien zu verdrängen. Er musste schließlich einem jungen Familienvater die Nachricht überbringen, dass es ab jetzt nur noch ihn und seinen Sohn gab. Da klingelte sein Handy.

»Chef«, drang Hansens Stimme aus der Freisprechanlage an sein Ohr. »Der Präsident bittet Sie um eine Unterredung«, eröffnete sie ihm mit bedeutungsschwangerem Tonfall. »Der Fall Seitlbach zieht wohl so seine Kreise. Und dieser neue Mord schmeckt Krämer auch überhaupt nicht. Die Presse klopft schon an seine Tür und scharrt mit den Hufen. Er möchte, dass Sie ihn auf den neuesten Stand bringen, damit er baldmöglichst Pressemitteilungen herausgeben und vor die Kameras treten kann.«

»Hören Sie mir auf mit Kameras«, gab Hirschberg mürrisch zurück. »Das Fernsehen ist hier schon angekommen. Wir werden regelrecht belagert!«

»Das hat Krämer schon befürchtet«, ließ seine Kollegin ihn nüchtern wissen. »Eine kleine, feine Mordserie auf dem Land ist doch ein gefundenes Fressen für die sensationslüsterne Volksseele. Das bringt Einschaltquoten!«

»Haben Sie auf den Fotos irgendetwas entdeckt?«, erkundigte sich Hirschberg hoffnungsvoll.

»Leider nicht«, enttäuschte sie ihn. »Aber ich bleibe natürlich dran.«

»Hansen, finden Sie doch bitte zuerst einmal raus, ob es vielleicht eine Verbindung zwischen Helga Seitlbach und Bettina Bahrens gibt«, bat Hirschberg. »Die Fotos laufen Ihnen nicht weg.«

»Stimmt auch wieder. Wird erledigt, Chef! Sonst noch etwas?«

»Ja, tun Sie mir bitte den Gefallen und stellen Sie auch ein paar Nachforschungen über Marianne Dachshofer an. Selbst wenn es mir unwahrscheinlich erscheint, dass sie Frau Seitlbach vergiftet hat, ist sie doch immerhin die selbst ernannte Kräuterhexe hier am Ort und hantiert mit Giftpflanzen wie andere Leute mit Aspirin.

Und sie hat Bettina Bahrens' Leiche gefunden. Vielleicht stoßen Sie ja auf irgendwelche Ungereimtheiten, auf irgendetwas, woraus Frau Seitlbach ihr einen Strick hätte drehen können.« Immer noch war er sich ganz sicher, dass Marianne Dachshofer ihm irgendetwas verschwieg.

Hirschberg bremste, als eine schwarze Katze von rechts aus einer Einfahrt vor ihm über die Straße huschte. *Wie passend,* dachte er resigniert bei sich. Selbst wenn er nicht abergläubisch war, an einem Ort wie diesem und einem Tag wie heute konnte sich das sehr schnell ändern. »Ich fahre jetzt zu Bettina Bahrens' Mann, um ihm die Nachricht vom Tod seiner Frau zu überbringen.«

»Alles klar, Chef«, entgegnete Hansen. »Was sage ich jetzt Krämer?«, erinnerte sie ihren Vorgesetzten an dessen bevorstehendes, unverhofftes Rendezvous mit dem Präsidenten.

»Ich spreche noch mit Herrn Bahrens«, seufzte Hirschberg, »und mache mich dann auf den Weg nach München. Ich versuche, gegen vier im LKA zu sein, und klopfe dann bei ihm an.«

»Guten Tag, Herr Bahrens«, sagte Hirschberg mit gezücktem Ausweis und warf dem hektisch wirkenden Mann an der Tür einen ernsten Blick zu. Der kleine Junge auf dessen Arm blickte ihn skeptisch an und zog die Mundwinkel nach unten. Johannes schien nicht mehr zu wissen, dass er dem Hauptkommissar erst vor wenigen

Tagen begegnet war. Vielleicht hatte den Kleinen aber auch ein dumpfes Gefühl der Vorahnung beschlichen, dass irgendetwas nicht in Ordnung war.

»Kann ich etwas für Sie tun, Herr Hauptkommissar?« Der junge Vater wirkte überfordert und geistesabwesend. »Ich habe eigentlich keine Zeit. Ich suche meine Frau«, erklärte er hilflos kopfschüttelnd. »Sie war heute Morgen nicht hier, als ich aufgewacht bin. Ich dachte zunächst, sie wäre schon in der Arbeit, aber jetzt ist es fast eins, und sie ist dort heute Morgen gar nicht aufgetaucht, habe ich von ihrem Chef erfahren. Er hat hier angerufen, eben weil sie einfach nicht gekommen ist. Und hier ist sie halt auch nicht. Ihr Handy liegt auf dem Couchtisch, und …«

»Herr Bahrens, könnte ich bitte kurz reinkommen?« Hirschbergs Mund fühlte sich trocken an. Bahrens' verzweifelte Ungewissheit würde gleich zu zerstörerischer Gewissheit werden. »Ich muss Ihnen leider eine sehr traurige Mitteilung machen. Vielleicht setzen Sie sich besser, Herr Bahrens.«

»Was ist denn passiert?« In seinen Augen erschien ein alarmierter Ausdruck.

»Es geht um Ihre Frau, Herr Bahrens«, erklärte ihm Hirschberg sanft. »Marianne Dachshofer hat sie auf der Anhöhe bei dem alten Bauernhaus gefunden. Es sieht alles danach aus, dass sie in der vergangenen Nacht ermordet worden ist.«

»Das kann nicht Bettina sein«, schüttelte Bahrens ungläubig und widerwillig den Kopf. Wie betäubt setzte er sich auf die Couch. Er schluckte. »Sie müssen sich irren«, setzte er verzweifelt hinzu. Johannes wand sich auf dem Schoß seines Vaters und stimmte ein ohrenbetäubendes Geschrei an.

»Herr Bahrens, es tut mir aufrichtig leid, aber es besteht nicht der geringste Zweifel«, beharrte Hirschberg und hoffte, dass sein Tonfall einfühlsamer war als der des Pfarrers. »Ich muss Sie außerdem bitten, mich in die Gerichtsmedizin zu begleiten, um Ihre Frau offiziell zu identifizieren. Gibt es jemanden, der auf den Kleinen so lange aufpassen könnte?«

Wie bestellt klingelte es in diesem Moment an der Haustür, und Rainer Bahrens erhob sich schwerfällig. Er wirkte wie in Trance.

»Es tut mir so leid, Rainer«, hörte Hirschberg Marianne Dachshofers Stimme an der Haustür, und kurz darauf erschien Bahrens zusammen mit ihr im Wohnzimmer.

»Ist es wirklich wahr?« Er warf ihr einen hilfesuchenden Blick wie ein Ertrinkender zu, der den ihm zugeworfenen Rettungsring nicht greifen konnte.

»Ich hab' sie gfunden«, nickte Marianne düster. Sie bückte sich, um Johannes auf den Arm zu nehmen. Ihr Anblick zauberte ein Lächeln auf sein Gesicht. Offenbar kannte er die ältere Frau sehr gut.

»Frau Dachshofer«, der Hauptkommissar räusperte sich, »ich müsste Herrn Bahrens bitten, mich zu begleiten, um seine Frau offiziell zu identifizieren. Wäre es Ihnen vielleicht möglich, solange auf Johannes aufzupassen?«

Es würde noch eine ganze Weile dauern, bis Johannes begreifen konnte, warum seine Mutter nicht mehr zu ihm nach Hause kam. Aber den Verlust würde er in nächster Zeit nur allzu sehr spüren, fürchtete der Hauptkommissar. Er schwor sich grimmig, denjenigen zu finden und zur Verantwortung zu ziehen, der dem kleinen Jungen die Mutter genommen hatte.

»Natürlich«, nickte Marianne Dachshofer und schenkte dem Kleinen ein trauriges Lächeln. Ihr schien bewusst zu sein, dass der Junge und sein Vater nun sehr viel Hilfe brauchen würden.

»Marianne …«

»Geh nur, Rainer«, sagte sie und legte ihm beschwichtigend die Hand auf den Arm. »Ich kümmer' mich um den Kleinen und bin da, wenn du wiederkommst«, versprach sie ihm leise. Rainer Bahrens schenkte ihr ein trauriges und hilfloses Lächeln. Dann drückte er seinem Sohn einen raschen Kuss auf die Stirn und folgte Hirschberg nach draußen.

»Kommen Sie, und machen Sie es sich bequem!« Tamara Winkler führte Susan, Isobel und den mit dieser untrennbar verbundenen Vincent Dornberg auf ihre mit Terrakottafliesen ausgelegte Terrasse, die wie an jedem Tag der vergangenen vier Wochen auch heute nicht von der andauernden Hitzewelle verschont blieb. Das schwarze Thermometer an der Wand neben der Terrassentür brüstete sich mit stolzen sechsunddreißig Grad. Susans Schläfen pochten vorwurfsvoll. Das aufdringliche Gehämmer hinter ihrer Stirn lag aber sicher nicht an der drückenden Hitze allein. Die spießbürgerliche Heuchelei, der aufdringliche Katholizismus des Pfarrers und das Turteln ihrer Tante mit Dornberg taten ihr Übriges. Sie war dankbar, als Tamaras Mann einen großen cremefarbenen Sonnenschirm aufspannte, der seinen Gästen um den runden weißen Gartentisch ausreichend Schatten spendete.

In dem nach Marianne Dachshofers Fund ausbrechenden allgemeinen Tumult waren Susan auf dem Friedhof neben Rosina Baumann auch Tamara und Stefan Winkler zu Hilfe geeilt. Sie musste schließlich für ihren Verlobten am Grab seines Großonkels die Stellung halten. Den Gesichtern der mehr oder weniger Trauernden war unschwer zu entnehmen, dass sie viel lieber schnurstracks an den Tatort geeilt wären, als auf der langweiligen Bestattung eines mit Viagra vollgepumpten Greises auszuharren. Die Angst vor der Reaktion des Pfarrers schien dann aber doch größer als die allgemeine Sensationslust.

Unter Schmalzengrubers donnernden, die Apokalypse heraufbeschwörenden Worten verschwand der Sarg im ausgehobenen Erdloch. Susan konnte es kaum erwarten, Großonkel Xavers letzter Ruhestätte vorerst den Rücken zu kehren.

»Ignorieren Sie den Pfarrer, Miss Waters«, flüsterte Tamara Susan ins Ohr, während diese die mechanisch aufgesagten Beileidsbekundungen der Trauergemeinde entgegennahm. »Er ist ein Spätberufener und somit ein Tausendprozentiger.« Sie zwinkerte Susan zu und schüttelte ihre rotblonde Mähne, als eine vorwitzige Biene sie anflog und drohte, sich in ihren dichten Haaren zu verfangen und am Ende ihren Stachel in Tamaras Kopfhaut zu rammen.

»Meine Frau hat recht«, nickte Stefan Winkler, der in seinem schwarzen Anzug regelrecht zerfließen musste. »Er ist berufsbedingt ein eingefleischter Moralapostel, aber die einschlägigen Laster kann auch er nicht von der Gemeinde fernhalten. Die Menschen sind überall auf der Welt gleich – auch hier im langweiligen Krindelsdorf«, grinste er. »Schmalzengruber würde das Dorf am liebsten zu einem aufrechten katholischen Bollwerk machen, aber die vielen Austritte machen ihm da einen Strich durch die Rechnung. Sogar viele überzeugte Katholiken von hier gehen in die Gottesdienste der Nachbargemeinden, weil sie ihn nicht ertragen«, ließ er sie wissen. »Der harte konservative Kern hier hält ihm allerdings die Stange. Deshalb darf er auch weiterhin in der Grundschule Religionsunterricht geben, obwohl sich immer wieder Eltern beschweren, dass ihre Kinder Angst vor ihm haben.«

»Dieser Mensch wird auf Kinder losgelassen?« Susan war fassungslos. Der Lehrerin in ihr wurde übel. »Anstatt zu unterrichten und Kindern die ewige Verdammnis zu prophezeien, sollte er sich besser um seine Haushälterin kümmern. Die hat ihrem Ehemann mit Sicherheit aus gutem Grund gestern Abend eine Watschen verpasst.«

»Wow, Sie haben sich ja gut in Bayern integriert«, lachte Tamara. »Sie kennen sich sogar schon mit bayerischen Ohrfeigen aus! Wissen Sie was? Wenn Sie Lust auf ein wenig Getratsche haben, dann trinken Sie doch einfach eine Tasse Kaffee bei uns auf der Terrasse. Wir machen die Apotheke sowieso erst am Nachmittag wieder auf«, erklärte sie und wandte sich mit nach oben gezogenen Augenbrauen an Isobel. »Wir haben auch einen gut bestückten Weinkeller, Mrs. Burton.«

Jauchzend und freudig strahlend nahm Isobel die Einladung an.

»Die Vorlieben Ihrer Tante haben hier am Ort schon die Runde gemacht«, zischte Tamara Susan zu und wandte sich dann an Rosina. »Kommst du auch mit?«

»Ich kann leider nicht. Ich habe in einer Stunde eine Besprechung mit meiner Tagungsgruppe in München«, erklärte sie an Susan gewandt. »Ich bin Historikerin, und im Moment organisieren ich und meine Kollegen eine Fachtagung über die Medienrevolutionen der Geschichte.« Sie warf einen kritischen Blick auf die Uhr. »Ich bin sowieso schon spät dran. Aber ein anderes Mal gern. Tamara und Stefan sind übrigens ausgezeichnete Gastgeber!«

Susan dankte Rosina lächelnd für ihren Beistand an Xavers Grab und drückte zum Abschied rasch ihre Hand. Dann nahm sie die spontane Einladung der Winklers an, obwohl sie sich sehr danach sehnte, zurück nach München zu fahren und sich zur Ablenkung ins Getümmel der Fußgängerzone zu stürzen. Susan hegte aber nun auch die leise Hoffnung, dass ein wenig Klatsch und Tratsch ihrem Verlobten bei der Aufklärung seines Falls hilfreich sein könnten. Und je schneller dieser Fall gelöst war und sie die lauen Sommerabende auf ihrem Balkon am Kaiserplatz wieder genießen konnten, desto besser.

Zuerst musste sie aber noch einen raschen Abstecher in die Gastwirtschaft machen, um den anschließenden Leichenschmaus abzusagen. Das in Susans Ohren sowieso unappetitliche Wort hatte einen unpassenden Beigeschmack bekommen. Da sich nun offenbar ein weiterer Mord ereignet hatte, war an ein geselliges Zusammensein nach der Beerdigung nicht mehr zu denken. Zumal es die meisten Trauergäste sowieso an den Tatort zog.

Gastwirt Brandls Enttäuschung wegen des unverhofften Gewinnausfalls war zwar nicht zu überhören, doch die so schnell aufeinanderfolgenden Morde eröffneten auch gewisse Ertragsmöglichkeiten, erklärte er Susan nach seiner Beileidsbekundung mit verstörender Sachlichkeit. Immerhin könne er nun bald ein weiteres Leichenkränzchen ausrichten. Wenn die Krindelsdorfer Mordserie nicht plötzlich abriss, kalkulierte der fleißige Geschäftsmann in ihm, und womöglich bald noch ein dritter und ein vierter Mord geschähen, kämen sicherlich abenteuerlustige Wochenendausflügler an die Tatorte. Würden sie da etwa nicht bei ihm, der die Ermordeten persönlich gekannt hatte und ein wenig aus dem Nähkästchen plaudern konnte, einkehren wollen, fragte er

Susan augenzwinkernd. Diese murmelte lediglich etwas Unverbindliches, bevor sie sich einigermaßen schockiert verabschiedete.

»Dann rücken Sie schon heraus mit den schmutzigen Details«, forderte Isobel die Winklers auf, als sie nun auf der Terrasse beisammen saßen. »Warum hat dieser Trampel, diese Hackelgruber – was soll das überhaupt für ein Name sein? – ihren Mann gezüchtigt? Kommt er seinen ehelichen Pflichten nicht oft genug nach oder enttäuscht er sie im Schlafzimmer einfach nur regelmäßig? Seiner Statur nach zu urteilen kann es mit seiner Ausdauer nicht besonders weit her sein«, urteilte sie abfällig, nur um den schmunzelnden Winklers im nächsten Atemzug zu erklären: »Es gibt heutzutage allerdings hervorragende Sexualtherapeuten, die auch den hoffnungslosesten Fällen helfen können. Natürlich müsste Frau Hackelgruber gewaltig an ihrer Optik arbeiten und er an seinem Auftreten. Ein wenig Kraft- und Ausdauertraining wäre bestimmt auch von Vorteil, aber ich glaube dennoch …«

»Tante Isobel!«, stöhnte Susan, die von der unverblümten Direktheit ihrer Tante langsam, aber sicher in den Wahnsinn getrieben wurde. Zog sie es denn wirklich niemals in Betracht, dass sie andere mit ihrer Offenheit vor den Kopf stoßen könnte? Susan löffelte hektisch den Milchschaum von ihrem Cappuccino und öffnete ein Päckchen Zucker, wofür sie von Isobel einen missbilligenden Blick erntete. Ihre Tante wurde nicht müde, sie daran zu erinnern, dass sie in ein paar Wochen in ein Brautkleid passen musste, aber wenn sie so weitermachte …

»Ist schon gut, Miss Waters«, lächelte Tamara. »Ich finde Ihre Tante sehr erfrischend.«

Isobels Kehle entfuhr sogleich ein triumphierendes Lachen.

»Auch wenn Schmalzengruber mich dafür vermutlich in den Beichtstuhl zerren würde«, ergänzte Tamara gutgelaunt. »Es tut wirklich gut, endlich einmal jemanden zu treffen, der kein Blatt vor den Mund nimmt! Und für ein bisschen Klatsch sind Sie drei schließlich hier. Glauben Sie mir, als Apothekerin bekommt man so einiges mit, was andere Menschen nicht zu hören bekommen. So wissen wir beispielsweise, dass der gute Herr Hackelgruber eine verhängnisvolle Schwäche für Damenunterwäsche hat – getragene Damenunterwäsche, um genau zu sein. Nur eben nicht für die Liebestöter seiner Frau, mögen sie auch noch so lang getragen sein.« Tamara zog ironisch die Augenbrauen nach oben. »Die Tochter des Bäckers studiert in München, und es kursiert das Gerücht, dass sie sich ein paar Euro dazu verdient, indem sie Hackelgruber und vermutlich auch so einigen anderen interessierten Männern ihre getragenen Slips verkauft. Vermutlich hat Frau Hackelgruber wieder einmal ein verdächtiges Wäschestück in seinem Angelkoffer gefunden. Ein, sagen wir, hellblaues Spitzenhöschen in Größe vierunddreißig muss sich ja von ihren unförmigen und eher wenig reizvollen Schlüpfern drastisch unterscheiden«, fügte Tamara mit einem verschwörerischen Grinsen hinzu.

»Sie müssen wissen«, erzählte Stefan Winkler ebenfalls grinsend, »dass Frau Hackelgruber ihre Reizwäsche im Sommer regelmäßig auf der Wäscheleine im Garten offen zur Schau stellt. Viele in der Gemeinde können daher die Neigungen ihres Ehemanns nachvollziehen.« Er zwinkerte schelmisch mit den Augen, während seine Frau ihn mit gespieltem Tadel in die Seite boxte.

»Das muss ja ein gefundenes Fressen für diese Provinzler sein«, prustete Isobel los und legte ihre Hand auf Dornbergs Knie. »Eigentlich ist dieser Ort hier perfekt für dein Filmstudio, Vincent. Es wird höchste Zeit, dass das Natürlichste auf der Welt auch hier selbstverständlich wird! Streng genommen wären das Studio und deine Filme eine richtige Massentherapie!«

»Den Eindruck habe ich auch«, nickte der Geschäftsmann geschäftseifrig. »Vielleicht spreche ich mal mit der Tochter des Bäckers, denn auch wir vertreiben Unterwäsche dieser Art und sind laufend an neuen Damen und ihren individuellen Duftnoten interessiert. Vielleicht kann ich ja mit ihr ins Geschäft kommen.« Susan konnte sehen, dass er im Geiste bereits mit tief schwarzen Zahlen jonglierte. *Was würde einer wie Vincent Dornberg bloß machen, wenn es keine Perversen gäbe,* dachte Susan.

»Und die Kräuterhexe hier am Ort?«, wechselte sie rasch das Thema und verbannte die getragenen Höschen in die nächstbeste Schublade. »Gibt's über die auch etwas zu sagen?«

»Marianne ist harmlos«, sagte Tamara Winkler und strich sich eine vorwitzige Haarsträhne hinter ihr linkes Ohr. »Sie braut ihre Kräutermedizin und hat so ihre Abnehmer. Auch wir verkaufen einige der Tinkturen«, erwähnte sie. »Homöopathie kann manchmal durchaus wirkungsvoll sein, man muss nicht immer gleich mit der chemischen Keule um die Ecke kommen.«

»Aber sie hantiert doch auch mit Giftpflanzen«, hakte Susan nach.

»Ja, aber Marianne kennt sich hervorragend aus«, antwortete Tamaras Mann. »Sie würde niemals eine ihrer Arzneien überdosieren.« Er schüttelte entschieden den Kopf. »Außerdem wäre es doch reichlich dumm von ihr, wenn ausgerechnet *sie* Frau Seitlbach mit Eisenhut aus dem Weg räumt, wo doch jeder weiß, dass sie ihre Mittelchen unter anderem mit Eisenhut herstellt. Wenn Sie mich fragen, will einfach jemand den Verdacht auf sie lenken«, schlussfolgerte der Apotheker. »Auch wenn ich mir beim besten Willen nicht vorstellen kann, wer das sein könnte.«

Susan nickte nachdenklich. Auch sie glaubte nicht, dass ausgerechnet Marianne Dachshofer mit einer ihrer Tinkturen Helga Seitlbach ermordet hatte. Dann musste ja jeder glauben, dass sie etwas mit dem Mord zu tun hatte.

»Außerdem wüsste ich nicht, welches Motiv sie hätte«, warf Tamara ein, während Isobel und Dornberg alles um sich herum zu vergessen schienen und wie zwei kichernde Teenager miteinander turtelten.

»Gibt es Ihrer Meinung nach überhaupt jemanden hier am Ort, der ein Motiv gehabt hätte, die Frau des Bürgermeisters umzubringen?«, wollte Susan wissen und ließ das Ehepaar nicht aus den Augen.

Die Winklers wechselten einen Blick, und Tamara verzog ihr Gesicht zu einer abwägenden Grimasse. »Sehen Sie, Frau Seitlbach galt hier immer als nicht besonders intelligent, verfressen und auch als Elefant im Porzellanladen«, erklärte sie sachlich. »Und ich glaube, besonders raffiniert und mit sozialer Intelligenz gesegnet war sie wirklich nicht. Gerade deshalb ist sie vielen Menschen, ohne es zu merken, ganz gehörig auf die Füße getreten. Der Frau Moosberger, ihrer Putzfrau, hat sie zum Beispiel immer zu verstehen gegeben, dass sie selbst etwas Besseres war, wenn Sie verstehen, was ich meine. Und außerdem glaube ich nicht so recht, dass sie nie etwas davon mitbekommen haben will, dass ihr Mann sie seit Jahren mit ihrer eigenen Nichte betrog. Nicht einmal *sie* kann so naiv gewesen sein.« Tamara schüttelte zweifelnd den Kopf.

»Nicole Reinhardts Mutter war ein bildschönes brasilianisches Model«, warf Isobel Burton ein, als es ihr gelang, ihre Aufmerksamkeit einige Augenblicke lang von Dornberg zu lösen. »Da ihre Tochter ihr extrem ähnelt, kann ich Herrn Seitlbach in vollstem Umfang verstehen«, fügte sie mit erbarmungsloser Sachlichkeit hinzu. »Außerdem verfügt Nicole Reinhardt über einen ausgesprochen scharfen Geschäftssinn, und ihre Dessouskollektion ist ein Traum«, schwärmte sie. »Nicht wahr, Vincent?«

Susan schwor sich, ihre Tante zu erwürgen, sollte sie jetzt auf die Idee kommen, wieder ihre Designerbluse zu öffnen, um einen weiteren verführerischen Brustpanzer aus Nicoles Kollektion zu präsentieren.

22.

Nachdem er dafür gesorgt hatte, dass der zunächst aufgewühlte und dann apathische Rainer Bahrens nach der Identifizierung des Leichnams seiner Frau zurück nach Hause zu seinem Sohn gebracht wurde, klopfte Hirschberg mit gemischten Gefühlen an die Tür zum Büro des LKA-Präsidenten, der ihn hektisch hereinwinkte. Hirschberg wusste, dass Krämers Ungeduld nicht gegen seine Person direkt gerichtet war, sondern vielmehr gegen die Gesamtsituation. Zwei dicht aufeinanderfolgende Morde in ländlichem Idyll waren eine wahre Delikatesse für die Boulevardpresse. Bis vor kurzem hatten sich die Medien ja noch ruhig verhalten. Wen interessierte es schon großartig, wenn in einem kleinen, unbedeutenden Kaff in irgendeinem Winkel Bayerns die unattraktive Gattin eines bisher noch reichlich unbekannten Kommunalpolitikers vergiftet wurde? Kam dann aber ans Tageslicht, dass dessen langjährige Geliebte ausgerechnet mit der Tochter des LKA-Präsidenten befreundet war, und dass nun noch eine junge Frau und Mutter Opfer eines heimtückischen Mordes geworden war, dann konnte sich das Blatt sehr schnell wenden. Zumal Bettina Bahrens einen hilflosen kleinen Sohn und einen untröstlichen Ehemann zurückließ und noch dazu bei weitem attraktiver war als die kurz zuvor über die Klinge gesprungene Frau Bürgermeister. Die Medien waren nun einmal dankbar für jede rührselige Tragödie, die die Zuschauer einige Minuten länger vor den Fernseher schweißte. Erst recht dann, wenn es auch noch um ein so sinnloses Verbrechen ging.

Die Reporter hatten Bettina Bahrens' Blut geleckt, so schrecklich das auch in Hirschbergs Ohren klang. Er konnte bereits die geschockten und um Aufmerksamkeit heischenden Gesichter der Nachbarn und weiterer Bewohner des Ortes sehen, die die Ermordete zwar lange nicht so gut gekannt hatten, wie sie es vorgaben, aber der Nation mit erschütterten Mienen versicherten, dass diese keiner Fliege etwas hätte zuleide tun können. Dass keiner von ihnen mit einer solchen Tragödie jemals gerechnet hätte. Der Hauptkommissar fragte sich, wie viele Krindelsdorfer jetzt nach ihrem großen Auftritt lechzten. Wie viele sich vor die Kameras drängten, um ganz Deutschland einen beschaulichen Ort im Schockzustand zu präsentieren.

»Setzen Sie sich, Herr Hirschberg.« Krämer deutete auf den Stuhl vor seinem Schreibtisch.

Er war eigentlich ein besonnener und vernünftiger Mensch, der sich ungern von äußeren Umständen beeinflussen oder gar unter Druck setzen ließ, wusste Hirschberg, schon um diese Art von Druck nicht an seine Ermittler weitergeben zu müssen. Dennoch lag ihm die Angelegenheit sichtlich im Magen.

»Ich habe heute Morgen einen Anruf von einem hochrangigen Beamten der Landesregierung erhalten, der mir gegenüber unmissverständlich zum Ausdruck gebracht hat, dass er den Fall Helga Seitlbach schnellstens gelöst sehen möchte«, sagte Krämer. »Offenbar hätte dieser Beamte gerne seinen Parteifreund Seitlbach als einen seiner Landräte, und er möchte die Kandidatur nicht durch die Ermittlungen gefährdet sehen.«

»Das kann ich schon verstehen, Herr Präsident, aber …«, begann Hirschberg.

»Ich weiß, ich weiß, ich finde es ja selbst unmöglich«, winkte Krämer ab. »Ich wollte es Sie nur wissen lassen.

Dazu kommt aber, dass die Presse dabei ist, sich festzubeißen, und bis Ende der Woche wird Krindelsdorf bundesweit als ›Das Dorf des Schreckens‹ bekannt sein«, prophezeite der Präsident mit düsterem Sarkasmus. »Ich nehme an, Sie bringen mir keine besonders guten Neuigkeiten«, schlussfolgerte er nach einem Blick in das Gesicht des Hauptkommissars.

Hirschberg schüttelte den Kopf. Er fürchtete, dass zu allem Überfluss ein fanatischer Pfarrer Schmalzengruber vor laufenden Kameras der Nation den sicheren Gang ins Fegefeuer prophezeite und den Generalverdacht generationenübergreifender inzestuöser Verhältnisse in den entlegenen Winkeln Deutschlands aufkeimen ließ. »Leider nein«, bestätigte er Krämers Befürchtung. »Jetzt, da es den zweiten Mord gibt, tappen wir ehrlich gesagt noch mehr im Dunkeln als zuvor. Bettina Bahrens ist nicht vergiftet, sondern erschlagen worden. Sie ist, wie Sie wissen, erst heute Morgen tot aufgefunden worden. Ich gehe davon aus, dass sie irgendwann in der letzten Nacht heimlich und leise aus dem Haus geschlichen ist. Ihr Mann schwört Stein und Bein, dass er sie nicht hat weggehen hören. Er meinte, er habe einen sehr tiefen Schlaf. Manchmal wache er nicht mal auf, wenn sein Sohn sich die Seele aus dem Leib schreie.« Hirschberg seufzte. »Sie hinterlässt also einen kleinen Sohn und einen am Boden zerstörten Ehemann, der sich Vorwürfe macht, die Tat nicht verhindert zu haben.«

»Das ist ein gefundenes Fressen für die Presse«, stöhnte Krämer kopfschüttelnd. »Haben Sie schon irgendwelche Anhaltspunkte? Gibt es vielleicht irgendeine Verbindung zwischen ihr und dieser Seitlbach, außer dass sie am selben Ort gewohnt haben?«

»Bis jetzt wissen wir leider nur sehr wenig. Hansen

ist bisher auf keine Verbindung der beiden Opfer gestoßen …« Hirschberg zögerte und massierte gedankenverloren sein Kinn.

»Raus mit der Sprache, Hirschberg!« Sein Mund verzog sich zu einem humorlosen Grinsen, und seine Stirn legte sich in Falten. Sein schütteres graumeliertes Haar klebte dank der Hitze an seiner Stirn, und unter seinen Achseln hatten sich verräterisch dunkle Stellen gebildet. Der Hauptkommissar sah ihn zum ersten Mal so mitgenommen. Er vermutete, dass der Präsident des LKA nicht nur aufgrund der Hitze so sehr ins Schwitzen geriet.

»Es geht um den Herrn Bürgermeister und Nicole Reinhardt«, begann er, und Krämer nickte bedächtig. »Ich weiß, dass Frau Reinhardt eine Freundin Ihrer Tochter und eine erfolgreiche, aufstrebende Geschäftsfrau ist, aber dennoch gibt es da ein paar Dinge, die kein besonders gutes Licht auf sie und ihren Onkel werfen. Ich sage nicht, dass sie unbedingt etwas mit dem Mord an ihrer Tante zu tun hat, aber es gibt Hinweise, denen wir unter allen Umständen nachgehen müssen.«

Krämer lehnte sich auf seinem Sessel zurück und starrte eine Weile gedankenverloren vor sich hin, bevor er ihm antwortete.

»Meine Tochter hat mir erklärt, dass ihre Freundin sowohl die Kandidatur ihres Onkels als auch ihre eigenen Geschäfte gefährdet sieht, wenn die Sache nicht bald aus der Welt geschafft ist. Auf einigen einschlägigen Internetseiten wird Nicole Reinhardt wohl schon verrissen und das Verhältnis zu ihrer Tante skandalisiert. Ihre Dessous-Konkurrenz frohlockt wohl schon. Aber dennoch, oder gerade deswegen: Es würde sicher nicht besonders gut aussehen, wenn der Eindruck entstünde, dass die beiden von den Ermittlern mit Samthandschuhen angefasst werden. So etwas kann ich mir in meiner Position nicht leisten«, er schüttelte bekräftigend den Kopf. »Ich will weder meine noch die Integrität dieser Behörde in Frage gestellt sehen.«

»Da kann ich Ihnen nur beipflichten«, nickte Hirschberg.

»Wenn ich daran denke, dass ich Ihnen und Ihrer Kollegin den Fall anvertraut habe, weil ich glaubte, er wäre nicht so verzwickt! Sie sollten es einmal ruhiger als sonst angehen lassen können, und für Hansen hätte es ein angenehmer Einstand werden sollen!« Krämer lachte humorlos. »Und jetzt sitzen uns sowohl die Presse als auch Seitlbachs Parteifreunde im Nacken. Während ich die Anrufe aus dem Innenministerium nicht ignorieren kann, lachen sich die Kollegen von der Kripo bestimmt ins Fäustchen. Was glauben Sie, Herr Hirschberg, wie froh die Kollegen jetzt sind, dass nicht sie, sondern wir den Fall an der Backe haben!« Er beugte sich nach vorne und stützte die Ellbogen auf den Schreibtisch.

»Und als wäre das alles nicht schon schlimm genug, geht mir jetzt auch noch meine Tochter auf die Nerven!«, seufzte er. »Sie können sich sicher denken, dass ich es sehr begrüßen würde, wenn Ihre Ermittlungen ergäben, dass weder Frau Reinhardt noch Herr Seitlbach etwas mit dem Mord an Frau Seitlbach oder dem an der jungen Frau zu tun haben, aber ich werde Sie als den ermittelnden Hauptkommissar sicher nicht zurückpfeifen, wenn Sie tatsächlich gute Gründe haben, Nicole und dem lustigen Witwer auf den Zahn zu fühlen.«

»Ich habe sehr gute Gründe, Herr Präsident«, entgegnete Hirschberg und merkte, dass ihm seine Erleichterung anzuhören war. »Angeblich hat Nicole Reinhardt seit Jahren, eigentlich schon seitdem ihre Tante sie nach dem Unfall ihrer Eltern zu sich genommen hat, ein Verhältnis mit ihrem Onkel, dem Herrn Bürgermeister. Alle Zeugen, die ich bisher in Krindelsdorf befragt habe, haben einstimmig und unabhängig voneinander ausgesagt, dass Frau Seitlbach niemals etwas davon bemerkt und erst ein bis zwei Tage vor ihrem Tod davon Wind bekommen habe. Die Kollegin Hansen hat außerdem eine Nachbarin von Nicole Reinhardt in Grünwald befragt, eine gewisse Frau Döbereiner, und die hat ausgesagt, dass Frau Seitlbach mit ihrer Nichte am Freitag vor ihrer Ermordung einen fürchterlichen Streit hatte. Sie konnte zwar nicht genau hören, worum es ging, aber wir wissen mittlerweile, dass Nicoles Affäre mit Herrn Seitlbach der Anlass gewesen sein muss. Jemand hat Frau Seitlbach einen anonymen Brief zukommen lassen. Das kann ich nicht so einfach außer Acht lassen.«

»Der Meinung bin ich auch«, nickte Krämer. »Dann werde ich für morgen eine Pressekonferenz anberaumen und verlauten lassen, dass wir verschiedenen Hinweisen nachgehen, aber der Öffentlichkeit noch nichts Genaues sagen können, da wir die laufenden Ermittlungen nicht gefährden wollen. Gehen Sie bitte so diskret wie möglich vor, Hirschberg. Es besteht ja immerhin die Möglichkeit, dass Nicole Reinhardt nichts mit dem Tod ihrer Tante zu tun hat.«

»Ich werde sehr diskret sein, Herr Präsident.«

23.

»Miss Waters!«

Susan, die gerade dabei war, die Stufen zur U-Bahn an der Ludwigskirche hinunterzusteigen, wandte sich um. Sie erblickte Rosina Baumann, die winkend und mit einem freudig erstaunten Lächeln auf sie zukam. Nicht nur ihre feinen Gesichtszüge, sondern auch ihr geschmeidiger Gang erinnerten an eine grazile Katze.

»Das ist ja eine Überraschung! Dass ich Sie hier treffe! Schwabing ist eben auch nur ein Dorf«, rief sie lachend und schob ihre Sonnenbrille nach oben. Ihr brünettes Haar glänzte in der Sonne, und ein feuchter Film hatte sich auf ihrem Dekolleté gebildet. Die Hitze staute sich jetzt am Mittag dermaßen auf der Ludwigstraße, dass die hohen Temperaturen klaustrophobische Beklemmungszustände auslösten. Susan empfand die Hitze als noch drückender als am Tag zuvor zwischen den Krindelsdorfer Grabsteinen.

»Es tut mir sehr leid, dass ich mich gestern nach der Beerdigung so schnell verabschieden musste, aber Sie waren bei Tamara und Stefan ja in guten Händen«, sagte Rosina.

»Ja, das waren wir«, erwiderte Susan lächelnd. Gerade hatte sie sich von einer Freundin verabschiedet, der sie beim Brunch ihr Herz über die völlig verkorkste Situation in Krindelsdorf ausgeschüttet hatte. Ihren Mann bekam sie so gut wie gar nicht mehr zu Gesicht – gestern war er bis spät auf dem Präsidium gewesen, und heute hatte er sich mit dem Hinweis auf eine heiße Spur nach dem Morgenkaffee direkt wieder auf den Weg gemacht. »Sie müssen sich auch nicht entschuldigen. Es war schön, dass Sie sich die Zeit nehmen konnten und da waren.«

»Sie sehen müde aus«, stellte Rosina mit einem Blick in Susans erhitztes Gesicht fest. »Wie wäre es mit einem Glas Wasser?« Sie deutete auf den Eingang des *Cadu*. Das Café neben der Ludwigskirche war ein beliebter Treffpunkt für Studenten, die sich ein bis zwei Freistunden um die die Ohren schlagen mussten oder auch eine Vorlesung »aus guten Gründen« ausfallen ließen. »Ich habe noch eine knappe Stunde Pause, bevor ich wieder in die Uni muss, und ich habe noch nichts gegessen. Ich würde mich über Gesellschaft freuen«, schlug sie lächelnd vor, und Susan zögerte nicht lange.

»Sie scheinen eine sehr interessante Tagung zu organisieren«, meinte Susan, nachdem die Kellnerin ihre Bestellung aufgenommen hatte. Sie deutete auf den Schnellhefter mit einigen Tagungsunterlagen, den Rosina als Fächer zweckentfremdete. »'Vom Minnesang zum Internet'«, entzifferte Susan auf dem Deckblatt. »Was kann ich mir darunter genau vorstellen?«

»Nun ja, es geht um die großen Medienrevolutionen«, erklärte Rosina, und Leben kam in ihre strahlend grünen Augen. »Uns ist es wichtig, nicht nur den historischen Wandel und den Fortschritt neuer Technologien darzustellen, sondern auch die Reaktionen der Menschen und die Konsequenzen, die Schattenseiten der Medien«, erklärte sie, nahm einen Schluck von ihrem perlenden Mineralwasser und brachte die Eiswürfel im Glas zum Klimpern. »Sehen Sie, heute schlagen Pädagogen Alarm, dass Kinder und Jugendliche zu wenig lesen. Nach Aufkommen des Buchdrucks in der Frühen Neuzeit aber gab es kritische Stimmen, die bemängelten, dass durch den Buchdruck die Mündlichkeit und die Geselligkeit auf der Strecke blieben.« Rosina lächelte. »Kein Wandel geht also ohne Kritik vonstatten, und gesellschaftliche Akzeptanz kommt nicht über Nacht.«

»Da haben Sie wohl recht. Und die Schattenseiten der Medien sind Propaganda und Manipulation?«, fragte Susan.

»Genau«, nickte Rosina und dankte dem Kellner, als er den frischen Sommersalat mit gebratenen Austernpilzen vor sie auf den Tisch stellte. »Die Medien sind von den Machthabern und den oberen Zehntausend immer schon zu Inszenierungszwecken genutzt worden. Ein Minnesänger konnte damals das Ansehen einer edlen Dame ordentlich aufpolieren. Und im neunzehnten Jahrhundert zum Beispiel hat Queen Victoria die Bedeutung des öffentlichen Images erkannt und ließ sich in entsprechender Weise ablichten«, erzählte sie und griff nach einer Scheibe Baguette. »Unser Ansatz ist also sowohl medien- als auch sozial- und kulturgeschichtlich. Im September finden in der Uni auch ein paar Vorträge dazu statt, falls Sie das Thema interessiert«, schloss sie.

»Das klingt gut«, sagte Susan und nahm einen Schluck von ihrem Wasser. »Wenn Alex bis dahin den Krindelsdorfer Mörder hinter Schloss und Riegel gebracht hat, bringe ich ihn gerne mit. Also meinen Mann, nicht den Mörder«, lachte sie.

»Er tappt noch immer im Dunkeln?«, erkundigte sich Rosina.

»Na ja …« Susan zuckte unschlüssig mit den Schultern. Alex gefiel es nicht, wenn sie mit Außenstehenden über seine laufenden Ermittlungen sprach, und er mahnte sie stets, alles, was er ihr erzählte, für sich zu behalten, doch Susan war neugierig. Wenn Hirschberg ermittelte, spielte sie nun einmal gern Hobbydetektivin, sobald sich die Gelegenheit dazu bot. Außerdem hatte sie das Gefühl, einen Draht zu Rosina Baumann zu haben. Sie mochte die junge Historikerin und ihren Mann, die einen erfrischenden Kontrast zu Pfarrer Schmalzengruber oder auch Bürgermeister Seitlbach bildeten. Wenn sie sich ihr gegenüber ein wenig öffnete, würde Rosina womöglich im Gegenzug aus dem Krindelsdorfer Nähkästchen plaudern und so Alex' Ermittlungen erleichtern, rechtfertigte sich Susan vor sich selbst.

»Er ist bis jetzt noch auf kein wirklich konkretes Motiv gestoßen. Marianne Dachshofer ist zwar die Kräuterhexe am Ort und hatte Streit mit Helga Seitlbach, aber, wie die Winklers auch meinen, wäre sie ganz sicher nicht so dumm, den Apfelstrudel erst zu backen, dann zu vergiften und damit Frau Seitlbach zu töten. Und warum hätte sie Bettina Bahrens ermorden und anschließend auch noch finden sollen? Ich halte das für viel zu einfach.« Susan schüttelte den Kopf. »Und Nicole Reinhardt hat ihre Tante zwar allem Anschein nach nicht gemocht und ihr den Mann ausgespannt, aber warum sollte sie sie erst jetzt umbringen? Warum solange warten?« Susan seufzte. »Außerdem scheint in Krindelsdorf jeder irgendetwas zu verbergen zu haben.«

»Da haben Sie durchaus recht«, stimmte Rosina ihr zu, »aber es gibt nicht nur unangenehme Zeitgenossen dort. Nicht alle sind so wie Pfarrer Schmalzengruber, und auch wenn Zuagroasde anfangs misstrauisch beäugt werden, geben die meisten Krindelsdorfer ihnen dann doch eine Chance. Mein Mann wird mittlerweile jedenfalls nicht mehr des Stammtischs verwiesen«, grinste sie mit einem Augenzwinkern. »Schon wegen Herrn Dornbergs Plänen glaube ich aber, dass viele sehr unsicher sind, was nun mit Xaver Hirschbergs Haus passiert. Der Pfarrer mag ihn ja in der Hölle schmoren sehen, aber Xaver war keineswegs unbeliebt in Krindelsdorf«, erklärte sie der erstaunten Susan. »Er war großzügig und immer sehr freundlich zu allen. Die konservativen Moralapostel, die dem Pfarrer in bestimmte Körperteile kriechen, hat er schlichtweg ignoriert.«

»Das war mir gar nicht bewusst«, entgegnete Susan verwundert. »Allerdings haben Alex und ich auch kaum über Großonkel Xaver gesprochen. Er hat zwar gelegentlich mit ihm telefoniert, aber da sein Job so stressig ist, haben die beiden sich kaum gesehen. Alex' Eltern hatten, soweit ich weiß, ein wenig mehr Kontakt. Zumindest wenn sie nicht gerade wieder wie jetzt auch im Ausland waren«, fügte sie hinzu.

»Sie haben den Ort nicht auf dem besten Fuß erwischt«, fuhr Rosina fort. »Zwei Morde, dann die Ermittlungen Ihres Zukünftigen und die Ungewissheit, was mit dem Haus wird – all das ist eine Zerreißprobe für Krindelsdorf. Es ist nun einmal keine Großstadt, und auch wenn es mich nichts angeht, aber jemandem wie Herrn Dornberg sollte Ihr Verlobter das Haus wirklich nicht überlassen. Das führt nur zu weiterem Mord und Totschlag«, befürchtete sie.

»Glauben Sie mir, Frau Baumann, ich bin mir sicher, dass Alex nicht vorhat, an Dornberg zu verkaufen«, versicherte ihr Susan. »Aber sagen Sie, können Sie sich vorstellen, wer Helga Seitlbach und Bettina Bahrens umgebracht hat?« Susan wollte die Gelegenheit nicht ungenutzt verstreichen lassen. Rosina Baumann kannte die Bewohner des Ortes, und vielleicht hegte sie ja tatsächlich einen Verdacht.

»Nun ja …« Rosina legte ihre Stirn in Falten und verzog ihren Mund zu einer abschätzenden Grimasse. »Das mit Bettina Bahrens kann ich mir gar nicht erklären«, begann sie und schüttelte bedauernd den Kopf. »Und was

Helga Seitlbach angeht, gebe ich Ihnen recht. Ich halte Marianne auch nicht für die Mörderin. Sie sollte vielleicht ein wenig mehr Sorgfalt bei der Aufbewahrung ihrer Giftpflanzen walten lassen, aber ich würde meine Hand für sie ins Feuer legen. Man muss auch kein Polizist sein, um zu erkennen, dass es sich bei dem Mörder um einen sehr abgebrühten Menschen handeln muss. Es war zwar allgemein bekannt, dass Frau Seitlbach gern nach dem größten Stück am Buffet greift«, räumte sie ein, »aber im Fall eines Falles hat er oder sie doch den Tod anderer in Kauf genommen. Und ich glaube genauso wenig, dass Nicole ihre Tante auf dem Gewissen hat.« Ein sanftes Lächeln umspielte jetzt Rosinas Mund. »Nicole wirkt sehr berechnend und eiskalt, aber man darf nicht vergessen, dass sie schon in jungen Jahren sehr viel durchgemacht hat. Ich kann mich noch gut erinnern, wie es war, als sie vor zwölf Jahren nach Krindelsdorf kam. Ich war damals vierundzwanzig«, erinnerte sie sich. »Sie ist in einer sehr kritischen Lebensphase entwurzelt worden, hat den Halt verloren. Und ja, Sie und Herr Hirschberg machen sich bestimmt so Ihre Gedanken über Nicoles Beziehung mit dem Bürgermeister, aber, ob Sie es glauben oder nicht, ich denke, dass Seitlbach ihr Halt gibt. Er mag ja um die zwanzig Jahre älter sein als sie, aber die beiden ergänzen sich hervorragend. Sie ist eine ehrgeizige Geschäftsfrau. Sie weiß, wie man Waren und auch Menschen«, an dieser Stelle zog sie vielsagend die Augenbrauen nach oben, »an den Mann bringt. Mit Nicole an seiner Seite wird unser Bürgermeister es weit bringen. Und auch wenn Nicole sich in Krindelsdorf noch so unwohl fühlt und über alles und jeden die Nase rümpft, glaube ich, dass die beiden eine Zukunft haben. Seit Jahren tun sie alles, um einen öffentlichen Skandal zu vermeiden«, erklärte sie Susan. »Deswegen bin ich auch überzeugt, dass sie Helga nicht getötet haben. Dass durch den Mord an seiner Frau nun alles ans Licht zu geraten droht, kommt ihm jetzt, wo er doch Landrat werden will, nicht unbedingt gelegen. Allerdings glaube ich auch, dass er es mit Nicole eines Tages bis nach Berlin schafft. Und dann geht schätzungsweise auch Nicoles Wunsch in Erfüllung, und die beiden kehren Krindelsdorf den Rücken.«

»Ich verstehe, was Sie meinen«, nickte Susan bedächtig. »Aber haben Sie denn gar keinen Verdacht, wer Helga Seitlbach oder Bettina Bahrens aus dem Weg haben wollte?« Sie beugte sich nach vorne und senkte ihre Stimme. »Helga Seitlbach hatte an dem Freitag vor ihrem Tod Streit mit Frau Dachshofer«, ließ sie Rosina wissen, was ihr Verlobter ihr anvertraut hatte. »Sie meinte wohl zu ihr, sie würde ihrem ›Drogenlabor‹«, Susan malte mit den Fingern Anführungsstriche in die Luft, »ein Ende machen. Können Sie sich vorstellen, wie sie das gemeint hat?«

»Miss Waters, Frau Seitlbach hat gerne verbal um sich geschlagen, wenn sie sich über jemanden geärgert hat. Marianne betreibt doch kein Drogenlabor!« Rosina verdrehte die Augen. »Allerdings gab es vor ungefähr zehn Jahren einen Vorfall. Ein junges Mädchen, sie muss damals siebzehn oder achtzehn gewesen sein, ihr Name war Iris, hat sich sehr für Mariannes Arbeit interessiert«, erinnerte sie sich. »Sie hatte Liebeskummer und war ziemlich depressiv. Eines Tages hat sie sich eine von Mariannes Belladonnatinkturen gegriffen und Selbstmord begangen. Ihre Familie hat schlimmste Vorwürfe gegen Marianne erhoben, die aber alle im Sand verlaufen sind. Bis auf Helga Seitlbach stand auch der gesamte Ort hinter Marianne. Iris' Familie hat dann das Haus verkauft und ist weggezogen.«

»Und warum hat ausgerechnet Helga Seitlbach sich gegen Frau Dachshofer gestellt?«

»Na ja, ob Sie's glauben oder nicht, Miss Waters«, grinste Rosina, »Marianne Dachshofer war als junge Frau durchaus attraktiv, und ihr verstorbener Mann war ganz verrückt nach ihr. Es ist aber auch ein offenes Geheimnis, dass Helga Seitlbach gerne Frau Dachshofer geworden wäre, obwohl Albert Dachshofer zwölf Jahre älter war als sie. Sie hat es wohl nie verwunden, dass sie ihn an Marianne verloren hat.« Ein verschwörerisches Grinsen umspielte ihren Mund. »Helga Seitlbach war ein ungeheuer nachtragender Mensch. Sie hat vielleicht ihren Apfelstrudel geliebt, aber Marianne selbst konnte sie nicht ausstehen. Es muss auch ein Schlag für sie gewesen sein, dass Nicole ausgerechnet bei Marianne Trost gesucht hat, als sie nach dem Tod ihrer Eltern nach Krindelsdorf kam.«

Susan nippte gedankenverloren an ihrem Wasser. War Marianne Dachshofer die einzige Krindelsdorferin, die in Helga Seitlbachs Visier geraten war, oder gab es am Ende noch andere?

»Vielleicht erklären Sie uns jetzt endlich einmal, warum Sie so dringend mit meinem Mandanten sprechen wollen.« Rechtsanwalt Hagen Federer nahm den Platz neben seinem gelangweilt dreinblickenden Klienten Igor Barisov ein. Eine rotgeränderte Lesebrille saß auf der spitz zulaufenden Nase des Anwalts, und seine graugrünen Augen musterten den Hauptkommissar über den

Rand der Brille hinweg missbilligend. Sein graumeliertes schwarzes Haar war sorgfältig nach hinten gekämmt, und sein hageres Gesicht war glattrasiert. Federers dunkelblauer Anzug schien wie der seines Mandanten maßgeschneidert zu sein. »Herr Barisov ist ein vielbeschäftigter Geschäftsmann und hat wichtige Termine wahrzunehmen.«

»Das glaube ich gern«, entgegnete Hirschberg gelassen und setzte sich. »Aber ich ermittle in zwei Mordfällen, und ich habe diesbezüglich ein paar Fragen an Ihren Mandanten.«

Er und Hansen hatten am vergangenen Abend kaum ihren Augen getraut, als sie nach einer atemberaubend langen Strecke unspektakulärer Landschaftsaufnahmen von Frau Seitlbach mehr schlecht als recht auf einem Bild hinter einem Baumstamm verborgen auf Igor Barisovs Gesicht gestoßen waren. Federers Klient war für die Behörden alles andere als ein Unbekannter.

»Ich habe niemanden umgebracht«, sagte Barisov mit einem blasierten Lächeln, das ihn wie einen Breitmaulfrosch erscheinen ließ. Während Federer neben ihm wie eine Spargelstange wirkte, erinnerte Barisovs Statur an einen Bären, der seine Gegner mühelos zerfleischen konnte, wenn es darauf ankam. Man sagte ihm jahrelanges Boxtraining und eiserne Disziplin nach, die seinen Körper gestählt hatten. Auch er war perfekt rasiert, und sein Haarschnitt zeugte von nahezu militärischer Präzision. An seinem linken Handgelenk prangte eine goldene Armbanduhr, den linken Ringfinger zierte ein goldener Herrenring mit einem eingravierten kyrillischen Buchstaben. Der Russe stand in dem Ruf, einer der erfolgreichsten »Geschäftsmänner« der Unterwelt zu sein, und geriet immer wieder ins Visier der Behörden. Er bezahlte eine Heerschar von Anwälten, die dafür sorgten, dass sein Name niemals öffentlich im gleichen Atemzug mit Drogenhandel oder Prostitution genannt wurde und er noch nie eine Gefängniszelle von innen hatte sehen müssen. In seinen dunklen Augen lag ein amüsierter, gleichgültiger Ausdruck, doch seine große, runde Nase, die der einer Loriot-Figur glich, war abfällig gerümpft. Er warf einen geflissentlichen Blick auf seinen sündhaft teuren Zeitmesser, bevor er sich betont entspannt zurücklehnte.

»Haben Sie auch ab und an Termine in Krindelsdorf, Herr Barisov?«, erkundigte sich Hansen.

»Wo?«, fragte Barisov mit hochgezogenen Augenbrauen zurück.

»In Krindelsdorf«, wiederholte sie geduldig. »Da halten Sie sich doch gerne auf.«

»Ich kenne diesen Ort nicht.« Er schüttelte den Kopf. »Ich habe zwar unter anderem Germanistik studiert, Frau Kommissar, aber ich kann den Namen dieses ominösen Ortes nicht einmal aussprechen, fürchte ich.« Ein professionelles Lächeln umspielte seinen Mund. »Auch ich stoße ab und zu an gewisse Grenzen.«

»Das Problem ist nur, Herr Barisov«, schaltete Hirschberg sich ein, »dass Sie dort fotografiert worden sind.« Er legte das Foto vor ihm auf den Tisch.

»Ich gehe gelegentlich gern in den Wald«, erwiderte Barisov schulterzuckend, nachdem er einen kurzen Blick auf das Foto geworfen hatte. Sein Pokerface war unerschütterlich. »Ich fahre ziellos aufs Land, um die Stille zu genießen, mich von meinen Geschäften zu erholen. Ich bin schließlich ein vielbeschäftigter Mann. Und die bayerische Landschaft kann so idyllisch sein.« Ein schwärmerischer Tonfall bemächtigte sich seiner Stimme. »Ich liebe die Seen, die Wälder und Wanderwege in der Nähe von München. Es ist kein Wunder, dass so viele Menschen hier leben wollen. Ein perfekter Wirtschaftsstandort, umgeben von Ausflugsmagneten.«

»Und bei all den Ausflugsmagneten verschlägt es Sie ausgerechnet nach Krindelsdorf?« Louisas Stimme klang spöttisch.

»Warum machen Sie diesen Job, Frau Kommissar?« Er grinste anzüglich. »Eine Frau wie Sie könnte etwas viel Lukrativeres machen. Sie haben keine Ahnung, welche Möglichkeiten die Geschäftswelt einer Frau wie Ihnen zu bieten hat.«

»Beantworten Sie die Frage«, sagte Hirschberg und bedachte ihn mit einem warnenden Blick.

»Herr Hauptkommissar, wie ich gerade sagte: Um zu entspannen, fahre ich manchmal einfach drauf los und steige an einem Ort aus, an dem es mir gefällt. Ich genieße dann ein wenig die Natur und die Stille. Gerade im Wald fühlt man sich der Erde und ihrer Schönheit ganz besonders nah«, gab er philosophisch von sich. »Und dann kehre ich erfrischt zurück in die hektische Geschäftswelt. Meines Wissens nach ist es nicht verboten, sich eine – wie heißt es doch so schön auf Deutsch? – Auszeit vom Alltag zu nehmen, oder?«

»Wenn die Auszeit dazu genutzt wird, einen Mord zu begehen, dann schon«, entgegnete Hirschberg nüchtern.

»Wen genau soll mein Mandant denn ermordet haben?« Federers Stimme klang ungeduldig. »Und vor allem warum?« Er warf Hirschberg einen herausfordernden Blick zu.

»Helga Seitlbach«, antwortete Hirschberg. »Sie haben bestimmt in der Zeitung davon gelesen. Sie ist auch diejenige, die diese Aufnahme von Ihrem Mandanten gemacht hat.«

»Und weiter?« Federer blickte zwischen Hirschberg

und Hansen hin und her. »Ist das alles? Ein Foto im Wald? Bei allem Respekt, Herr Hauptkommissar, kann es sein, dass Sie den Wald vor lauter Bäumen nicht sehen?«, spöttelte er.

»Es scheint mir doch ein sehr großer Zufall, dass Herr Barisov ausgerechnet von Helga Seitlbach fotografiert wird, kurz bevor sie ermordet wird«, erklärte ihm Hirschberg gelassen, bevor er sich wieder an den Russen wandte. »Haben Sie da eigentlich gerade auf jemanden gewartet, Herr Barisov? Sie machen den Eindruck, als würden sie sich suchend umblicken.«

»Wie ich bereits sagte, ich gehe gern in den Wald, um meine Ruhe zu haben, Herr Hauptkommissar«, erwiderte er und schlug die Beine übereinander. »Ich wünsche dann keine Gesellschaft. Wenn ich mich im Wald suchend umblicke, dann nur, weil ich nach Tieren Ausschau halte oder Pilze sammle«, behauptete er lächelnd.

Hirschberg erwiderte sein Lächeln, doch er fluchte innerlich. Ihm war klar, dass sie im Grunde nichts gegen Barisov in der Hand hatten, aber dennoch hielt er es nicht für Zufall, dass Helga Seitlbach einen Boss der Unterwelt fotografierte und kurz darauf ermordet wurde.

»Wenn das dann alles wäre«, sagte Federer, woraufhin er und Barisov sich erhoben. »Da mein Mandant nicht festgenommen ist, werden wir jetzt gehen. Ich hoffe, dass Sie seine Kooperation zu schätzen wissen.«

»Ich glaube ihm kein Wort«, sagte Hansen, als sich die Tür hinter den beiden geschlossen hatte.

»Ich auch nicht«, stimmte Hirschberg ihr zu. »Aber Federer hat recht. Wir haben nichts gegen Barisov in der Hand. Noch nicht. Mich würde ja brennend interessieren, mit wem er da Pilze sammeln wollte. Sind Sie eigentlich auf irgendeine Verbindung zwischen Helga Seitlbach und Bettina Bahrens gestoßen?«

»Außer, dass sie am selben Ort gewohnt haben, habe ich rein gar nichts gefunden«, entgegnete Louisa kopfschüttelnd. »Die beiden scheinen nichts weiter miteinander zu tun gehabt zu haben.«

»Das habe ich befürchtet«, seufzte Hirschberg. »Wie sieht es mit Frau Dachshofer aus? Irgendwelche Leichen im Keller?«

»Na ja, wie man's nimmt.« Seine junge Kollegin zog abschätzenden die Augenbrauen nach oben. »Vor ein paar Jahren gab es da einen Vorfall«, berichtete sie ihm. »Ein junges Mädchen in Krindelsdorf, das wohl sehr depressiv war, hat bei Frau Dachshofer immer wieder Trost gesucht und ihr bei der Arbeit geholfen. Eines Tages hat sie sich an ihrem Giftschränkchen bedient und sich umgebracht«, erklärte sie ihm mit düsterem Gesichtsausdruck. »Ihre Familie hat Frau Dachshofer dafür angezeigt, aber es war nun einmal Selbstmord. Ihr konnte rechtlich nichts vorgeworfen werden. Außerdem hatte Marianne Dachshofer wohl im ganzen Ort Rückhalt.«

»Das ist zwar tragisch«, nickte Hirschberg, »aber ein Motiv für den Mord an Frau Seitlbach liefert es uns trotzdem nicht.« Er seufzte resigniert. »Irgendwie scheint jede Spur im Sand zu verlaufen.«

24.

Rainer Bahrens saß auf seiner Couch und starrte ins Leere. Im Gegensatz zu Bürgermeister Seitlbach war er in Hirschbergs Augen ein durch und durch trauernder Witwer, der sich mit der neuen tragischen Realität seines Lebens einfach nicht abfinden konnte. Jeder konnte sehen, dass er noch immer nicht richtig begriffen hatte, was eigentlich geschehen war. Hirschberg fühlte sich hilflos. Er konnte nichts sagen oder tun, um den Schmerz zu lindern. Stattdessen musste er die klaffende Wunde weiter aufreißen.

»Herr Bahrens, ich kann mir gut vorstellen, wie schwer das für Sie ist …«

»Ach ja?« Der frustrierte Zynismus hauchte Bahrens' schwacher Stimme etwas mehr Leben ein, und er blickte den Hauptkommissar herausfordernd an. Hirschberg konnte ihn verstehen. Wäre er an seiner Stelle, würde er genauso empfindlich und verzweifelt auf die leeren Phrasen reagieren.

Das, was Bettina Bahrens' Mann bestenfalls nur aus dem Fernsehen und aus Büchern kannte, war über ihn und seinen Sohn hereingebrochen, und er musste sich mit hohlen Worten zufriedengeben, die ihm seine Frau und seinem Sohn die Mutter auch nicht mehr zurückbringen würden. Hirschberg musterte ihn besorgt. Bahrens war blass, in seinen Augen lag ein stumpfer Ausdruck, und seit dem vergangenen Tag wirkte er um Jahre gealtert, was durch seine hängenden Schultern und seine langsamen Bewegungen noch verstärkt wurde.

»Herr Bahrens, glauben Sie mir, nichts liegt mir ferner, als all das für Sie noch schlimmer zu machen, als es längst ist, aber Sie wollen doch sicher auch, dass der Mörder Ihrer Frau gefasst und zur Verantwortung gezogen wird.«

Rainer Bahrens schlug die Hände vor sein Gesicht. Hirschberg konnte seine Resignation fast körperlich spüren. Vermutlich war dem jungen Vater bewusst, dass er sich zusammennehmen musste, dachte Hirschberg. Schon wegen seines Sohnes, dessen altersbedingt noch sehr eingeschränkter Sprachschatz nun nur noch aus einem fragenden »Mama« bestand, durfte er nicht der Unterlegene im Kampf mit seiner Trauer sein. Der Hauptkommissar konnte sich nur allzu gut vorstellen, welche zerstörerischen Gedanken Bahrens durch den Kopf jagten. Wie sollte er dem Kleinen erklären, dass seine Mutter ihn morgens niemals wieder aus seinem Bettchen heben und ihn füttern würde? Dass sie auch nicht mehr nachts angerannt kam, wenn er schlecht geträumt oder einfach nur Durst hatte. Wann würde die Erinnerung an seine Mutter endgültig verblassen? Hirschberg bemerkte Johannes' ängstlichen Blick, der sehr genau spürte, dass etwas nicht in Ordnung war. Auch wenn er nicht wissen konnte, dass dieses Etwas nie wieder in Ordnung kommen würde.

»Es tut mir leid, Herr Hauptkommissar«, sagte Bahrens und warf Hirschberg einen entschuldigenden Blick zu, während Johannes auf dem Boden vor ihm ein wackeliges, stark einsturzgefährdetes Türmchen aus Legosteinen baute. Die Vorderseite seines Shirts zierte nicht nur ein debil grinsender Winnie Puuh, sondern auch verkrusteter Früchtebrei. Rainer Bahrens hatte andere Sorgen, als die Waschmaschine zu füllen, dachte Hirschberg mitfühlend. Zumindest für den Moment war der

Kleine abgelenkt, und die Welt um ihn herum schien an Bedeutung verloren zu haben. Auch seine Mutter und ihre verstörende Abwesenheit waren wohl kurzfristig vergessen.

»Natürlich will ich, dass man den Kerl findet.« Er warf einen besorgten Blick auf seinen Sohn, als Johannes mehrmals hintereinander kräftig nieste. »Er hat Heuschnupfen«, erklärte er dem Hauptkommissar, während er nach einem Taschentuch kramte, um Johannes die laufende Nase zu putzen und die tränenden Augen zu trocknen. »Die Allergie hat er von seiner Mutter.« Bahrens presste die Lippen aufeinander, als eine Woge der Trauer ihn zu überwältigen drohte. »Ich habe vergessen, ihm seine Medizin zu geben. Bettina wäre das nie passiert. Es gibt auf einmal so viel, woran ich denken muss, was früher meine Frau erledigt hat. Bei ihr hat das immer so einfach ausgesehen, aber ich muss mir für jeden Routinehandgriff Zettel schreiben und Notizen machen«, sagte er mit überfordertem Gesichtsausdruck.

Er stand auf, um das Medizinfläschchen und einen Löffel zu holen. »Ich weiß gar nicht, wie ich das schaffen soll«, gestand er. »Wenn ich aufwache, denke ich mir, dass das alles nur ein Alptraum war, dass alles in Ordnung ist. Dann sehe ich, dass das Bett neben mir leer ist, und mir fällt wieder ein, dass es leider kein Traum ist« Johannes wandte seinen Kopf ab und versuchte, den Löffel mit der braunen Flüssigkeit abzuwehren. Es dauerte eine Weile, bis der trotz allem sehr geduldige Bahrens seinem widerspenstigen Sohn die Medizin verabreichen konnte. »Er nimmt die Medizin nur von Mama.« Rainer Bahrens zuckte mit den Schultern und legte den Löffel auf den Couchtisch vor ihm. »Er wird sich daran gewöhnen müssen, dass ich oder Marianne ihm von jetzt an seinen Allergiesaft geben.«

»Frau Dachshofer hilft Ihnen?«, erkundigte sich Hirschberg mit so etwas wie Erleichterung. Potentielle Giftmischerin hin oder her, Frau Dachshofer schien eine durch und durch zupackende Frau zu sein.

»Ja, Marianne ist eine große Stütze«, nickte der Witwer. »Wenn es hart auf hart kommt, ist sie diejenige, die jedem hilft.« Er warf Hirschberg einen aufrichtigen Blick zu. »Ich weiß, was Sie von ihr denken, Herr Hauptkommissar, aber glauben Sie mir, Marianne bringt bestimmt niemanden um. Die Vorstellung ist geradezu lächerlich.«

Hirschberg schwieg in der Hoffnung, Bahrens würde weitersprechen.

»Marianne ist ein herzensguter Mensch«, fuhr er fort, »und sie hat schon vielen hier geholfen, wenn es ihnen schlecht ging. Sogar die Ärzte hier in der Gegend halten einiges von ihr.«

»Herr Bahrens, hatte Ihre Frau irgendwelche Feinde?«, wechselte Hirschberg das Thema.

»Nicht, dass ich wüsste, Herr Hauptkommissar.« Bahrens schüttelte den Kopf. Mit einer unwirschen Handbewegung seines Sohnes zerbrach der gerade erbaute Legoturm in viele Einzelteile, und Johannes schickte sich mit seinen kurzen und erstaunlich flinken Fingern an, die verstreuten Plastikbauklötze einzusammeln und ihn wiederaufzubauen.

»Bettina war eigentlich sehr beliebt.« Bahrens' Worte klangen nüchtern und aufrichtig, keineswegs wie die verklärte Erinnerung eines trauernden Witwers. »Sie hatte meines Wissens nach auch mit niemandem Streit. Manchmal hatte sie zwar das Gefühl, dass ein paar Menschen hier am Ort sie nicht mochten, weil ihr Vater wegen Betrugs im Gefängnis gewesen ist – er hat sich vor einigen Jahren vor den Zug geworfen, weil er nach seiner Entlassung aus dem Knast nie wieder Fuß fassen konnte –, aber ich kann mir beim besten Willen nicht vorstellen, dass irgendjemand meine Frau aus dem Weg haben wollte. Ich glaube, dieses Unbehagen kam mehr aus ihr selbst«, sagte er und blickte Hirschberg um Verständnis heischend an. »Sie hat immer wieder davon geredet, dass sie am liebsten von hier wegziehen und alles hinter sich lassen würde, aber wohin hätten wir denn gehen sollen?« Er zuckte hilflos mit den Schultern. »Und jetzt wäre ich einfach nur froh, wenn wir genau das getan hätten. Wenn ich nicht so vehement dagegen gewesen wäre, dann wäre sie vielleicht noch am Leben.«

»Dürfte ich mich vielleicht ein wenig bei Ihnen umsehen, Herr Bahrens?«, fragte Hirschberg vorsichtig, ohne auf den Selbstvorwurf einzugehen. »Vielleicht finde ich ja einen Anhaltspunkt für das, was geschehen ist. Fremde Augen sehen oftmals mehr.«

Bahrens zögerte einige Augenblicke, bevor er nickte und seinen gähnenden Sohn auf den Arm nahm. »Ich muss jetzt sowieso dem Kleinen seinen Abendbrei geben und ihn dann bettfertig machen. Ich hoffe, er schläft gut ein, ich muss noch aufräumen.« Sein Blick schweifte im Raum umher, wo Johannes' Spielzeug in jeder Zimmerecke verteilt war. »Ich muss mich jetzt nach Kinderkrippen umsehen«, fügte er zerstreut hinzu. »Bald muss ich wieder arbeiten, und dann muss Johannes versorgt sein. Ich weiß gerade überhaupt nicht, wie es weitergehen soll.«

»Sie werden einen Weg finden, Herr Bahrens«, versicherte ihm Hirschberg, bevor er die Treppen in den ersten Stock hinaufstieg.

Im Schlafzimmer der Bahrens' ließ er seinen Blick aufmerksam suchend umherschweifen. Die Rollläden waren nur halb geöffnet, um die Hitze aus dem dennoch stickigen Raum zu halten. Neben dem Bett befand sich ein Ventilator, und an der gegenüberliegenden Wand stand eine Kommode aus hellem Holz.

Hirschberg zog sich ein Paar Latexhandschuhe über und wischte seine Skrupel beiseite, bevor er die einzelnen Schubladen öffnete. Es waren Momente wie diese, in denen er sich wie ein dahergelaufener Perverser vorkam, der in fremder Damenunterwäsche kramte, doch sein Beruf ließ derartige Gefühle nicht zu. Der sanfte Duft von Bettina Bahrens' Parfum stieg ihm in die Nase, und er fühlte sich an den Tatort zurückversetzt. Selbst an ihrem leblosen Körper hatte noch dieser angenehme Duft gehaftet. Er verdrängte die Erinnerung an den Insektenschwarm, der sich an der klaffenden, blutverschmierten Wunde an ihrem Hinterkopf festgesetzt hatte, und dankte dem Himmel, dass ihrem Mann dieser Anblick erspart geblieben war.

Nach einigen Minuten schloss er frustriert die letzte Schublade und machte sich daran, das Schubfach des Nachtkästchens genauer unter die Lupe zu nehmen. Doch auch hier stießen seine suchenden Finger nicht auf den geringsten Hinweis auf die Tragödie oder sonst irgendetwas Brauchbares. Migränetabletten, Handcreme, Allergiemittel und zwei Packungen Taschentücher waren alles, was sich in der Schublade befand. Nichts Ungewöhnliches.

Einem plötzlichen Impuls folgend verließ er das eheliche Schlafzimmer und ging ins Kinderzimmer am anderen Ende des Flurs. Auch hier warf er einige prüfende Blicke um sich. Tierposter und Babyfotos zierten die hellblau gestrichene Wand, auf die weiße Wölkchen gemalt worden waren, um den Eindruck eines Himmels zu erwecken. Er fragte sich, ob Bettina Bahrens selbst Hand angelegt hatte, um das Zimmer in ein Babyparadies für ihren Sohn zu verwandeln, oder ob ihr Mann sein Können als Malermeister unter Beweis gestellt hatte.

Hirschberg unterdrückte seine Wut auf den Mörder der jungen Mutter und öffnete den Schrank, der aus dem gleichen hellen Holz wie die Schlafzimmerkommode war, und begann damit, Schlafanzüge und Bodys zu durchsuchen. Kurz bevor er aufgeben wollte, ertasteten seine Finger zwischen mehreren, sorgfältig aufeinandergestapelten Windeln einen länglichen Gegenstand. Er zog ihn hervor und runzelte die Stirn, als er sah, was er in der Hand hielt. *Wie kommt eine Einwegspritze zwischen Johannes Windeln,* fragte er sich, während er sie sorgsam in eine Plastiktüte für Beweismittel steckte.

Er machte sich auf den Weg nach unten in die Küche, wo ihn ein rotbackiger Johannes mit breiverschmiertem Mund anlächelte. Der Fruchtzucker schien Glückshormone in seinem Organismus freizusetzen, die hoffentlich eine Weile vorhielten.

»Mama!«, rief Johannes euphorisch und deutete mit einem breiverschmierten Finger auf die eingetütete Einwegspritze in Hirschbergs Hand. Er schien sie eindeutig mit seiner getöteten Mutter in Verbindung zu bringen. Einen so jungen Zeugen hatte er noch nie, schoss es Hirschberg wehmütig durch den Kopf.

»Herr Bahrens, haben Sie diese Spritze schon einmal gesehen?«, erkundigte er sich und bedachte den Kleinen mit einem Lächeln.

»Nein, ich wusste nicht einmal, dass wir so etwas im Haus haben« Der Witwer runzelte verwundert die Stirn. »Wo haben Sie die denn gefunden?«

»Zwischen den Windeln Ihres Sohnes«, antwortete der Hauptkommissar. Er hatte das dumpfe Gefühl, genau zu wissen, was das Labor bei der Untersuchung der Spritze finden würde. »Weder Sie noch Ihre Frau haben also Verwendung für eine Einwegspritze? Kein Diabetes oder dergleichen?«, hakte er nach.

»Nein. Ganz bestimmt nicht.« Bahrens schüttelte verständnislos den Kopf. »Ich bin kerngesund, und wenn Bettina Diabetes gehabt hätte, dann wüsste ich als ihr Mann das. Nicht einmal während der Schwangerschaft hat sie damit Probleme gehabt. Ich kann mir wirklich nicht vorstellen, wie das Ding zwischen die Windeln meines Sohnes kommt.« Der junge Vater war sichtlich verwirrt.

»Jojo haben!«, lachte Johannes und streckte die Hände nach der Plastiktüte aus. Als ihm klar wurde, dass Hirschberg die Herausgabe verweigerte, stieß er einen zornigen Protestschrei aus. Hirschberg ignorierte Johannes' Unmut, denn in seinem Gehirn überschlugen sich bereits die Theorien.

»Ich werde die Spritze jetzt ins Labor bringen, Herr Bahrens«, erklärte er gedankenverloren. »Falls Ihnen noch etwas einfällt, rufen Sie mich bitte umgehend an.«

Bahrens murmelte ein paar zustimmende Worte, doch Hirschberg war schon auf dem Weg nach draußen. Die Haustür fiel hinter ihm ins Schloss, während seine Überlegungen Bettina Bahrens nun in einem anderen Licht erscheinen ließen. Falls man in dieser Spritze Spuren von Aconitin fand, mussten sie davon ausgehen, dass der Apfelstrudel mit ihr vergiftet worden war. Hatte Bettina Bahrens etwa Frau Seitlbach auf dem Gewissen? Oder gab es einen anderen Grund, warum sie die Tatwaffe zwischen den Windeln ihres Sohnes versteckte?

25.

»Ah, Susan!« Vincent Dornberg öffnete schwungvoll die Tür zu Isobels geräumiger Suite und schenkte ihr ein strahlendes Lächeln – und noch mehr. »Isobel hat schon gesagt, dass du jeden Moment kommen musst!«

Und warum, verdammt nochmal, bist du dann nicht angezogen, schrillte es hysterisch in Susans Kopf. Die neueste Eroberung ihrer fidelen Tante trat beiseite, um sie hereinzulassen, und die junge Frau tat ihr Möglichstes, ihre Augen auf Vincents Nasenspitze gerichtet zu halten. Vergebens. Er stand vor ihr, wie Gott ihn vor schätzungsweise gut sechs Jahrzehnten geschaffen hatte. Er trug nicht einmal einen primitiven Lendenschurz à la Tarzan. Schwarzes, hier und da von einigen grauen Strähnchen durchbrochenes Haar kringelte sich auf seiner Brust, und sein Körper war sanft gebräunt. Sein durchtrainierter Oberkörper war beeindruckend, und Susan konnte ihre Patentante bei diesem Anblick regelrecht vor Vergnügen quietschen hören. Sie schluckte, und ihr Mund fühlte sich verdächtig trocken an, als er ihren Arm ergriff und sie galant zum bereits reichlich gedeckten Frühstückstisch führte. Die durch die Fenster einfallende Sonne schien Dornbergs anatomische Vorzüge bis ins kleinste Detail auszuleuchten. Susan rang krampfhaft um Fassung, während Dornberg munter und gutgelaunt auf sie einredete. Dass sein Adamskostüm sie verstören könnte, schien ihm nicht in den Sinn zu kommen.

»Setz dich doch, Susan«, bat er sie und goss ihr ungefragt eine Tasse Kaffee ein, »ich leiste dir Gesellschaft, bis Isobel im Bad fertig ist.« Sein mittlerweile vertrautes, unerschütterliches Lächeln umspielte seine Lippen, und Susan starrte ihn mit offenem Mund an. Hatte er den Verstand verloren? War er etwa nicht nur geschäftstüchtiger Pornoschaffender, sondern auch noch FKK-Anhänger?

Warum ich, fragte eine klägliche Stimme in ihrem Inneren immer und immer wieder, während sie mechanisch die Kaffeetasse zum Mund führte. Ob Dornberg aufgefallen war, dass sie bisher kein Wort gesagt hatte? Susan war die Fähigkeit zu sprechen nämlich gänzlich abhandengekommen. Wenn sie das irgendjemandem erzählte, würde ihr kein Mensch glauben. Der verstörende Gedanke, dass ihre Tante tatsächlich verrückt war, beschlich sie, und allein der Gedanke an ihre Blutsverwandtschaft reichte aus, um sie auf die nächste Dialysestation zu treiben.

»Entschuldige, Susan«, riss Isobels fröhliche Stimme sie aus ihren Gedanken, und die Angesprochene zuckte zusammen, als ihre Patentante Dornberg einen schallenden Klaps auf den entblößten Hintern gab. »Du kannst jetzt ins Bad, Darling!«

Susan warf einen prüfenden Blick auf die Uhr an ihrem Handgelenk. Es war erst zehn Uhr morgens und somit leider entschieden zu früh für einen Drink. Dieses Mal war sie diejenige, die gern einen Schluck Hochprozentiges zu sich genommen hätte.

»Es tut mir leid, mein Schatz, aber wir haben verschlafen. Die Nacht war herrlich anstrengend!«, schwärmte Isobel mit einem verklärten Lächeln und goss sich eine Tasse Kaffee ein. »Nimm dir doch ein Croissant«, forderte sie ihre noch immer fassungslose Nichte auf. »Sie schmecken herrlich, fast wie in Paris! Ich für meinen Teil habe eine Stärkung dringend nötig!«

»Tante Isobel«, krächzte Susan, als sie endlich ihre Stimme wiederfand, die sie zwischen Vincents nackten Pobacken verloren geglaubt hatte. »Ihr wusstet doch beide, dass ich komme. Aber Vincent hat mir splitterfasernackt die Tür geöffnet!«

»Ja, und?« Isobel blickte sie verständnislos an. »Hast du etwa noch nie einen attraktiven nackten Mann gesehen? Du willst mir doch jetzt nicht etwa erzählen, dass du und Alex euch bis nach der Hochzeit aufspart?« Ein amüsiertes Lachen kam über ihre Lippen. »Du wirst doch nicht etwa die Prüderie deines zukünftigen Ehemanns angenommen haben!« Isobels Tonfall wurde schlagartig ernst. »Susan, das dulde ich nicht! Ich weiß sehr genau, dass deine Eltern dich nicht zu einer verklemmten Spießerin erzogen haben. Und ich fände es auch nicht wünschenswert, wenn eure Söhne eines Tages so aufwachsen würden. Sie müssen schließlich irgendwann einmal Mädchen an Land ziehen. Weißt du eigentlich, wie viel Testosteron im Körper eines pubertierenden Jungen steckt? Da muss man ihnen die Freiheit und das charakterliche Werkzeug an die Hand geben, diesen Hormonstau loszuwerden. Früher oder später wird das auch dein gehemmter Ehemann einsehen«, erklärte sie ihr sachlich.

»Unsere Söhne?«, wiederholte Susan und starrte ihre Patentante ungläubig an. »Vielleicht bekommen wir ja auch nur Töchter.« *Oder gar keine Kinder, wenn Alex die Angst packt, dass sich die Gene meiner Familie zu sehr behaupten könnten,* schoss es ihr durch den Kopf.

»Ja, das wäre sehr bedauerlich«, entgegnete Isobel und bestrich ihr Croissant mit Himbeermarmelade. »Aber wir wollen jetzt mal nicht mit dem Schlimmsten rechnen.«

»Bedauerlich?« Susan wollte ihrer Tante in diesem

Augenblick am liebsten an die Gurgel gehen. Alex würde ihr bei der Beseitigung der Leiche sicherlich gern fachkundig zur Hand gehen.

»Susan, Darling, glaub mir, mit Jungs ist alles viel einfacher. Sie sind die einfacheren Persönlichkeiten. Und der größte Vorteil an ihnen ist«, ihre Stimme nahm jenen pragmatischen Ausdruck an, der Susans Blut zum Kochen brachte, »Jungs gehen während der Pubertät vielleicht in schwängernder Absicht *aus* dem Haus, aber sie kommen immer ungeschwängert *nach* Hause. Wenn du also einen Jungen in die Welt setzt, solltest du dem Himmel für diese Gnade danken!«

Susan schluckte ihren Ärger mit Mühe und Not hinunter und erinnerte sich daran, dass sie ihre Patentante in einer Woche zum Flughafen brachte, und ihr Leben dann wieder in geregelten Bahnen verlief – sofern Alex seinen Giftmischer bis dahin dingfest gemacht hatte. »Warum genau musste ich mich heute Vormittag zu deiner Verfügung halten, Tante Isobel?«, wechselte sie das Thema.

»Ganz einfach deshalb, Schätzchen, weil du eine helfende Hand gebrauchen kannst«, erklärte sie ihr mit Bestimmtheit, und Susan lief es eiskalt den Rücken hinunter. »Ich habe einen Termin in einem Brautmodengeschäft gemacht, denn wie ich dich kenne, hast du dir über dein Kleid bis jetzt noch genauso wenig Gedanken gemacht wie über die Dessous für deine Hochzeitsnacht. Aber ich versichere dir, ich werde zu verhindern wissen, dass meine Nichte in einem unförmigen Kartoffelsack neben mir vor dem Traualtar steht! Und mach dir keine Sorgen, Kind, Geld spielt keine Rolle! Falls Alex im Moment knapp bei Kasse sein sollte, habe ich ja meine Kreditkarte bei mir, und wir werden bestimmt etwas Wunderschönes für dich finden. Natürlich ist das hier nicht London oder New York, und bedauerlicherweise hat Christine Mitchell – du kennst doch meine Schneiderin?«, warf sie fragend ein. »Ihre Brautmodenkollektion ist ein Traum für jede Individualistin! Naja, jedenfalls hat sie gerade keine Zeit, nach München zu kommen. Sie muss ein Hochzeitskleid für die Tochter irgendeines südamerikanischen Staatschefs entwerfen. Das bringt meine Pläne zwar gehörig durcheinander, aber du weißt ja, ich bin ein wahres Improvisationstalent«, rühmte sie sich und nahm einen Schluck Kaffee.

»Neben dir vor dem Traualtar?« Nach diesem Teil hatte Susan kaum noch zugehört. Ihre schlimmsten Befürchtungen nahmen Gestalt an. Ihr zukünftiger Ehemann würde nicht erfreut sein. Nein, er würde ganz und gar nicht erfreut sein.

»Ganz recht. Vincent und ich werden heiraten«, nickte ihre Tante glückselig. »Ich habe auch bereits mit deinem Onkel Seamus telefoniert. Er wird alles für unsere Doppelhochzeit in die Wege leiten. Du erinnerst dich doch an die entzückende kleine Kapelle auf seinem Anwesen?«, erkundigte sie sich und fuhr fort, ohne eine Antwort abzuwarten. »Ich wollte schon immer einmal dort vor den Altar treten, und auch für euch beide ist das der perfekte Ort! Ach, Vincents Antrag gestern Abend hat mich zur glücklichsten Frau der Welt gemacht! Und ganz ehrlich, Susan, diesen agilen Hengst von einem Mann lasse ich mir von keiner anderen vor der Nase wegschnappen! Also, wenn dein Alex nur halb so fit und ausdauernd …«

»Tante Isobel!« Susan hielt eine Hand hoch, um dem Redefluss ihrer Tante endlich Einhalt zu gebieten. »Das reicht jetzt! Es interessiert mich nicht, was du und Vincent letzte Nacht getrieben habt! Und was unsere Doppelhochzeit angeht, da haben Alex und ich ja wohl auch noch ein paar Wörtchen mitzureden! Und ich werde mich bei dieser Hitze ganz sicher nicht in irgendwelche Brautkleider zwängen«, entschied sie und wollte sich gerade erheben, als ihre Tante einen entsetzten Aufschrei von sich gab.

»Was ist denn jetzt schon wieder?«, fragte sie genervt.

»Du hast ›zwängen‹ gesagt!« Hektische rote Flecken erschienen auf den Wangen ihrer Tante. »Ja, bist du denn vollkommen wahnsinnig? Hast du denn deinen Verstand verloren?« Isobel sprang auf, und ihre Stimme bebte vor Entsetzen. »Vor deiner Hochzeit! Wie soll Alex dir denn den Ring an den Finger stecken, wenn er vor lauter Wassereinlagerungen aufgequollen ist?«

»Wovon in aller Welt sprichst du bitte?« Susan blickte sie verständnislos an und ignorierte Dornberg, der jetzt zumindest in Boxershorts bekleidet zurück ins Zimmer kam.

»Wie kannst du dich nur vor deiner Hochzeit in andere Umstände bringen lassen?«, rief Isobel vorwurfsvoll. »Weißt du eigentlich, wie abgedroschen eine Hochzeit in einem weißen Umstandskleid ist? Es mag ja Frauen geben, die das für romantisch halten, ich dagegen halte es für billig und für einen Mangel an Selbstdisziplin und Organisationsfähigkeit! Willst du dich etwa in den Flitterwochen schon mit Schwangerschaftsstreifen an den Strand begeben? Hast du denn überhaupt keinen Stil? Wie kannst du mir das nur antun, Susan! Meine Hochzeit mit Vincent sollte der schönste Tag unseres Lebens werden, und nun laufe ich Gefahr, dass du dich auf mein weißes Kleid übergibst oder am Ende noch wie eine dahergelaufene Bauersmagd vor dem Altar einen Blasensprung hast! Weiß es deine Mutter schon?«

»Ich bin nicht schwanger!«, kreischte Susan. »Und

wenn du dich nicht endlich zurücknimmst, dann werde ich auch niemals schwanger werden – weder mit einem Jungen noch mit einem Mädchen –, weil Alex mich nämlich nicht heiraten wird, aus Angst vor meiner völlig verrückten Verwandtschaft!«

»Wer auch nur darüber nachdenkt, ein so gutes Angebot wie das von Vincent auszuschlagen, der hat doch sowieso nicht mehr alle Latten am Zaun«, gab Isobel ungerührt zurück. »Es beruhigt mich jedenfalls sehr, dass du nicht schwanger bist, Susan. Das hat nach der Hochzeit noch genügend Zeit. Und jetzt müssen wir uns dringend auf den Weg machen«, sagte sie mit einem Blick auf die Uhr, ohne Susans Widerwillen in irgendeiner Form zur Kenntnis zu nehmen. »Vincent muss leider dableiben«, gurrte sie und kniff ihn in die Wange. »Es bringt schließlich Unglück, wenn der Bräutigam die Braut vor der Hochzeit im Brautkleid sieht!«

Susan wollte ihre Tante daran erinnern, dass sie Dornberg erst seit vier Tagen kannte und es für eine Eheschließung noch viel zu früh war, aber sie wusste auch, dass jeder vernünftige Einwand an ihrer Tante abprallen würde wie Pistolenkugeln an Supermans durchtrainierter Brust. Also fügte sie sich in ihr Schicksal und folgte ihrer Tante wie ein brav abgerichtetes Schoßhündchen ins Brautmodengeschäft.

26.

»Ich habe mir gestern noch ein paar weitere Fotos angesehen.« Es raschelte in der Leitung, als Hansen anscheinend den Hörer zwischen Ohr und Schulter klemmte und begann, etwas zu auf ihrem Computer zu tippen.

»Gibt es noch mehr Aufnahmen von Barisov?«, erkundigte sich Hirschberg gespannt.

»Nein, leider nur Vögel, Bäume, Landschaft«, zählte seine Kollegin deutlich gelangweilt auf, »aber immerhin hat sie Herrn Hackelgruber abgelichtet, wie er gerade dabei ist, am Fluss sein Revier zu markieren. Nur Pupsi könnte es besser!« Hirschberg konnte seine Kollegin am anderen Ende der Leitung lachen hören. »Und einmal ist Frau Dachshofer offenbar beim Kräutersammeln zu sehen und streckt ihr Hinterteil großflächig in die Kamera. Keine Ahnung, was die Seitlbach da fotografieren wollte. Ich dachte ja eigentlich immer, dass diese Kräuterhexen nur nackt bei Vollmond durch die Felder und Wiesen ziehen.« Gespielte Enttäuschung schlich sich in ihre Stimme. »Aber vermutlich wäre Frau Dachshofer selbst im Mondschein so ganz ohne Kleider kein besonders schöner Anblick und nicht einmal für ein Pornogenie wie Vincent Dornberg vermarktungsfähig.«

»Vermutlich nicht«, grinste Hirschberg. Ihr Sinn für Ironie und Sarkasmus gefiel ihm. »Sonst noch irgendetwas?«

»Nein«, enttäuschte ihn Kommissarin Hansen. »Nur ein paar Schnappschüsse von anderen Dorfbewohnern, aber sonst nichts Auffälliges. Ich bin aber auch noch nicht mit allen Aufnahmen durch.«

»Dann suchen Sie bitte weiter«, entgegnete Hirschberg und nahm einen Schluck Wasser aus dem Glas, das ihm der Assistent des kriminaltechnischen Labors freundlicherweise gebracht hatte. Nachdem er das Labor gestern am frühen Abend bereits menschenleer vorgefunden hatte, war ihm nichts anderes übriggeblieben, als einige ruhige abendliche Stunden mit Susan auf dem Balkon zu verbringen, die sie beide sehr genossen hatten. Heute Morgen hatte er als Erstes die Spritze hierher gebracht und dafür gesorgt, dass sie sofort untersucht wurde. »Ich bin so schnell im Büro wie möglich. Irgendetwas muss auf diesen Fotos sein. Ich bin mir sicher, dass Frau Seitlbach etwas Belastendes fotografiert hat.«

»Alles klar, Chef«, entgegnete Louisa seufzend. »Wie war eigentlich Ihr neuerlicher Ausflug nach Krindelsdorf gestern? Gibt es etwas Neues? Konnte Rainer Bahrens Ihnen irgendwie weiterhelfen?«

»Rainer Bahrens selbst nicht«, erwiderte Hirschberg. »Aber ich durfte mich ein wenig bei ihm umsehen, und zwischen den Windeln seines Sohns habe ich eine Einwegspritze gefunden, die seine Frau dort versteckt haben muss. Wissen Sie, ich bin mir ziemlich sicher, dass Bettina Bahrens die Spritze auf dem Pfarrfest gefunden hat, als der Kleine sich in die Büsche geschlagen hat. Ich habe sie gerade ins Labor gebracht, und es würde mich ganz und gar nicht wundern, wenn man Spuren von Aconitin daran finden würde.«

»Sie gehen davon aus, dass der Mörder Helga Seitlbachs Apfelstrudel mithilfe der Spritze vergiftet hat«, schlussfolgerte Hansen. »Und anschließend wollte er sie wohl loswerden und hat sie einfach ins Gebüsch geworfen, wo Johannes Bahrens oder seine Mutter sie dann gefunden hat … Das könnte durchaus sein.« Ihre Stimme klang nachdenklich. »Vielleicht finden wir ja auch Fingerabdrücke.«

»Ich kann mir nicht vorstellen, dass der Täter so unvorsichtig war«, warf Hirschberg ein. »Ich bin mir sicher, dass wir nur Bettina Bahrens' Abdrücke und vielleicht die ihres Sohns finden werden.«

»Der Täter hat einiges riskiert«, meinte Hansen. »Er hätte schließlich jederzeit beobachtet werden können. Aber ich halte ihn ohnehin für äußerst abgebrüht. Er musste schließlich damit rechnen, dass ein anderer das vergiftete Stück isst.«

»Da kann ich Ihnen nur zustimmen.« Hirschbergs Gedanken wanderten zurück zu dem Pfarrfest im Klostergarten. »Ich glaube ja rückblickend, dass es dank des Trubels, den ich vermutlich mitverursacht habe, keineswegs unmöglich war, den Apfelstrudel unbemerkt zu vergiften. Dass Susan, Isobel und ich so neugierig beäugt worden sind, muss für den Täter die perfekte Gelegenheit gewesen sein, den Apfelstrudel zu vergiften. Isobel allein hat für so viel Aufsehen gesorgt, dass die Anwesenden bestimmt lange genug abgelenkt waren.«

»Der Täter muss sich aber trotzdem schwer auf sein Glück verlassen haben«, erwiderte seine Kollegin. »Er muss fest darauf gebaut haben, dass die Frau des Bürgermeisters ihrem Ruf alle Ehre macht und sich das größte Stück Apfelstrudel unter den Nagel reißt – wenn nicht, hätte er wohl bei der nächstbesten Gelegenheit erneut zugeschlagen, um sie aus dem Weg zu räumen«, ihre Stimme klang düster. »Den Tod eines anderen hätte er einfach billigend in Kauf genommen.«

»Vielleicht hätte er auch noch eingegriffen und der betreffenden Person das Kuchenstück unter irgendeinem Vorwand entwendet. Wir wissen es nicht. Er war aber auf jeden Fall vor Ort und hat sehr kaltblütig gehandelt. Es überrascht mich daher auch nicht unbedingt, dass er jeden beseitigt, der ihm irgendwie gefährlich werden könnte«, entgegnete Hirschberg. »Bettina Bahrens hat wohl noch an Ort und Stelle ihre eigenen Schlüsse gezogen und die Spritze verschwinden lassen«, überlegte er laut.

»Sie muss gewusst oder zumindest vermutet haben, wem die Spritze gehört, und wer Frau Seitlbach aus dem Weg haben wollte. Es musste an dem Nachmittag auf dem Pfarrfest alles sehr schnell gehen«, mutmaßte seine Kollegin, »und der Mörder hatte keine rechte Gelegenheit, die Spritze an einem besseren Ort loszuwerden. Zumal die Gäste nicht besonders zahlreich erschienen sind«, ergänzte sie, und Hirschberg konnte sie am anderen Ende der Leitung schmunzeln hören.

»Er wollte ganz sicher nicht mit der Spritze erwischt werden«, nickte er und blickte gedankenverloren aus einem Fenster. Wer auch immer Frau Seitlbach auf dem Gewissen hatte, hatte bestimmt mit vielem gerechnet, aber nicht damit, dass ihm ausgerechnet ein Zweijähriger gefährlich werden würde.

»Nur dann nimmt dummerweise Bettina Bahrens im Gebüsch die Witterung auf, zieht die richtigen Schlüsse …«, begann Hansen.

»Und beschließt, den Täter zu erpressen«, vollendete Hirschberg ihren Satz.

Der Hauptkommissar schüttelte düster den Kopf. Warum nur hatte Bettina Bahrens mit dem Feuer gespielt? Die Bahrens' lebten vielleicht nicht auf besonders großem Fuß, aber richtige finanzielle Schwierigkeiten hatten sie nicht. Hatte sie womöglich geglaubt, durch Erpressung schnell an das große Geld zu kommen? War sie so naiv gewesen, anzunehmen, dass ein Mörder, der eine Frau kaltblütig unter den Augen anderer vergiftete, ausgerechnet sie, die es wagte, ihn zu erpressen, am Leben ließ?

Sie hatte an jenem Nachmittag so sympathisch gewirkt, schoss es ihm durch den Kopf. Niemals wäre er auf die Idee gekommen, dass die strahlende junge Mutter zu so etwas Niederträchtigem und Riskantem wie einer Erpressung fähig war. Erpresser überschätzten oftmals ihr Glück, wusste der Hauptkommissar. Viele von ihnen sahen lediglich einen unverhofften Geldsegen, wenn sie einem Verbrecher die Pistole auf die Brust setzten und ihn zwingen wollten, sich ihr Schweigen zu erkaufen. Sie vergaßen leider nur allzu oft, dass sie es mit abgebrühten Kriminellen zu tun hatten, die vor keinem Mord mehr zurückschreckten, wenn sie erst einmal die entscheidende Grenze überschritten hatten. Einen Mörder zu erpressen war nicht nur verwerflich, sondern auch verdammt gefährlich. Jemand, der schon einmal gemordet hatte, der mordete auch, falls es nötig war, ein zweites oder drittes Mal. Hirschbergs Erfahrung lehrte ihn, dass sogar jeder noch so unbescholtene Bürger urplötzlich zum Mörder werden konnte, wenn er seine essentiellen und vitalen Interessen bedroht sah. Wie vielen anderen hatte Bettina Bahrens dieser Weitblick jedoch gefehlt.

Hirschberg war im Lauf seiner Karriere zu der düsteren Erkenntnis gelangt, dass es für viele Täter, die die Grenze in die Welt der Gewalt bereits überschritten hatten, mit jedem Mord leichter wurde. Das galt erst recht dann, wenn sie zumindest eine Weile mit ihren Verbrechen davonkamen. Der Polizei ein Schnippchen zu schlagen, sich ins Fäustchen zu lachen, während die Ermittler im Dunkeln tappten und jeder noch so kalten Spur verzweifelt hinterherjagten, gab manchen kriminellen Persönlichkeiten einen unbeschreiblichen Kick. Jeder Niemand war plötzlich jemand, den nicht einmal die erfahrenste SOKO zur Strecke bringen konnte.

Klar, wer träumte nicht vom schnellen Geld und einem Leben in Luxus? Aber Träume waren die eine Sache, Erpressung und Mord dagegen waren eine ganz andere. Bettina Bahrens war nicht einmal annähernd mit den Regeln des Spiels vertraut gewesen, das sie so unbedingt hatte spielen wollen, dachte Hirschberg.

Doch wenn die junge Mutter den Mörder tatsächlich erpresst hatte – und Hirschberg war sich sicher, dass es um eine ordentliche Summe gegangen war – dann musste es sich um jemanden handeln, von dem Bettina Bahrens wusste oder sich zumindest sehr sicher sein konnte, dass dieser auch das nötige Kleingeld besaß, sie für ihr Schweigen zu belohnen. War es am Ende doch Nicole Reinhardt? War der Streit zwischen ihr und ihrer Tante eskaliert? Oder wollte Seitlbach selbst seine Frau endgültig aus dem Weg haben, um mit ihrer Nichte ein neues Leben anfangen zu können? Hirschberg hielt letztlich beide für abgebrüht genug, doch irgendetwas wollte ihm an dieser Theorie nicht gefallen.

»Dann werde ich mir jetzt mal die restlichen Bilder ansehen, Chef«, verabschiedete sich Louisa seufzend.

»Ich mache mich gleich auf den Weg ins Büro, Frau Kollegin«, versprach Hirschberg. »Halten Sie durch!«

Vor dem Bürofenster brannte die Mittagssonne erbarmungslos auf den Asphalt herab, und das Thermometer brüstete sich mit weit über dreißig Grad. Kommissarin Hansen warf einen Blick auf die Uhr an ihrem Handgelenk, bevor sie die Augen wieder auf den Bildschirm ihres PCs richtete. Scheinbar willkürlich fotografierte Bäume und Pflanzen zu verschiedenen Tageszeiten wechselten sich auf dem Monitor ab. Zwischen mit Moos überwucherten Baumstümpfen und Gestrüpp wollte sich keine heiße Spur zu dem heimtückischen Giftmischer auftun. Bis auf einige Dorfbewohner, die Frau Seitlbach wohl zufällig vor die Linse gelaufen waren, waren die Aufnahmen menschenfrei.

Von Barisov schien tatsächlich nur ein einziges Foto zu existieren. Es gab somit nichts Konkretes, was ihm zur Last gelegt werden konnte. Sich im Wald aufzuhalten, war schließlich kein Verbrechen. Hinzu kam, dass er während des Verhörs einen mehr als nur selbstsicheren Eindruck gemacht hatte.

Die Unterlagen auf Hansens Schreibtisch sprachen Bände. Der Russe hatte jahrelange Erfahrung mit den Strafverfolgungsbehörden, die ihm bisher niemals etwas nachweisen konnten. Er war ein weißer Hai unter den kriminellen Raubfischen, und sein Heer von Rechtsanwälten fand jedes Mal ein Loch in dem von der Polizei ausgeworfenen Netz, durch das er entkommen und in allen Untiefen weiter jagen konnte. Drogen, Prostitution, Waffenhandel – Barisov liebte die geschäftliche Vielfalt und trotzte jedem noch so stürmischen Seegang. Er hatte nicht einmal mit der Wimper gezuckt, als Hirschberg das von Helga Seitlbach geschossene Foto vor ihn auf den Tisch legte.

Barisov galt als rücksichtslos, und Leichen pflasterten seinen Weg an die Spitze. Giftmorde gab es in seinem Umfeld jedoch nicht. Wenn er sich die Finger überhaupt selbst schmutzig machte, gehörte er zu den Kriminellen, die seinen Opfern in die Augen sahen, wenn sie ihre Rippen brachen oder ihnen eine Kugel in die Stirn jagten.

Kommissarin Hansen streckte sich und kniff die Augen zusammen. Sie gähnte und stützte ihren Kopf mit Händen und Ellbogen auf ihrem Schreibtisch ab. Die letzten Aufnahmen auf Helga Seitlbachs Speicherchip stammten vom Tag des Pfarrfests. Das Buffet, ein Vogel auf der Mauer des Klostergartens und einige Krindelsdorfer, die an diesem Nachmittag dem Pfarrer ihre Aufwartung machten. Ein frustrierter Seufzer kam gerade über ihre Lippen, als Hauptkommissar Hirschberg die Tür zu ihrem Büro öffnete.

»So schlimm?«, erkundigte er sich und kam lächelnd auf sie zu. Ein feuchter Film glänzte auf seiner Stirn, und die Ärmel seines Hemds waren nach oben gekrempelt. In der Hand hielt er eine prallgefüllte Plastiktüte vom Asia-Imbiss. »Ich habe Mittagessen mitgebracht – was neben einem geschwätzigen Laborleiter und einer Vollsperrung der Grund dafür ist, dass ich so spät komme.«

»Sie haben ja keine Ahnung, Chef«, erwiderte sie, und ein humorloses Lachen entfuhr ihrer Kehle. Sie deutete ungeduldig auf den erleuchteten Monitor ihres PCs. »Das hier ist …« Ihre Stimme verebbte urplötzlich, und ihre Augen hefteten sich auf eine der Aufnahmen. Gebannt beugte sie sich nach vorne, und ein triumphierendes Pfeifen kam über ihre Lippen.

»Das hier ist was?« Hirschberg warf nun seinerseits einen Blick auf den Monitor, bevor er seine fragenden Augen auf die Kommissarin richtete.

»Das könnte etwas sein!«, rief Louisa aufgeregt und klickte einige Aufnahmen zurück. »Warum fällt mir das denn erst jetzt auf?« Sie schüttelte unwirsch den Kopf. »Sehen Sie das hier, Chef? Dieses Foto muss Helga laut Timecode kurz nach ihrer Aufnahme von Barisov geknipst haben. Fällt Ihnen etwas auf?« Sie deutete auf den Monitor, und Hirschberg warf einen neugierigen Blick auf das Foto. »Wir haben doch schon festgestellt, dass

Barisov so aussieht, als würde er auf jemanden warten«, erinnerte sie ihn. »Sein Gesichtsausdruck spricht Bände. Und kurz nachdem Helga Seitlbach die Aufnahme von ihm gemacht hat, hat sie dann dieses Foto geschossen. Ich habe mir zunächst nichts dabei gedacht, wahrscheinlich weil ich nach Gesichtern gesucht habe oder so auf Barisov fixiert war«, erklärte sie dem Hauptkommissar aufgeregt, »aber achten Sie mal auf diesen schwarzen Fleck da hinter dem hohen Gestrüpp, während ich das Foto vergrößere. Und dann sehen Sie sich die Aufnahme hier vom Pfarrfest an!« Sie klickte auf ein weiteres Foto, grinste triumphierend und sprang regelrecht von ihrem Schreibtischstuhl auf. »Wir sollten auf dem schnellsten Weg nach Krindelsdorf fahren. Meinen Sie nicht auch?«

27.

»Alex!« Isobel Burtons aufgebrachte Stimme drang an Hirschbergs Ohr, während Louisa Hansen den Dienstwagen gekonnt aus dem Parkplatz manövrierte. »Ich wollte dir nur sagen, dass ich mit deiner Verlobten gerade im Brautmodengeschäft war, und Susan war ausgesprochen widerspenstig! So ein Verhalten passt überhaupt nicht zu ihr!«

»Nun ja, Isobel, du weckst in deinen Mitmenschen eben starke Emotionen«, erwiderte Hirschberg ironisch.

»Was soll das denn jetzt heißen?« Er konnte förmlich sehen, wie sie am anderen Ende der Leitung verständnislos den Kopf schüttelte. »Alex, bleib bitte sachlich! Es geht schließlich um deine Ehe. Hattet ihr beide in letzter Zeit vielleicht Streit? Wenn die Braut vor der Hochzeit so schlecht gelaunt ist, hat das meistens etwas mit einem Kommunikationsproblem zwischen den zukünftigen Eheleuten zu tun«, erklärte sie ihm mit vor Verständnis triefender Stimme. »Als ich letztens in Dallas auf einer Cocktailparty eingeladen war, habe ich dort einen mit den Gastgebern sehr gut befreundeten Psychoanalytiker kennengelernt. Ich kann dir sagen, ein ausgesprochen gebildeter und interessanter Herr! Er hat genau über diesen Stress vor der Hochzeit ein Buch geschrieben. Und der Mann hat Ahnung, wovon er spricht! Er war sieben Mal verheiratet und weiß daher, wie eine gute Ehe funktioniert! Weißt du eigentlich, wie viele Paare vor dem großen Tag psychologische Betreuung bräuchten?« Ihre Stimme klang jetzt vorwurfsvoll. Hirschberg hatte das

Gefühl, etwas verbrochen zu haben, von dem er nicht die leiseste Ahnung hatte, was es war. »Wenn euch der Stress mit der Hochzeit zu viel wird, dann engagiert gefälligst einen Hochzeitsplaner, der sich um den ganzen Krempel kümmert! Ihr könnt doch nicht schon mit solchen emotionalen Altlasten in eure Ehe gehen! Und ich kann hier schließlich nicht alles übernehmen! Immerhin kümmere ich mich seit Tagen – *seit* meiner Ankunft hier in München, Alex! – um unsere gemeinsame Hochzeitslocation, Susans Dessous für die Nacht der Nächte und nun auch noch um ihr Brautkleid! Nicht einmal darum hat sie sich bisher gekümmert! Und das Schlimmste ist, dass sie nicht im Mindesten auf ihre Linie achtet! Vor dem wichtigsten Tag in ihrem Leben sollte eine Frau strikt Diät halten und keinesfalls so essen wie sonst! Weißt du eigentlich, wie unbarmherzig eng Brautkleider geschnitten sind? Alex, wie stellst du dir das nur vor?« Isobel seufzte theatralisch. »In ein paar Monaten schon stehen wir vier gemeinsam vor dem Altar – du wirst dich wundern, wie schnell das Frühjahr da ist! Die ganze Verwandtschaft wird versammelt sein, und ich möchte, dass an diesem Tag alles nach Plan läuft!«

»Wie meinst du das?«, hakte Hirschberg aufgeschreckt nach. »Dass wir in ein paar Monaten gemeinsam vor dem Altar stehen?«

»Oh, stimmt!«, rief Isobel. »Das kannst du ja noch gar nicht wissen! Vincent und ich werden heiraten! Wir können also eine Doppelhochzeit feiern!«, erklärte sie freudig. »Deshalb ist es mir auch so wichtig, dass ihr beide miteinander harmoniert. Um also auf euren Streit zurückzukommen …«

»Streit? Susan und ich?« Hirschbergs Stimme klang laut und entnervt, während er versuchte, den Rest des Wortschwalls auszublenden. Eine Doppelhochzeit kam auf gar keinen Fall in Frage! Und wenn er Susan knebeln und in Handschellen legen müsste, um mit ihr durchzubrennen! Er würde ganz sicher nicht Seite an Seite mit diesem Vamp und dem Pornoking den Leib Christi vor dem Altar kniend empfangen! Das konnte sich Isobel ganz sicher abschminken!

Aus den Augenwinkeln heraus konnte er Hansen grinsen sehen. Er fühlte, wie ihn eine schier übermächtige Woge des Zorns überkam.

»Vermutlich hast *du* sie in den Wahnsinn getrieben, Isobel!«, brauste er auf. »Und ich werde jetzt sicher nicht mit dir über irgendwelche vorehelichen Probleme sprechen, die Susan und ich überhaupt nicht haben! Und im Übrigen kann sie essen, was sie will, denn sie sieht phantastisch aus!«

»Mach dich nicht lächerlich, Alex.« Wie üblich war die Patentante seiner Zukünftigen durch nichts zu erschüttern. »Ich finde es nicht gut, dass du die Augen vor dem Offensichtlichen verschließt«, seufzte sie. »Und ich finde es noch viel weniger in Ordnung, dass Susan mich und Vincent wie ein beleidigter, unreifer Teenager einfach so stehen gelassen hat. Sie hat gesagt, sie möchte einen Spaziergang machen und frische Luft schnappen«, schnaubte sie verächtlich. »An solch einem Ort will sie frische Luft schnappen! Wo es doch hier überall nach Kuhmist stinkt und die Menschen reihenweise umgebracht werden! Da du es ja bis jetzt nicht fertiggebracht hast, diesen streunenden Provinzkiller hinter Schloss und Riegel zu bringen, werden wohl noch mehr Leute ins Gras beißen müssen! Kein Wunder, dass der Bestattungsunternehmer mit diesem seligen Grinsen im Gesicht herumläuft!«

»Ihr seid in Krindelsdorf?«, rief Hirschberg aufgeschreckt in den Hörer. »Und Susan ist allein unterwegs?«

»Vincent wollte sich mit Herrn Schreiber wegen des Filmstudios besprechen und …«

»Es wird verdammt nochmal kein Filmstudio geben! Richte das deinem Zukünftigen ein für alle Mal von mir aus!«, brüllte er in den Hörer. »Und jetzt sag mir gefälligst, wo Susan ist!«

Susan Waters' emotionales Durchhaltevermögen war restlos erschöpft, und sie hatte die Nase gestrichen voll. Nicht *sie* sollte ihre eigene Hochzeit planen und ihre Wünsche verwirklichen, sondern Isobel Burton! *Sie* durfte sich lediglich den Vorstellungen ihrer Tante und eines notgeilen Pornokings beugen, der vermutlich nicht einmal wusste, dass er auf dem Anwesen eines Ex-Lovers seiner zukünftigen Frau sein Jawort herauswürgen sollte. Schon jetzt konnte sie Onkel Seamus mit glühenden Wangen in einen zu kurzen Kilt geschnürt in der ersten Reihe sitzen und aus seinem Flachmann trinken sehen. Nach der Trauung würden Isobel und Dornberg die versammelte Hochzeitsgesellschaft vermutlich schnellstens in Richtung Schlafzimmer verlassen. Der Rest der geladenen Gäste würde sich bis zum Exzess betrinken, während sie die strahlende Braut spielen musste, und der frisch vermählte Bräutigam neben ihr sich zweifellos wünschen würde, sie niemals geheiratet zu haben. Träumte nicht jedes kleine Mädchen von einem solchen Tag?

Susan schnaubte vor Wut, als sie ziellos einen Fuß vor den anderen setzte. Sie hatte blindlings die Autotür zugeschlagen und war ihrer Tante und Vincent Dornberg wie ein gequältes Tier entwischt, ohne sich noch groß von dem turtelnden Paar zu verabschieden. Susan wollte sich auch gar nicht erst ausmalen, was geschah, wenn Alex erfuhr, dass Dornberg sich bereits wieder mit Schreiber traf, um die Umbauarbeiten *seines* Eigentums zu besprechen. Zu allem Überfluss hatte Isobel während der unerträglich langen Fahrt aufs Land aus Dornbergs Drehbuch für die erste Produktion im neuen Studio vorgelesen.

Der vorangegangene Ausflug ins Brautmodengeschäft auf der Maximilianstraße war eine rasche und gleichzeitig schmerzhafte Abfolge an Demütigungen gewesen, die einfach nicht abreißen wollte. Sechs – für Susan gefühlte sechshundert – monströse und wallende Brautkleider waren ihr über den widerwilligen Kopf gestülpt und von Isobel allesamt als ihrer Nichte unwürdig beurteilt worden. Unablässig hatte ihre Tante den südamerikanischen Staatspräsidenten verflucht, der ihr ihre Lieblingsschneiderin in dieser Notlage abspenstig gemacht hatte. Zum krönenden Abschluss hatte ihr Isobel erklärt, für das sechste Kleid – ein Meerjungfrauenmodell – nicht nur entschieden zu klein zu sein, sondern darin auch wie eine Presswurst auszusehen. Gab es denn in München keine vernünftigen Personal Trainer, die ihre überschüssigen Pfunde von den Hüften schmelzen lassen konnten? Und war Selbstdisziplin tatsächlich zu einem Fremdwort für sie geworden?

Wenn Susan ehrlich zu sich war, musste sie sich eingestehen, dass sie in letzter Zeit vielleicht ein wenig zugenommen hatte. Dass ihre Hosen etwas straffer saßen als sonst. Aber sie passte immerhin noch in alles hinein. Isobel hatte also kein Recht, ihr Vorhaltungen zu machen, nur weil sie über ihren Kopf hinweg eine Doppelhochzeit plante.

Unter normalen Umständen hätte sich Susan mit Sicherheit geweigert, nun auch noch mit dem strahlenden Paar nach Krindelsdorf zu fahren, aber sie hegte die leise Hoffnung, ihren Verlobten wie zufällig dort anzutreffen und sich an seiner Schulter ausweinen zu können. Doch nun stapfte sie missmutig auf der Suche nach seinem Dienstwagen durch das sonnendurchflutete, bayerische Land und ertrank in Selbstmitleid. Von Alex fehlte weit und breit jede Spur.

»Wir waren eine hochanständige Gemeinde!« Susan hielt erschrocken inne, als sie Pfarrer Schmalzengrubers unvergleichliche und vor Selbstgerechtigkeit triefende Stimme vom Friedhof her vernahm. Sie war überzeugt, dass man ihn noch bis weit über die Grenzen von Krindelsdorf hinaus hören konnte. »Doch dann stirbt erst dieser arme Sünder – ich möchte gar nicht erst erwähnen, was man in seiner Nachttischschublade finden musste! –, und nun will dieser gewissenlose Geschäftemacher in unserer Gemeinde Unzucht treiben! Ich habe im Internet gesehen, was uns bevorsteht! Aber das wird Gott nicht zulassen! Gott wird die Seinen schützen!« Susan sah regelrecht vor sich, wie er angestrengt Luft holte, und sein Gesicht diese ungesunde, fanatische rote Färbung annahm. Mit einem eisigen Gefühl in der Magengegend fiel ihr Blick auf den Übertragungswagen eines TV-Senders, dem der Pfarrer wohl gerade ein wortgewaltiges Interview gab. »Der Herr wird uns jedoch strafen, wenn wir diesem lüsternen, geldgierigen Dämon den Weg in unsere Gemeinde ebnen«, prophezeite Schmalzengruber, und Susan fühlte sich ins Mittelalter zurückversetzt. »Die beiden Morde waren erst der Anfang! Das waren himmlische Warnungen! Aber ich kann Ihnen versichern, dass die Laster der Großstadt hier in unserer gottesfürchtigen Gemeinschaft keinen Nährboden finden werden!«

»Glauben Sie, dass noch weitere Morde geschehen könnten, Herr Pfarrer?«, hörte sie den Reporter fragen.

»Wenn das hier so weitergeht, dann ja!«, gab Schmalzengruber im Brustton der Überzeugung von sich. »Und die Dilettanten der Polizei stehen daneben und unternehmen rein gar nichts, um diesem teuflischen Treiben Einhalt zu gebieten!«

»Sie als Seelsorger der Gemeinde kennen die Menschen hier doch am besten.« Die Stimme des Reporters nahm einen schmeichlerischen Tonfall an. »Hat der Mörder vielleicht bereits bei Ihnen gebeichtet?«

»Junger Mann, das Beichtgeheimnis ist eine heilige Angelegenheit, und ich würde niemals etwas preisgeben! Aber nein, diese bedauernswerte, verirrte Seele hat sich mir und damit Gott noch nicht anvertraut. Ich kann den Verbrecher aber nur dringend ersuchen, sein Gewissen zu erleichtern! Der Herr …«

Susan hatte genug gehört. Sie rannte buchstäblich am Friedhof vorbei und machte erst Halt, als ihre Lungen brannten, und die hochsommerlichen Temperaturen ihren Organismus endgültig aus dem Takt zu bringen drohten. Sie blickte sich um und versuchte, sich zu orientieren. Da sie nur über mangelhafte Ortskenntnisse verfügte, beschloss sie, zum Klostergarten zu marschieren und dann wieder umzukehren. Falls sie Alex nicht antreffen sollte, konnte sie immer noch mit dem Zug zurück nach München fahren. Nur in Dornbergs Wagen würde sie bestimmt nicht mehr steigen! Sie mussten die beiden irgendwie loswerden. Noch ein weiterer Tag mit ihrer Tante und Dornberg, und sie und Alex würden ganz sicher beide den Verstand verlieren!

Der Klostergarten, in dem Helga Seitlbach ihren Tod gefunden hatte, war an diesem Tag für etwaige Besucher nicht zugänglich. Susan vermutete, dass das Tor nur dann geöffnet wurde, wenn eine Veranstaltung wie das Pfarrfest vor einigen Tagen stattfand. Sie warf einen Blick zum Himmel und fragte sich erschöpft, wann diese Hitze endlich nachlassen würde. Sie fühlte sich matt und schwindlig. Diese Temperaturen kannte sie aus dem Norden nicht. Die englischen Sommer in ihrer Kindheit hatten sie nicht auf eine solche Hitzewelle vorbereitet, und das bayerische Klima machte ihr an Tagen wie diesen sehr zu schaffen. Oder lag es etwa an der Dauerpräsenz ihrer Tante, dachte sie ironisch, während sie sich an der Wand, die den Klostergarten säumte, abstützte und darauf wartete, dass sich die schwarzen Wolken vor ihren Augen verzogen.

Susan wollte sich gerade auf den Rückweg machen, als ihr Blick auf das verfallene Bauernhaus auf der Anhöhe fiel. War das nicht der Ort, an dem man Bettina Bahrens gefunden hatte? Sie haderte einen kurzen Augenblick lang mit sich, weil sie sich vorkam wie eine sensationslüsterne Abenteurerin. Doch es zog sie wie in Trance in Richtung des Bauernhauses.

Langsam, um ihren Kreislauf nicht noch mehr zu strapazieren, setzte sie einen Fuß vor den anderen. Entschlossen kämpfte sie gegen das hartnäckige Pochen in ihren Schläfen an. Als sie endlich oben angekommen war, fühlte sie sich wie nach einem Marathon. Sie kramte einen Spiegel aus ihrer Handtasche hervor und warf einen prüfenden Blick hinein. Ihre Wangen glühten. Sie fühlte, wie Schweiß auf ihrer Kopfhaut ausbrach und über ihr Gesicht und ihren Nacken nach unten rann, und sie sehnte sich nach einer kühlen Dusche. Ihre Zunge klebte regelrecht an ihrem Gaumen.

Sie musste dringend den Rückzug antreten und sich etwas zu trinken besorgen, sagte sie sich. Ein Geruch nach Kuhmist drang urplötzlich in ihre Nase, woraufhin das Pochen in ihren Schläfen sich ins Unermessliche steigerte. Susan konnte sich gerade noch rechtzeitig in die Büsche schlagen, um das laut ihrer Tante ach so herrliche Croissant wieder von sich zu geben. Solche Migräneattacken kannte sie noch aus ihrer Jugend, allerdings hatte sie seither die Hoffnung gehegt, sie würden nicht mehr wiederkehren.

Als sie fertig war, wischte sie sich mit einem Taschentuch den Mund ab und wollte sich gerade wieder aus dem Gebüsch zurückziehen. Da fiel ihr Blick auf etwas Blitzendes.

Susan beugte sich auf noch immer zittrigen Beinen nach unten, um das kleine Etwas aufzuheben. Ihrer Kehle entfuhr ein überraschter Laut. Sie hatte diesen Gegenstand schon einmal gesehen. Und sie wusste auch noch sehr genau, wo das gewesen war, wem das Fundstück gehörte, und wer ganz offensichtlich Bettina Bahrens erschlagen hatte.

28.

»Sie gfallen mir gar net, Miss Waters.«

Susan blickte auf, als Marianne Dachshofer mit besorgtem Gesichtsausdruck auf sie zukam. Erschöpft hatte sie sich auf eine Bank vor der Eisdiele am Marktplatz fallen lassen und versuchte nun, möglichst ruhig gegen die Übelkeit anzuatmen. Zudem schien ihr unverhoffter Fund ein Loch in ihre Handtasche zu brennen. »Ja, sind Sie denn ganz allein hier?«, fragte Frau Dachshofer ein wenig alarmiert.

»Ja, aber mein Verlobter hat mir eine Nachricht auf die Mailbox gesprochen, dass er auf dem Weg hierher ist«, antwortete Susan matt und brachte ein tapferes Lächeln zustande. Anscheinend hatte sie gerade kein Netz gehabt, als er anrief, und als sie dann zurückrufen wollte, hatte sie ihn wiederum nicht erreicht. »Ich wollte hier auf ihn warten.« Hirschbergs Nachricht hatte aufgeregt geklungen. Er habe gerade mit Isobel telefoniert, und sie solle am besten am Marktplatz auf ihn warten. Er wusste also von ihrem Streit und dass Dornberg auf dem Weg zu Schreiber war, um den Umbau seines Eigentums zu besprechen. Sie stöhnte unwillkürlich.

»Das kommt überhaupt net in Frage«, bestimmte die Krindelsdorfer Kräuterhexe kopfschüttelnd. »In dem Zustand lass' ich Sie hier net allein sitzen! Können Sie aufstehen?«, erkundigte sie sich und ergriff sanft ihren Arm.

»Ich denke schon«, nickte Susan. Sie war zu erschöpft, um die Hilfe einer zupackenden Marianne Dachshofer abzuwehren.

»Ich bin auf dem Weg in die Apotheke«, sagte Marianne und zog sie kurzentschlossen mit sich. »Sie kommen am besten einfach mit. Dort können Sie sich dann a bissl ausruhen, während Sie auf den Herrn Kommissar warten. Sie sehen mir a so aus, als könnten Sie ein Glas Wasser brauchen.«

»In die Apotheke?«, wiederholte Susan. Sie kämpfte verzweifelt gegen die Übelkeit an. Ein Glas Wasser würde ihr schon guttun, gestand sie der Kräuterhexe in Gedanken zu.

»Stimmt was net?«, fragte diese besorgt. Susan stöhnte. Sie war zu schwach, um sich gegen Marianne Dachshofers Ansinnen zu sträuben.

»Nein, nein«, beeilte sie sich, ihr zu versichern. »Ich rufe nur rasch meinen Verlobten an. Er müsste ja eigentlich schon längst hier sein«, erklärte sie und zwang sich zu lächeln, obwohl ihr nicht danach zumute war. »Dann kann er mich dort abholen.«

Sie unterdrückte einen Fluch, als statt Hirschbergs nur die emotionslose weibliche Stimme der Mailbox an ihr Ohr drang. Dann warf sie einen verstohlenen Blick auf Frau Dachshofer. Sie hoffte inständig, die Englischkenntnisse der Kräuterhexe reichten nicht aus, um ihre nachfolgenden Worte zu verstehen. Susan wollte keinen Verdacht in ihr wecken. Hastig erklärte sie Hirschberg in ihrer Muttersprache, dass sie auf dem Weg in die Apotheke war und er sich beeilen solle, da sie ihm dringend etwas zeigen müsse.

»Reden Sie öfters Englisch mit Ihrem Verlobten?«, erkundigte sich Frau Dachshofer lächelnd. Zu Susans Erleichterung schien diese nichts verstanden und keinen Verdacht geschöpft zu haben. »Zu meiner Zeit is' das in der Schule no' vernachlässigt worden«, seufzte sie bedauernd, »aber zum Glück sprechen Sie ja so gut Deutsch.«

»Alex und ich sprechen mal so und mal so«, behauptete Susan, als sie die Treppenstufen zum Eingang der Apotheke hinaufstiegen. »Immer, wie es uns gerade gefällt.«

»Hallo, Marianne!« Tamara Winkler trat lächelnd aus dem Lager in den Verkaufsraum, während ihr Mann gerade eine ältere Dame bediente. »Lass mich raten, du kommst wegen des Alkohols? Einen Augenblick, ich bringe ihn dir.«

»Hast du a ein Glas Wasser für Miss Waters?« Marianne deutete auf Susan. »Ich hab' sie auf dem Weg zu euch aufgegabelt. Es geht ihr net gut.«

»Natürlich«, nickte die Apothekerin. »Setzen Sie sich doch, Miss Waters.« Sie deutete auf den Stuhl aus dunklem Holz im Verkaufsraum der Apotheke. »Ich bringe Ihnen sofort ein Glas. Sie müssen ja am Verdursten sein bei der Hitze«, fügte sie hinzu.

»Das ist sehr nett von Ihnen«, nickte Susan dankbar und sank matt auf den Stuhl. »Die Hitze bringt mich noch um«, erklärte sie der Apothekerin und fuhr sich mit den Händen über ihr Gesicht. Ihre Knie fühlten sich noch immer wackelig an, und die Wände schienen sich um sie herum zu drehen. Sie hoffte, Alex würde bald hier sein.

»So, Marianne.« Tamara Winkler stellte zwei Flaschen mit medizinischem Alkohol auf den Tresen, nachdem sie Susan mit Wasser versorgt hatte. Frau Dachshofer zückte ihr Portemonnaie. »Brauchst du eine Tüte?«

»Nein, das passt alles in den Korb.« Sie griff nach den Flaschen, nachdem sie gezahlt hatte, und ließ sie zusammen mit ihrer Geldbörse in ihrem Einkaufskorb verschwinden. »Ich geh dann mal«, sagte Frau Dachshofer. »Sie sind ja jetzt in guten Händen«, fügte sie lächelnd an Susan gewandt hinzu und verabschiedete sich von ihr und den Winklers.

»Bisher hat das Wetter Ihnen aber noch nicht so viel ausgemacht, oder?« Ein wissendes Lächeln umspielte Tamaras Lippen.

Susan stöhnte leise, als die ältere Dame, die an diesem Morgen offensichtlich ein ausgiebiges Bad in abgestandenem Billigparfum genommen hatte, an ihr vorüber zur Tür ging. Susan fürchtete mittlerweile, dass sie krank wurde. Schlimme Erkältungen kündigten sich bei ihr oft mit diesen Symptomen an.

»Vielleicht ist ja eine Sommergrippe im Anmarsch«, äußerte sie ihre Befürchtung laut und zuckte resigniert mit den Achseln. Ihr Oberteil klebte unangenehm an ihrem Körper. Der Standventilator an der gegenüberliegenden Wand war mehr elektrische Zierde als wirkungsvolle Hitzeabwehr.

»Warten Sie mal«, entgegnete Tamara, »ich gebe Ihnen etwas, das helfen könnte.« Nach einigen Sekunden kehrte sie grinsend mit einer Packung zurück und drückte sie Susan in die Hand. Diese erschrak, als sie einen Blick auf die Packung warf. Konnte Tamaras Schnelldiagnose wirklich zutreffen? Egal, darüber konnte sie sich später noch Gedanken machen. Ohne den Inhalt der Packung zu kommentieren, ließ sie die Schachtel hektisch in ihrer Handtasche verschwinden, bevor sie nach einem Taschentuch kramte, um sich die feuchte Stirn abzutupfen. Zu spät fiel ihr ein, dass sich im Seitenfach ihrer Handtasche auch ihr unverhoffter Fund befand. Der Ohrring fiel auf den Boden, und die Apothekerin warf ihr einen erstaunten Blick zu.

»Ich glaube, der gehört Ihnen, Frau Winkler«, sagte Susan lahm. Ein mulmiges Gefühl machte sich in ihr breit. Sie erinnerte sich genau an den Tag des Pfarrfests, als sie dank Tamaras nach hinten gebundenem Haar einen Blick auf die Ohrringe hatte erhaschen können. Sie hätte diesen Ohrschmuck unter Tausenden wiedererkannt.

»Oh, vielen Dank!«, rief Tamara erfreut. »Ich dachte schon, ich finde ihn nie wieder. Die Ohrringe waren ein Geschenk von meinem Mann zu unserem ersten Hochzeitstag. Wissen Sie, der Verschluss ist kaputt, und ich bin noch nicht dazu gekommen, ihn zur Reparatur zu bringen, aber das werde ich gleich morgen nachholen. Wo haben Sie ihn denn gefunden, Miss Waters?«

»Neben dem alten Bauernhaus auf der Anhöhe.« Ihre Stimme klang ausdruckslos. Susan war eine schlechte Lügnerin, die Winklers hätten sie sofort durchschaut, fürchtete sie. Außerdem hatte sie schlicht keine Kraft, sich etwas auszudenken. Sie warf einen hoffnungsvollen Blick aus dem Fenster, doch noch immer konnte sie Hirschbergs Wagen nicht erspähen.

Im Lager der Apotheke konnte Susan Stefan Winkler gutgelaunt pfeifen hören, während der Gesichtsausdruck seiner Frau sich versteinerte. Mit einem Blick in Tamaras harte Züge verfluchte sie die unschuldige Marianne Dachshofer, sie aus Sorge um ihr Wohlergehen in die Höhle der Löwen gezerrt zu haben. Es war der blanke Hohn, dass ihr Mariannes Hilfsbereitschaft nun zum Verhängnis werden sollte, dachte sie mit rasendem Herz.

»Stefan, Miss Waters hat meinen Ohrring wiedergefunden«, rief die Apothekerin, ohne sich von der Stelle zu rühren, über ihre Schulter hinweg. »Ist das nicht toll?« War ihr Ton kurz zuvor noch herzlich und warm gewesen, so klang er jetzt umso eisiger. Susan hatte das Gefühl, die Tür zu einem Kühlhaus hätte sich geöffnet, und die kalte Luft schlug ihr nun entgegen und hüllte sie ein.

»Schön!«, rief Stefan Winkler zurück. »Wo war er denn?«

Susan sah, wie er zu ihnen in den Verkaufsraum kam, und die Entwicklung gefiel ihr ganz und gar nicht. Sie hätte sich nie hierherbringen lassen dürfen, hallte es hysterisch in ihrem Kopf. Bonnie und Clyde waren zu allem fähig. Tamara hatte nicht einmal mit der Wimper gezuckt, als Susan ihr den Fundort des Ohrrings nannte. Vor ihr stand eine eiskalte und mit allen Wassern gewaschene Mörderin, die ganz sicher vor ihr nicht Halt machte, wenn es hart auf hart kam.

»Auf der Anhöhe, wo man Bettina gefunden hat«, antwortete Tamara ihrem Mann, und dessen Gesichtsausdruck verdüsterte sich genauso schnell wie der seiner Frau. »Und ich glaube, Miss Waters hat ein paar Schlussfolgerungen gezogen. Wissen Sie, Susan – ich darf Sie doch Susan nennen? –, manchmal sollte man Dingen keine Beachtung schenken und sich erst recht keine tiefschürfenden Gedanken über sie machen. Das wäre besser für die Gesundheit, wenn Sie verstehen, was ich meine.«

29.

»Verdammt nochmal, Hansen, fahren Sie!«, herrschte Hirschberg seine Kollegin heftiger als beabsichtigt an. »Das war Susan.« Er hielt sein Smartphone noch in der Hand. »Sie hat mir auf die Mailbox gesprochen, dass es ihr nicht gut geht, und dass sie mit Frau Dachshofer auf dem Weg zu den Winklers ist.« Er fuhr sich nervös mit der Hand durch die Haare. »Sie meinte, sie müsse mir etwas zeigen. Sie muss auf etwas gestoßen sein.« Panik drohte sich in ihm breitzumachen. Er drückte in der Anrufliste auf Susans Namen. Sie musste die Apotheke sofort verlassen! Er fluchte, als er wieder nur die Mailbox erreichte. Scheißfunklöcher hier auf dem Land!

»Trotzdem wissen Sie doch gar nicht, ob Susan in Gefahr ist, Chef«, erinnerte ihn Louisa nüchtern und versuchte, ihn so zu beruhigen. »Nur weil sie jetzt bei den Winklers ist, heißt das noch lange nicht, dass sie …«

»Frau Hansen, mir gefällt das nicht.« Hirschberg schüttelte den Kopf. Susan hatte ihn gebeten, sie schnellstens in der Apotheke zu treffen. Hirschberg kannte diesen Unterton in ihrer Stimme. Sie musste wie er und seine Kollegin herausgefunden haben, dass die Winklers für die beiden Morde verantwortlich waren. »Sie hat sich nicht gut angehört«, kam es dumpf über seine Lippen. Die Hitze machte ihr sehr zu schaffen in letzter Zeit, wusste er. Susan war diese hohen Temperaturen nicht gewöhnt, und nun befand sie sich auch noch in der womöglich tödlichen Obhut der Winklers. »Die Kollegen von der Kripo schicken uns Verstärkung?«, erkundigte er sich hoffnungsvoll.

»Ja«, nickte Hansen, die von der nahegelegenen Dienststelle Hilfe erbeten hatte. »Sie müssten fast zeitgleich mit uns eintreffen.«

Hirschberg atmete auf, als Louisa Hansen den Wagen endlich auf den Parkplatz am Krindelsdorfer Marktplatz lenkte und den Motor abstellte. Zwei Beamte in Uniform erwarteten sie bereits. Einige Gäste der Eisdiele warfen ihnen neugierige Blicke zu.

»Herr Hauptkommissar!« Die beiden LKA-Beamten wandten sich aufgeschreckt um, als die aufdringliche Stimme des Pfarrers ertönte. »Gut, dass ich Sie treffe! Ich möchte Sie davon in Kenntnis setzen, dass ich dem Fernsehen gerade ein Interview gegeben habe, um die Öffentlichkeit über Ihre dilettantischen und erfolglosen Ermittlungsversuche zu unterrichten. Außerdem möchte ich Ihnen hiermit eine Unterschriftenliste überreichen – wir wollen hier keine Pornographie!«

»Gehen Sie mir augenblicklich aus dem Weg, Herr Pfarrer!« Hirschberg baute sich vor dem Geistlichen auf, dem es zum ersten Mal, seit er ihn kannte, die Sprache zu verschlagen schien, und blickte drohend auf ihn herab. »Ich habe einen Mörder hinter Schloss und Riegel zu bringen. Und wenn Sie nicht unverzüglich mitsamt Ihrer Unterschriftenliste beiseite treten, werde ich Sie wegen Behinderung meiner Ermittlungen – meiner *dilettantischen* Ermittlungen – festnehmen. Und außerdem werde ich Ihnen anschaulich erklären, wo Sie sich ihre Unterschriften hinstecken können.« Mit gemischten Gefühlen erkannte Hirschberg, dass Isobel Burton beim Anblick von Pfarrer Schmalzengrubers geschockten Zügen sehr stolz auf ihn gewesen wäre. Zu seiner größten Genugtuung jedoch trat der Geistliche mit offenem Mund, aber wortlos beiseite.

Das Hämmern hinter Susans Stirn ließ einfach nicht nach, und Schweiß perlte in feuchten Bahnen ihren Rücken hinunter. Dennoch konnte sie fühlen, wie sie angesichts Tamaras eisigem Lächeln zu frösteln begann. Sie musste einen Weg finden, sie hinzuhalten. Alex musste jeden Moment hier sein, machte sie sich selbst Mut.

»Warum?«, hörte Susan sich zu ihrer eigenen Überraschung mit fester Stimme fragen. Sie war auf einmal ungeheuer wütend auf sich selbst. Es wurmte sie, dass sie sich von diesem Mörderpärchen so einfach hatte einwickeln lassen. Dass ihre Menschenkenntnis sie so komplett im Stich gelassen hatte. Sie hatte sich unter dem Sonnenschirm auf ihrer Terrasse so wohlgefühlt! Diese zwei Mörder waren ihr sympathischer gewesen als die allermeisten Bewohner des Ortes! Vermutlich hatten sich die beiden hinter ihrem Rücken ins Fäustchen gelacht, weil sie die Freundin des leitenden Ermittlers so leicht hatten hinters Licht führen können.

Susan fragte sich, ob Hirschberg ihre Nachricht bekommen hatte. Sie musste jetzt Zeit gewinnen, schoss es ihr verzweifelt durch den Kopf. Die beiden würden nicht lange fackeln. Vermutlich würden sie es nach einem tragischen Hitzetod oder dergleichen aussehen lassen. Unvorhergesehenes Kreislaufversagen – das kam immer wieder einmal vor.

»Diese kleine dumme Gans hat gedacht, sie könnte uns erpressen«, lachte Tamara Winkler höhnisch und ging zur Tür, um sie abzuschließen. Susan wagte es nicht, sich zu rühren. Sie hätte es ohnehin nicht geschafft, vor Tamara die Tür zu erreichen und ins Freie zu gelangen. »Ihr Vater war vielleicht ein nicht untalentierter Betrüger, auch wenn er dennoch dumm genug war, sich erwischen und einbuchten zu lassen. Aber seine Tochter war eine richtig miese und gänzlich talentfreie Erpresserin. Sehen wir beide etwa so aus, als würden wir uns einfach so einschüchtern lassen?« Sie lachte erneut. »Wir arbeiten schließlich sehr hart für unser Geld, nicht wahr, Liebling?« Sie schenkte ihrem Mann ein fast liebevolles Lächeln, das Susan als unglaublich verstörend empfand. »Da werden wir die Kohle doch nicht einfach so einer kleinen, dahergelaufenen Traumtänzerin in den Rachen werfen, nur weil sie einmal in ihrem Leben auf die richtige Fährte gekommen ist.«

»Ihr Sohn hat leider die Spritze gefunden, in der wir das Aconitin hatten«, klärte Stefan Winkler sie mit einem Anflug von Bedauern auf. »Wir mussten sie schnellstens loswerden, und da haben wir sie eben ins Gebüsch geworfen. Eigentlich wollten wir sie irgendwo anders entsorgen, aber als dann ausgerechnet der Herr Hauptkommissar aus heiterem Himmel auf dem Fest aufgetaucht ist, mussten wir eine kleine Planänderung vornehmen. Wir konnten nun mal nicht riskieren, an Ort und Stelle mit der Spritze erwischt zu werden. Gott sei Dank haben wir sie zu keiner Zeit mit bloßen Händen angefasst.« Er grinste humorlos. »Eigentlich können wir Ihnen dreien dankbar sein, vor allem Ihrer Tante. Die hat für so viel Wirbel gesorgt, dass niemand gemerkt hat, wie Tamara sich den Handschuh übergestreift und den Apfelstrudel dieser verfressenen Person vergiftet hat. Sie hat sich halt immer das größte Stück genommen. Wir wussten, dass wir dieses Nilpferd so kriegen konnten«, fügte er erbarmungslos hinzu.

»Und wenn ein anderer das Stück genommen hätte?«, erkundigte sich Susan fassungslos. »Was wäre denn gewesen, wenn zum Beispiel Bettina Bahrens' Sohn was von dem Stück gegessen hätte?«

»Das wäre nicht passiert. Und selbst wenn – Kollateralschäden gehören dazu«, entgegnete Tamara schulterzuckend. »Wenn man es zu etwas bringen will im Leben, darf man nicht zimperlich sein.«

»Und warum haben Sie Frau Seitlbach überhaupt umgebracht? Warum musste sie sterben?« Eine neue Welle der Übelkeit überkam Susan, als sie sah, wie Tamara Winkler die Rollläden vor der Tür hinunterließ. Niemand sollte beobachten können, wie die Freundin des ermittelnden Hauptkommissars über die Klinge sprang, weil sie unvorsichtig gewesen war. Würde Tamara Alex tränenüberströmt entgegenlaufen und schluchzend beteuern, dass sie seiner zukünftigen Ehefrau leider nicht mehr hatten helfen können? Dass ihr Kreislauf einfach zu schwach gewesen war? Dass jede Hilfe zu spät gekommen war? Das Schauspielern schien Tamara Winkler im Blut zu liegen.

»Weil Frau Seitlbach dummerweise ihr heimliches Treffen mit Igor Barisov im Wald fotografiert hat, Susan«, erklang Alexander Hirschbergs Stimme. Er erschien mit Hansen und zwei weiteren Beamten aus dem Lager kommend im Verkaufsraum, und die Winklers fuhren erschrocken herum.

30.

»Äußerst zuvorkommend von Ihnen, dass Sie die Tür des Lieferanteneingangs offengelassen haben«, grinste Hirschberg. Er war unsäglich erleichtert, dass sie es rechtzeitig geschafft hatten. Nicht auszudenken, wenn er nur ein paar Minuten später in Krindelsdorf angekommen wäre! Er warf seiner Verlobten einen prüfenden Blick zu. Sie war zwar blass, aber es schien ihr nichts zu fehlen.

»Du Idiot!«, herrschte Tamara ihren Mann an, der offenbar nicht glauben konnte, wie ihm geschah. Er starrte Hirschberg mit offenem Mund an.

»Ich habe eine Theorie, Frau Winkler«, sagte der Hauptkommissar. »Die Kollegen vom Drogendezernat sind bereits auf dem Weg hierher und werden Ihre Apotheke auseinandernehmen. Ich bin mir sicher, sie werden so einiges finden. So eine Dorfapotheke ist schließlich die perfekte Tarnung. Ich meine, wer würde schon vermuten, dass Igor Barisov ausgerechnet auf dem beschaulichen bayerischen Land eine seiner Drogenküchen betreibt? Nur eines kann ich mir nicht erklären: Wie sind Sie bloß an diesen schmierigen Typen geraten?«

Tamara schwieg eisern, doch in Stefan Winkler arbeitete es. Schließlich konnte er nicht mehr an sich halten. »Na los, erzähl es ihm doch! Oder ist es dir etwa peinlich? Mir hast du doch immer gesagt, es sei keine große Sache, es wären keine Gefühle dabei gewesen!«

»Halt die Klappe!«, zischte Tamara.

»Waren Sie etwa Barisovs Geliebte?«, fragte Hirschberg. Als er keine Antwort erhielt, fiel bei ihm der Groschen. »Sie waren eine seiner Escort-Damen, Frau Winkler, nicht wahr? So haben Sie sich Ihr Studium finanziert. Und als Sie ausgestiegen sind, hat er Ihnen das Angebot gemacht, Ihr Pharmaziestudium doch auch für die bei weitem ertragreichere Herstellung von Designerdrogen zu nutzen, oder? Mittlerweile waren Sie ja auch einen gewissen Lebensstandard gewöhnt, und mit einer Dorfapotheke wären Sie niemals so reich geworden. Sie waren auch immer sehr vorsichtig – bis auf dieses eine Mal, als Frau Seitlbach Sie fotografiert hat.«

»Ihre Baseball-Cap, Herr Winkler, ist deutlich auf den Fotos zu erkennen«, ließ Hansen ihn wissen. »Sie hätten sich wohl besser einen anderen Ort für Ihre geschäftlichen Unterredungen mit Barisov ausgesucht als das Waldstück am Ortsausgang. Als Sie Frau Seitlbach im Wald dann bemerkt haben, war es schon zu spät. Deshalb sind Sie auch bei den Seitlbachs eingebrochen und haben Nicole Reinhardt niedergeschlagen, um ungestört nach Frau Seitlbachs Fotoausrüstung zu suchen. Blöd nur, dass der Herr Bürgermeister da auch schon nach Hause kam. Und Bettina Bahrens hat Sie beide auf dem Pfarrfest gesehen. Sie hat sich vermutlich gewundert, weil Sie normalerweise an diesen Veranstaltungen genauso wenig teilnehmen wie die meisten anderen hier am Ort. Und als sie die Spritze bei ihrem Sohn gefunden hat, hat sie einfach eins und eins zusammengezählt.«

»Frau Seitlbach hatte vermutlich nicht einmal die geringste Ahnung, wen oder was sie da fotografiert hat, aber Sie mussten ja auf Nummer sicher gehen«, meinte Hirschberg und verzog abfällig seinen Mund. »Es war auch sehr clever von Ihnen, Helga Seitlbach diesen anonymen Brief zukommen zu lassen, um die Affäre ihrer Nichte mit ihrem Mann auffliegen zu lassen. So konnten sie den Mord an ihr um ein Haar den beiden in die Schuhe schieben.«

»Wovon sprechen Sie da bitte?« Tamara Winkler runzelte ihre Stirn. »Wir haben keinen anonymen Brief geschrieben. Und alles andere müssen Sie uns auch erst einmal beweisen.« Ein stahlharter Ausdruck stand in ihren Augen, und dem Hauptkommissar war klar, dass Susan ganz sicher ihr nächstes Opfer geworden wäre. Diese Frau schien keine Gnade zu kennen, wenn es um ihre Haut ging.

»Oh, das werden wir«, lächelte Hirschberg zuversichtlich. »Und was die Morde betrifft, so sind wir ermächtigt, eine DNS-Probe von Ihnen beiden zu nehmen, denn bei Bettina Bahrens' Leiche haben wir einen abgebrochenen Fingernagel gefunden. Die Ergebnisse der KTU müssten bald vorliegen, und ich vermute mal, Sie sind noch nicht in unserer Kartei. Sagen Sie, täusche ich mich oder ist der Nagel an Ihrem rechten Zeigefinger kürzer als die der anderen, Frau Winkler?« Zufrieden beobachtete er, wie jegliche Farbe aus Tamaras Gesicht wich.

»Und ich habe Ihren Ohrring am Tatort gefunden.« Susan deutete auf den Ring, der noch immer auf dem Boden lag.

»Das sieht doch gut für uns aus«, grinste Hirschberg und bedeutete Hansen, den Ohrring sicherzustellen. Es würde nicht schwer sein, den beiden die Morde nachzuweisen, dachte er bei sich. Nur der anonyme Brief bereitete ihm Kopfzerbrechen. Wenn die Winklers ihn nicht verfasst hatten, wer dann?

»Und dann noch etwas in eigener Sache«, ergänzte er und machte einen drohenden Schritt auf Tamara zu. »Sie haben ein Riesenglück, dass meine Verlobte offensichtlich keinen Kratzer davongetragen hat, denn wenn dem so wäre, würden Sie sich beim Einsteigen in den Streifenwagen mehrmals heftig und schmerzhaft den Kopf anschlagen, und keiner von uns würde auch nur irgendetwas davon mitbekommen.« Er wandte sich an seine Freundin. »Susan, komm. Ich lasse dich nach Hause fahren.«

Susan Waters erhob sich mühevoll, und noch bevor sie es hätte verhindern können, gab sie vor Hitze und Aufregung den letzten, spärlichen Rest ihres Mageninhalts direkt vor Tamara Winklers Füßen von sich.

Epilog

»Es ist dir also gelungen, den Mörder zu finden, aber du weißt bis jetzt nicht, wer dieser ominöse Briefeschreiber ist?«, erkundigte sich Isobel Burton und nahm einen Schluck von ihrem Sauvignon Blanc. »Das soll mal einer verstehen! Du schaffst es, dieses Killerpärchen zur Strecke zu bringen, aber dieser Spaßvogel mit zweifelhaftem Sinn für Humor geht dir durch die Lappen!«

»Nicole Reinhardt hat das Corpus Delicti vernichtet«, erinnerte sie Hirschberg. »Aber wenigstens hat der Briefeschreiber niemanden umgebracht.«

»Das alles klingt doch sehr nach einem hanebüchenen Agatha-Christie-Roman«, meinte Isobel. »Allerdings muss ich zugeben, dass Agatha Christie eine bemerkenswerte Frau war! Und wo wir gerade bei bemerkenswerten Frauen sind: Was ist mit Nicole Reinhardt und dem Bürgermeister?«

»Was soll mit den beiden sein?« Hirschberg zuckte die Schultern und dachte an Krämers zufriedenen Gesichtsausdruck, als er die beiden letztlich entlasten konnte. Seitlbach selbst hatte sich nach der Festnahme der Winklers in einer Stellungnahme zu einer lobenden Erwähnung der effizienten Ermittlungsarbeit hinreißen lassen. »Der Bürgermeister steckt mitten im Wahlkampf, und Nicole Reinhardt scheint sich auf ihre Geschäfte zu konzentrieren.« Hirschberg war klar, dass es für den konservativen Politiker viel zu früh war, um sich zu der Beziehung mit seiner viel jüngeren angeheirateten Nichte zu bekennen, erst recht jetzt im Rennen um den Posten des Landrats. Die beiden würden sicherlich nichts tun, was seinem Wahlsieg hinderlich sein konnte.

»Wenn wir schon von Geschäften sprechen …« Dornberg räusperte sich. »Hast du dir mein Angebot in Ruhe durch den Kopf gehen lassen, Alex?«

»Die Antwort lautet noch immer nein, Vincent.« Alexander Hirschberg blickte den Pornotycoon über den Rand seiner Kaffeetasse hinweg an und schüttelte vehement den Kopf. Da änderte es auch nichts, dass dieser ihm das Du angeboten hatte, da sie ja nun demnächst verwandt seien, wogegen Hirschberg nichts hatte einwenden können. Ihm wurde bewusst, dass sein Vorschlag, die beiden könnten sich mit ihm und Susan nach der Rückkehr ihrer Liebesreise auf die Malediven in Krindelsdorf treffen, in Dornberg gewisse Hoffnungen geweckt hatte. Hoffnungen, die Hirschberg nun hoffentlich endgültig zunichtegemacht hatte.

»Also wirklich, Alex! Du bist sowas von unvernünftig! Und du, Susan, hör bitte endlich auf zu essen! Weißt du, wie viele Kalorien dieser Eisbecher hat? Denk bitte an dein Brautkleid! Und auch auf die Gefahr hin, dass du jetzt wieder wie ein Mimöschen aufspringst und davonläufst, du hast eindeutig zugelegt. Eine Frau darf sich nicht so gehen lassen! Erst recht nicht kurz vor ihrer Hochzeit! Sieh mich an, ich war auf den Malediven jeden Tag zwei Stunden schwimmen und habe mich fett- und kohlenhydratarm ernährt, nur um Vincent vor dem Altar nicht zu blamieren«, verkündete Isobel und nippte an ihrem Wein, bevor sie sich wieder an Hirschberg wandte. »Was willst du mit dieser Bruchbude denn sonst anstellen, Alex?«, erkundigte sie sich ungeduldig.

Die Gäste an den Nebentischen des Cafés *Romeo* unterbrachen ihre Unterhaltungen und horchten auf. Im gesamten Lokal schien urplötzlich eine nahezu gespenstische Stille einzukehren. Hirschberg konnte sehen, wie sich die Gesichter der anderen Gäste ihnen unverhohlen zuwandten.

Vier Wochen waren seit der Festnahme der Winklers vergangen. Die Aufmerksamkeit der Medien steckte dem Ort noch in den Gliedern, und fast jeder Krindelsdorfer hatte früher oder später seine Einschätzung des Mörderpaars vor irgendeiner laufenden Fernsehkamera zum Besten gegeben. Hirschberg hatte besonders Pfarrer Schmalzengrubers Worte in Erinnerung. Dieser behauptete steif und fest, das Apothekerehepaar immer für zwielichtig gehalten zu haben, da die beiden sich niemals in seiner Kirche zum Gottesdienst eingefunden hätten. Am Tag des Pfarrfestes habe er die leise Hoffnung gehegt, die beiden hätten endlich in den Schoß der Mutter Kirche gefunden, und sein Entsetzen darüber, dass sie nur anwesend waren, um ein schändliches Verbrechen zu begehen, sprenge die Grenzen jeglicher Vorstellungskraft.

Noch immer verirrten sich abenteuerlustige Wochenendausflügler nach Krindelsdorf, um die Orte der Verbrechen in Augenschein zu nehmen. Langsam aber verebbte das allgemeine Interesse, und es wurde wieder ruhig auf dem bayerischen Land. Die Krindelsdorfer benötigten also dringend neuen Gesprächsstoff, wusste Hirschberg. Der Hauptkommissar grinste mit Genugtuung. Seine nachfolgenden Worte waren gewiss der emotionale Todesstoß für die gebräunte und dank Low-Carb-Diät ausgehungerte Isobel.

»Wir treffen uns gleich mit Herrn Schreiber«, erklärte er genussvoll. »Das Haus ist zwar eine Bruchbude, aber wir haben genau gerechnet, und unsere Mittel reichen dafür, dass Susan und ich uns ein wunderschönes Zuhause hier in Krindelsdorf schaffen können!«

Die zukünftige Frau Dornberg erbleichte und schnappte krampfhaft nach Luft. Sie fasste sich mit einer theatralischen Geste an ihr Herz und wandte sich entsetzt an ihre ebenfalls breit grinsende Nichte.

»Susan, sag mir sofort, dass das nicht wahr ist!« Isobels Stimme klang bebend und flehend. »Das kann doch nicht dein Ernst sein! Du ziehst es ja wohl nicht wirklich in Betracht, wie jeder dahergelaufene Spießer aufs Land zu ziehen? Bedenkt man deine Herkunft und die finanziellen Mittel deiner Familie, ist München schon ein großes Zugeständnis. Ihr könntet ein so schönes Townhouse in Chelsea beziehen – mein Makler würde euch da jederzeit beraten, und ich bin mir sicher, Alex, Scotland Yard hätte einen Job für dich. Immerhin scheinst du in deinem Beruf über ein gewisses Maß an Talent zu verfügen«, fügte sie gönnerhaft hinzu. »Ich könnte noch heute alles in die Wege leiten, aber dass ihr beide an diesen Ort zieht … Nein, Susan, das kannst du nicht ernst meinen!«

»Doch, Tante Isobel, genau das tue ich«, lächelte Susan. »Lars – du erinnerst dich doch an Rosina und Lars Baumann?«, vergewisserte sie sich, »ist Architekt, und er hat einen großartigen Plan für den Umbau erstellt. Du wirst begeistert sein! Wir werden auch ein schönes geräumiges Gästezimmer haben, falls du und Vincent mal auf der Durchreise seid. Das heißt, falls ihr nicht wieder das *Vier Jahreszeiten* vorzieht.«

»Susan, ich muss deiner Tante recht geben«, schaltete sich Dornberg in das Gespräch ein. Der Geschäftsmann in ihm sah seine profitbringenden Felle oder vielmehr Stringtangas mit rasanter Geschwindigkeit davon schwimmen, vermutete Hirschberg. »Ihr beide könntet euch doch problemlos an einem anderen Ort niederlassen. Bedenkt doch, hier ist gemordet worden! Ich dagegen bräuchte wirklich einen Drehort für meine Filme.

Wir haben bereits einige talentierte Schauspielerinnen gecastet und wollen schon in ein paar Wochen in Produktion gehen, und …«

»Vincent, was glaubst du eigentlich, wie viele Morde sich hier erst ereignen würden, wenn ich tatsächlich auf die Idee käme, dir mein Haus zu überlassen?«, wandte Hirschberg schmunzelnd ein. »Du wirst deine Erwachsenenfilme an einem anderen Ort drehen müssen, fürchte ich.«

»Susan, ich weiß ja, bei Alex ist Hopfen und Malz verloren, aber sei doch wenigstens *du* vernünftig«, nahm Isobel einen zweiten Anlauf. »Wenn schon nicht London, dann doch wenigstens München«, beschwor sie ihre Nichte. »Ich meine, ihr habt doch so eine schöne Wohnung am Kaiserplatz …«

»Die wir natürlich behalten, die aber auch eher früher als später zu klein sein wird«, fiel Susan ihr ins Wort. »Alex und ich haben uns das alles sehr genau überlegt, Tante Isobel. Wir nehmen eine Hypothek auf das Haus auf, und dann werden wir Herrn Schreiber damit beauftragen, es von Grund auf zu sanieren und unseren Wünschen entsprechend umzubauen, damit wir rechtzeitig einziehen können.«

»Rechtzeitig einziehen?«, wiederholte Isobel. »Was soll denn das nun schon wieder heißen? Du tust ja gerade so, als ob ihr beide in ein paar Monaten auf der Straße stehen würdet!«

»Nicht wir beide«, Hirschbergs Grinsen wurde noch breiter, »sondern wir *drei* würden zwar nicht auf der Straße stehen, aber die Wohnung ist nun einmal nicht unbedingt für drei Leute geeignet. Immerhin war sie ja mal für mich alleine gedacht. Für den Anfang und bis zur Fertigstellung des Hauses wird es sicher gehen, aber dennoch möchten wir uns baldmöglichst hier niederlassen. Zumal wir dann auch endlich einen großen Garten hätten. Wer weiß, vielleicht lassen wir uns auch noch einen Pool bauen.«

»Ihr drei?« Isobel starrte die beiden mit weit aufgerissenen Augen an, und Hirschberg konnte das Blut aus ihrem sonnengebräunten Gesicht weichen sehen. Dornberg legte sogleich beschwichtigend seine Hand auf ihren Arm.

»Ja, Tante Isobel.« Susan strahlte sie an. »Weißt du, als du mich gefragt hast, ob du Angst haben müsstest, dass ich nicht in ein Brautkleid passe, da habe ich noch nein gesagt. Leider habe ich mich getäuscht. Tamara Winkler ist vielleicht eine eiskalte Mörderin, aber sie hat zumindest noch vor mir gemerkt, dass ich keine Magen-Darm-Grippe oder eine Sommererkältung ausbrüte, sondern etwas ganz anderes. Und sie hat mir noch kurz vor ihrer Festnahme einen Schwangerschaftstest zugesteckt. Die Doppelhochzeit wird allem Anschein nach ins Wasser fallen«, gab Susan mit aufgesetztem Bedauern von sich. »Ich werde nämlich ganz sicher nicht nach Schottland fliegen, während ich auf das Doppelte meiner Größe angeschwollen bin, nur um dort Onkel Seamus zu Ehren der Brautleute seinen Dudelsack spielen zu hören!«

»Wie kannst du mir das nur antun, Susan? Nach allem, was ich für dich getan habe«, flüsterte Isobel Burton geschwächt, während ihr Zukünftiger ihr mit der Speisekarte Luft zufächelte. »Ich habe sogar Nicole Reinhardt gebeten, speziell für dich einen BH – und zwar keinen Still-BH! – mit dazu passendem Höschen zu designen! Besetzt mit winzigen Brillanten – das wäre mein Hochzeitsgeschenk gewesen! Wie konntet ihr euch nur so gehen lassen? Wir sind doch nicht im Tierreich! Wir können unseren Nachwuchs termingerecht planen!«

»Weißt du, Isobel«, erwiderte Hirschberg lächelnd und zählte Susans Patentante in Gedanken genüsslich k. o., »für uns beide läuft das alles ausgesprochen termingerecht. Wir beide wollten schließlich sowieso heiraten, und da war es uns egal, wann der erste Schreihals kommt.«

»Ihr *wolltet* heiraten?«, krächzte Isobel.

»Ach ja«, lachte Susan, »das wisst ihr ja noch gar nicht! Alex und ich haben uns spontan entschlossen, standesamtlich zu heiraten, als ihr auf den Malediven wart. Wir wollten nicht, dass ihr euren Urlaub unterbrecht – nach der ganzen Aufregung hattet ihr die Erholung ja auch wirklich nötig! Auch Mum hat gemeint, es wäre besser, wenn wir euch nicht zurückpfeifen würden. Es war auch nur eine ganz kleine Feier. Nichts Weltbewegendes.«

Mit einem theatralischen Stöhnen rutschte Isobel Burton von ihrem Stuhl und direkt in Dornbergs ausgebreitete Arme. Die Augen aller Umsitzenden waren mittlerweile auf sie gerichtet. Hirschberg konnte die Sensationslust in den Gesichtern der Gäste sehen und grinste.

»Ist Ihre reizende Tante etwa auch schwanger, Frau Hirschberg?«, rief Schreiber, der gerade die Tür des Cafés aufstieß und mit raschen Schritten an ihren Tisch kam. »Herzlichen Glückwunsch übrigens noch einmal zu Ihrer Hochzeit!« Er schüttelte den beiden die Hand, während Dornberg das Gesicht seiner zukünftigen Frau geräuschvoll tätschelte und verzweifelte Wiederbelebungsversuche unternahm. »Ich habe die Pläne von Herrn Baumann bereits durchgesehen, Herr Hirschberg, und meine Mitarbeiter und ich werden direkt morgen loslegen. Ich verspreche Ihnen, Sie können schon im Januar einziehen. Ich werde Ihnen die beste Adresse des Ortes bauen! Und es schadet ganz bestimmt nicht, wenn ein Polizist hier ansässig wird!«

Danksagung

Bis zur Veröffentlichung eines Buches ist es meist ein sehr langer und mitunter auch etwas steiniger Weg, den ich glücklicherweise nicht allein gehen musste. Daher sollen nun auch diejenigen nicht unerwähnt bleiben, ohne die mein Krimi womöglich nur der Inhalt einer Schreibtischschublade geblieben wäre.

Ganz großer Dank gebührt meiner Agentin Stefanie Kruschandl, Literarische Agentur Kossack, und natürlich Bastei Lübbe sowie Weltbild, die eine Veröffentlichung meines Krimis erst möglich gemacht haben. Enorm dankbar bin ich meinem Lektor Lukas Weidenbach für seine Anregungen und Impulse sowie seine Geduld, und auch zu guter Letzt Andreas Zinßer, der »Eisenhut und Apfelstrudel« den letzten Feinschliff gegeben und noch einige Flüchtigkeitsfehler ausgemerzt hat.

Natürlich geht ein ganz besonderes Dankeschön auch an meine Familie und meine Freunde, die mir während des ganzen Schreibprozesses immer wieder den Rücken gestärkt haben.

Herzlichen Dank,
Jessica Müller

Eine Kreuzfahrt, die ist mörderisch!

Charlotte Gardener
LADY ARRINGTON UND
DER TOTE KAVALIER
Ein Kreuzfahrt-Krimi
DEU
ISBN 978-3-404-17955-8

Mary Elizabeth Arrington ist 63 Jahre alt und verzweifelt: Der erfolgsverwöhnten Krimi-Autorin will keine neue Idee einfallen. Auf der Suche nach Inspirationen tritt sie eine Kreuzfahrt auf der Queen Anne an. Beim Eröffnungsball passiert das Unfassbare: Einer der Eintänzer windet sich im Todeskampf am Boden und stirbt. Ein Mord!
Marys Spürsinn ist geweckt. Mit englischer Höflichkeit, schriftstellerischer Raffinesse und trockenem Humor begibt sie sich auf die Suche nach dem Mörder.

Schöner sterben in den Cotswolds

Helena Marchmont
BUNBURRY - EIN IDYLL ZUM STERBEN
Vorhang auf für einen Mord & Oldtimer sterben jung
Aus dem Englischen von Sabine Schilasky
ISBN 978-3-404-17938-1

Herrliche Natur, frische Luft und erholsame Ruhe! Das denkt sich Alfie, als er das Cottage seiner Tante in den Cotswolds erbt. Und kehrt kurzerhand dem trubeligen London den Rücken. Kaum im malerischen Bunburry angekommen, trifft er auf Liz und Marge, zwei alte Ladys, die es faustdick hinter den Ohren haben und ihn direkt in ihr großes Herz schließen. Gemeinsam mit ihnen entdeckt Alfie auch den Spaß am Ermitteln. Denn schon bald stellt er fest: Verbrechen gibt es selbst in der schönsten Idylle ...

Bastei Lübbe

SUSANNE HANIKA
Der Tod kommt mit dem Wohnmobil
EIN BAYERNKRIMI
DRAN BLEIBER